绿色教育是生命的教育，是以人为
本、健康、可持续发展的教育，是为学生
一生奠基的教育，是爱的教育。

——丁国君

· 教育家成长丛书 ·

丁国君
与绿色教育

DINGGUOJUN YU LÜSE JIAOYU

中国教育报刊社·人民教育家研究院 组编

丁国君 著

北京师范大学出版集团
BEIJING NORMAL UNIVERSITY PUBLISHING GROUP
北京师范大学出版社

图书在版编目（CIP）数据

丁国君与绿色教育/丁国君著. —北京：北京师范大学出版
社，2015.11（2024.10 重印）
（教育家成长丛书）
ISBN 978-7-303-19550-3

Ⅰ.①丁… Ⅱ.①丁… Ⅲ.①环境教育－教学研究
Ⅳ.①X-4

中国版本图书馆 CIP 数据核字（2015）第 245187 号

图书意见反馈　gaozhifk@bnupg.com　010-58805079
营销中心电话　010-58802135　010-58802786
编 辑 部 电话　010-58806160

出版发行：北京师范大学出版社　www.bnup.com
　　　　　北京市西城区新街口外大街 12-3 号
　　　　　邮政编码：100088
印　　刷：北京虎彩文化传播有限公司
经　　销：全国新华书店
开　　本：787 mm×1092 mm　1/16
印　　张：19.5
字　　数：320 千字
版　　次：2015 年 11 月第 1 版
印　　次：2024 年 10 月第 2 次印刷
定　　价：65.00 元

策划编辑：伊师孟　　　　责任编辑：戴　轶
美术编辑：焦　丽　　　　装帧设计：焦　丽
责任校对：陈　民　　　　责任印制：马　洁

教育家成长丛书

编委会名单

总　顾　问：柳　斌　顾明远

顾　　　问：叶　澜　田慧生　林崇德　陈玉琨

编委会主任：杨春茂

编　　　委：（按姓氏笔画为序）

于　漪　王瑜琨　方展画　田慧生

成尚荣　任　勇　刘可钦　齐林泉

孙双金　李吉林　杨九俊　杨春茂

吴正宪　汪瑞林　张志勇　张新洲

陈雨亭　郑国民　施久铭　徐启建

唐江澎　陶继新　龚春燕　程红兵

赖配根　鲍东明　窦桂梅　魏书生

主　　　编：张新洲

副　主　编：赖配根　王瑜琨　汪瑞林

总　序

　　教育是国家发展的基石，教师是基石的奠基者。古人云："国将兴，必贵师而重傅。"兴国必先强教，强教必先重师。党中央、国务院高度重视教师队伍建设。2013 年教师节，习近平总书记在给全国广大教师的慰问信中指出："百年大计，教育为本。教师是立教之本、兴教之源，承担着让每个孩子健康成长、办好人民满意教育的重任。"2014 年，在第 30 个教师节前夕，习总书记到北京师范大学视察并发表重要讲话，指出："一个人遇到好老师是人生的幸运，一个学校拥有好老师是学校的光荣，一个民族源源不断涌现出一批又一批好老师则是民族的希望。"《国家中长期教育改革和发展规划纲要（2010—2020 年）》也明确提出，"有好的教师，才有好的教育"，要"努力造就一支师德高尚、业务精湛、结构合理、充满活力的高素质专业化教师队伍"。"倡导教育家办学"，要创造有利条件，鼓励教师和校长在实践中大胆探索，创新教育思想、教育模式和教育方法，形成教学特色和办学风格，造就一批教育家。"两个一百年"奋斗目标的实现、中华民族伟大复兴中国梦的实现，归根结底要靠人才、靠教育，而支撑起教育光荣梦想的，是千百万的教师。

　　时代呼唤好老师。有一流的教师，才有一流的教育；有一流的教育，才有一流的国家。出名师、育英才、成伟业，是时代赋予我们教育战线的神圣使命。"所谓大学者，非谓有大楼之谓也，有大师之谓也。"好学校、好教育的最重要标准，就是要有好老师。一所学校、一个地区，乃至一个国家，如果教师有理想、有爱心、有学识、有高超的教育艺术，那么即使硬件设施有些简陋，家长、学生也会心向往之。教师是中国梦的奠基者。教师的重要使命，就是为每个孩子播种梦想、点燃梦想，并帮助他们实现梦想。每一间平凡的教室，每一节朴实的课，都不仅是知识的传递，而且是人类文明精神的接续、人生梦想的起航。正是有亿万个孩子梦想的放飞、绽放，中国梦才更加光彩夺目。如果说中国梦最坚实的土壤是学校，那么教师就是最伟大的"筑梦师"，他们用默默无闻、孜孜不倦的智慧劳动，让每一颗年轻的心灵都与中国梦激情相拥。

倡导教育家办学，造就一批好老师，首先要尊重、珍惜我们的本土智慧、本土创造。教育家不是凭空产生的，而是扎根于自己的民族文化土壤，同时吸收人类文明成果，从而创造出独特而生动的教育实践、教育智慧和教育文明。五千年源远流长的中华文明，不但形成了有我们民族特色的教育理论体系，而且涌现出了千千万万优秀的教育家，有被推崇为"大成至圣先师""万世师表"的孔子，有"匹夫而为百世师，一言而为天下法"的韩愈，有"捧着一颗心来，不带半根草去"的人民教育家陶行知，等等。改革开放40年来，随着教育改革的不断深入，教育战线涌现出了一大批杰出教师。他们痴情于教育事业，坚守理想信念和教育良知，在三尺讲台上默默耕耘、刻苦钻研，同时以敢为天下先的精神大胆创新，不断进取、不断超越，形成了各具特色的教育思想和教学风格。正是他们的成功探索和实践，创造了具有中国风格的教育经验，丰富了具有中国特色的教育理论宝库。原由教育部师范教育司组织编写，现由中国教育报刊社人民教育家研究院组织编写的"教育家成长丛书"，就是要向这些宝贵的本土创造性的教育经验致敬。

当前，教育领域综合改革正在深入推进，考试招生制度改革的大幕已经拉开，立德树人、培育和践行社会主义核心价值观成为大中小学教育的头等任务。可以预见，中国教育将发生深刻的变革，将从"中国制造"向"中国创造"转变。"没有革命的理论，就没有革命的运动。"没有适合中国土壤、具有中国智慧的教育理论，就不可能为未来的中国教育改革提供有效的指导。我们的教育要向"中国创造"飞跃，必然要首先创造属于我们自己的教育理论，而不是"言必称希腊"或者老是贩卖欧美的教育理论。170多年前，美国思想家、诗人爱默生发表了著名演说《美国学者》，号召美国知识界："我们依赖旁人的日子，我们师从他国的长期学徒期时代即将结束。在我们周围，有成百上千万的青年正在走向生活，他们不能老是依赖外国学识的残余来获得营养。"由此，美国迈入精神立国阶段。

如今，我们也面临与爱默生同样的情形。随着我国GDP已从世界第二向第一迈进，我们要自觉养成强烈的"中国意识"，独立的中国文化品格，并由此去环视世界，去改造本土实践，去创造属于我们自己的精神养料——这在教育界显得尤为紧迫。"教育家成长丛书"，旨在把我们本土教育实践中蕴含的中国智慧提炼出来，从而形成具有时代意义的中国特色的教育话语体系，再以此去观照、引领、改造中国的教育实践，为伟大的教育改革提供经验、理论支持，也为未来的教育家提供丰富、可资借鉴的精神养料。

让我们为中国教育的伟大未来一起努力吧！

程成远

2018年3月9日

前　言

　　见证着中国基础教育半个世纪的春华秋实，代表着中国基础教育教学成果的最高成就——"首届基础教育国家级教学成果奖"，闪耀着李吉林、窦桂梅、吴正宪、张思明、洪宗礼、唐江澎、邱学华、于永正、孙双金、薄俊生、龚春燕等一大批优秀教师的名字。而上述这些教师杰出代表恰恰都是《人民教育》"名师人生"栏目中最受读者喜爱的名师，都是"教育家成长丛书"的作者。

　　"教育家成长丛书"（以下简称"丛书"），是在第 20 个教师节前夕，为了研究、总结、宣传和推广我国众多优秀中小学教师的先进教育思想和鲜活宝贵的教育教学经验，培养造就一大批德才兼备的优秀教师和杰出的教育家，促进教师队伍整体素质的提高，根据教育部党组安排，由师范教育司组织编写的一套凝聚着一大批教育家成长智慧的大型教育丛书。

　　"丛书"自 2006 年问世以来，不但得到国务院和教育部领导同志的高度重视，而且先后印刷多次尚不能满足广大读者的需求。这其中的奥秘何在？

　　当你翻开"丛书"，每一部著作都讲述着一位教育家成长的故事。这些著作主要从"成长历程""思想概述""课堂实录"和"社会反响"等方面全景式反映其教育思想、教育智慧、专业精神和专业人格的形成过程与教学实践过程。这是教育家成长的基本素质所在。

　　当你沿着教育家成长的足迹走近他们的时候，你会融入这些带有"草根色彩"、扎根中华教育实践大地、充满田野芳香的真实感人的教育故事中。

当你从"丛书"中，从这些当年和自己一样的普通教师，成长为今天受人尊敬的教育家的成长过程中受到启迪，当你触摸着自己的心，把学生的成长和祖国的未来紧紧连在一起的时候，你会真切地感受到教育家离我们并不遥远。

当你用整个身心蘸着自己的生活积累去品味"丛书"中的每一部著作的"成长历程"时，在一位位名师不断学习、不断超越自我、不断超越学科教学的求索足迹中，你会读懂"教育是事业，其意义在于奉献"的丰富内涵。

当你研读"丛书"中的每一部著作的"思想概述"，和每一位名师展开心灵对话的时候，都会深深地感受到，一名教师对教育独立的理解与执着的追求有多么重要。从一名普通的教师成长为受人尊敬的教育家的过程中，你会读懂"教育是科学，其价值在于求真"的深刻含义。透过"丛书"，你会看到一代代教师用爱与智慧塑造民族未来的教育理想。

随着我们从"知识核心时代"走向"核心素养时代"，教师教育教学活动的视野已拓展到人的生存与发展的方方面面。教师要结合自己的教学实践去感悟"教育理念是指导教育行为的思想观念和精神追求"，应该把爱化为自己的教育行为，让爱充盈课堂，触摸到一个个灵动的生命，让爱产生智慧，让爱与智慧在学生心中留下岁月抹不去的美好回忆，让教育者和受教育者都感受到教育的幸福。这是"丛书"给我们的启示，也是每位教师应有的胸怀和视野。

时代呼唤教育家。为了进一步把我们本土教育实践中蕴含的中国智慧提炼出来，从而形成具有时代意义的中国特色的教育话语体系，以此去观照、引领、创新中国的教育实践并在更大范围加以推广，"丛书"将由中国教育报刊社人民教育家研究院继续组织编写，希望能够在更广大教师的心田中播种教育家成长的智慧，从而出更多的名师，育更多的英才，成就中华民族复兴的伟业。这是时代赋予广大教育工作者的神圣使命。如果广大教师能在每位教育家成长、探索教育智慧的过程中受到启迪，形成自己的教育智慧，则实现了我们编辑这套"丛书"的初衷。

"教育家成长丛书"
编委会
2018 年 3 月

目 录
CONTENTS

丁国君与绿色教育

时代呼唤绿色课堂

绿色教育与教师专业发展

绿色教育理念下的学校管理

见证绿色教育

收获绿色教育成果

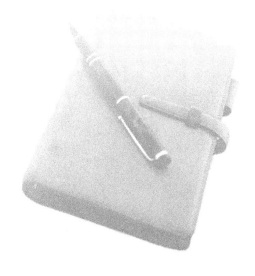

我的绿色教育之路

每当回顾自己的成长历程，我总有几分感慨、几分自豪。过去我站在托起朝阳的三尺讲台，用承载着真情与爱的胸怀，铺设内心的漫天彩霞；现在我坚守在绿色教育这片纯净的天地，追溯着百年名校的精神内核，在努力开拓、拼搏进取中踏歌而行。有人说"一个好校长就是一所好学校"，而我更想说，一个好的校长首先应该是一位好教师，校长的"薄发"一定是源于教师的"厚积"。

可以说，从教师到校长，是西五小学缔造了我一生一世的教育情结，是绿色教育成就了我钟爱的事业。在这美好的追求中，我用行动验证了我爱的奉献和无怨无悔的选择，我用心灵体悟了教育的伟大、神圣与光荣。

虽然我在发展中经历着角色的变化，然而我的梦想与爱心却一直在教育的轨道上奔着远方滑行——向前，上升。

一、"丫司令"的梦

少年好做白日梦，但凡成长中的人均有过这种"自醒"的经历。童真童趣的孩子，思绪在想象中无限扩张，有过好多好多的奇思妙想。回想起自己的童年，有时感觉就是一种享受，大喜过望，豪气飞扬！

1963年6月24日，我出生在一个工人家庭里，这是中国历史上生机勃勃的一年，三年困难时期的阴云逐渐消退，接下来是万马奔腾的社会主义建设的火红时代。我是幸运的，我一睁开双眼，看到的就是一个如火如荼的世界，憨厚善良的父母，两个俊美懂事的姐姐，这平凡但又充满爱的家，成为我永远的人生港湾。

自小母亲就教育我对人礼貌，要以诚相待，母亲的言行无时无刻不影响着我。渐渐地，我有了点母亲的性格——自尊，上进，刚毅。母亲正直的品质影响着我，使我从小就懂得助人为乐；母亲忘我的精神影响着我，使我从小就懂得甘于奉献。

在大人眼中，我自幼聪慧，就连与小伙伴玩游戏，也能别出心裁，想出别人想不出的点子。久而久之，我成了孩子堆中的"丫司令"，就连比我大的孩子也听命于我。

一个秋季的早晨，我突然感到前所未有的失落，因为玩伴中那些比我大的孩子们都去上学了。以往每天在家门口与小朋友们做"跳房子"游戏，地上画就的四四方方格子还在，但只有我孤身一人站在那里。我当然接受不了别的孩子都上学，唯有我落单。尽管我每天照样能享受同两个姐姐一同写作业的待遇，但是我忍受不了两个姐姐在交流时经常说："我们老师……"这是我的软肋，因为我没老师可叫。我曾几次试图将父母改口称老师，但都被更正过来了。终于有一天，我抱走了家中的小板凳，将其摆在二姐所在班级的教室门旁。前来上课的老师只是朝我这"小不点"善意地笑一笑，并没有撵走我，这令我十分兴奋，认为老师已接纳了我。而当我试图将小板凳往教室里搬时，老师便将我连人带凳一同抱进怀中，送回了原地儿。

一整天我不笑、不闹、不说、不玩，坐在炕旮旯独自发呆。吃晚饭时，望着大人们关切的目光，我终于开口说话："我要当老师！"这回发呆的不再是我，而是我的父母。他们怎么也不会相信这个只会写"人、手、足、口、耳、目"的女儿竟要为人师，母亲忙揽我入怀，手试温度正常。片刻，母亲朗声大笑："这妮子将来有出息！"

我孩提时想当老师，是因为感觉老师太了不起了，那么多的孩子全听她一个人的，比我这个"丫司令"神气多了。

于是，我不再喜欢玩幼时常玩的"过家家"，"当小老师"的游戏成了我的最爱：我总喜欢在庭院的一角摆几张小椅子，把一个个布娃娃按坐在上面，让它们静静地听讲课。有时讲得起兴，还会一笔一画、像模像样地在门板上写上几个字，然后转过身煞有介事地补上一句："丁老师的话，你们都记住了吗？""记——住——了——"就在这自问自答、自娱自乐的游戏中，长大了要当老师的念头渐渐占据了我童年时代的心灵，编织着我少年时代的梦想……

童年往事历历在目，我曾在自传中这样写道——

我还清楚地记得，童年的我，举着窝窝头高唱"不忘阶级苦，牢记血泪仇"的情景；观看《卖花姑娘》后，两眼通红地走出电影院的情景；幼稚地拿着小凳坐在姐姐班级门口"上课"，最后被老师充满爱意地"遣送"回家的情景……每每回想起来，眼里就盈满了泪水。

1971年8月，我步入了盼望已久的并为之动情的校园，开始了我的小学生活。上学后，我担任了班级中队长职务，中队长的职务锻炼了我，使我逐步养成了克己奉公的品质。我带领同学练节目，组织中队会，学唱"样板戏"。在演出时，我演过白毛女、卖花姑娘。我在活动中受到了深刻的教育，懂得了什么是爱、什么是恨。

1974年，我被区少年宫选拔去唱"样板戏"，在《红灯记》《杜鹃山》中扮演主角。最难忘第一次登台的情景，当我高举红灯，目视前方，高唱"……红灯高举闪闪亮，照我爹爹打豺狼，祖祖孙孙打下去……"台下的掌声使天真的我兴奋了好几天。

通过参与活动，我逐步认识到党的伟大，多少人为了捍卫党的事业、保守党的秘密，前仆后继、流血牺牲。此时"党"这个词如同一粒种子，在我幼小的心灵里扎下了根。我曾立志向先辈学习，渴望早日加入共产党。

1976年8月，我告别了小学生活，到长春市第九十八中学读书。在初二会考中，我以优异的成绩考入"尖子"班。1979年8月，我光荣地成为第二批共青团员；9月，我考上了高中，同时也考上了长春师范学校（第一届中师班）。面临选择，我并不犹豫，我对教师的崇拜，对教师职业的热爱，使我坚定地选择了自己一生的职业。我发誓要在教育战线上干出一番事业来。1979年9月，我迈入了长春师范学校的大门，从此，一条康庄大路展现在我的面前……

二、初为人师

在长春师范学校读书期间，我如饥似渴地学习各门课程，我知道这是我今后实现理想的基本条件，练好、学好本领，将一代代的学生培养成合格的人才，这是我的责任。于是，在宽敞的校园，在幽静的图书馆，到处可见我埋头读书的身影。

毕业前夕，有位听过我实习课的家长指着与学校一墙之隔的长春市妇产医院，对我说："姑娘，许多孩子出生在这里，又就读于西五小学这所名校，这些孩子都是前脚出了生门，后脚进了名门（西五小学），你来这里教书多好啊！"这位家长的话说得我内心彩霞满天。

1981年9月2日—10月7日，我被安排到南关区西五马路小学实习。我一跨进西五小学校门，就有一种与生俱来的亲切感，校园里的一草一木，都让我感觉冥冥中与西五有个前世之约。实习期间，我刻苦钻研，吃苦耐劳，受到学校师生的好评。在中师班家长会上，班主任老师宣读了我"实习日记"中的片段，对我努力向上、不断进取的精神给予了很高的评价。毕业前夕，有两所学校的校长就毕业去向问题分别找我谈话，都希望我能到他们学校工作。面对抉择时，那位家长的话再次回响在我耳畔，最终，我义无反顾地选择了西五小学。

满怀着对"太阳底下最崇高职业"的挚爱，我踏上了神圣的三尺讲台，在西五小学这片沃土上，开始了辛勤的耕耘。初为人师的我虽有大干一场的勃勃雄心，却常常感到苦恼和困惑：课堂上，我的话语激不起学生情感的涟漪，从孩子们的目光中，我读出的只是陌生与隔阂……此时，我才真切地感受到现实远不及梦想那么单纯唯美，儿时的梦想与眼前的现实之间还有一条漫长而艰辛的道路，要使美好的梦想逐渐与现实叠合，必须坚定执着地追求，付出不懈的努力。

那年我刚好 19 岁，正是人生中最美好的岁月。1981 年 11 月，我怀着迫切的心情向党组织递交了第一份入党申请书。我这个刚毕业的教坛新人，担任了三年级三班的班主任，把全部的热情都投入到了工作中。每天早来晚走，兢兢业业，班级多次成为学校班主任的参观点，还成了南关区预防近视、沙眼卫生工作观摩现场。我组织学生把平日的工作用喜闻乐见的形式表现出来，受到了区里的好评。不久，我组织学生在儿童公园开展的教育实践活动"过三关"荣获团市委的表彰。这些成绩激励着我，同时也增添了我做好班主任工作的信心和勇气。

1985 年 12 月 8 日，西五小学召开首届教代会，我受领导的重托，代表全校 80 名教职员工讲话。在台上，我感受到了老校长那深情的目光，听到了全体教师们那热烈的掌声。就在教代会结束的那天晚上，我在日记中工工整整地写下这样几行字："人生最宝贵的是生命，生命对于人只有一次；人的一生应该这样度过：当他回首往事时，他不因虚度年华而悔恨，也不因碌碌无为而羞耻……"这是苏联作家奥斯特洛夫斯基的名言，也是我终生遵守的座右铭。

现在想来，在 20 世纪 80 年代中国改革开放的洪流中，一个年轻人有那样的雄心壮志是多么难得啊！一个人对事业的炽热情感和执着追求，都转化为神圣的责任，所有的真诚奉献都变得无私无畏，这种忘我的境界甚至不需要他人的鲜花和掌声，在蓝天和白云下让梦想飞翔便是最幸福的时刻。

三、体会"教艺无涯"

为了在教学上尽快地成长，刚入职的我自费订阅了各种教育刊物，并努力与实际工作结合起来。每一节课的教学设计，都按照大纲要求，遵循教材特点和儿童兴趣，力求落实"双基"，培养能力。为了上好每一节课，不知牺牲了多少时间，付出了多少代价。

上班不久，领导安排了一位特级教师任我的指导老师，我像久旱逢甘露一样欣喜。这样的机遇对于一个青年教师来说是千载难逢的。从此，每逢这位老师的课，我都认真旁听，并主动请他听我的课。课前，我总是认真钻研教材，有时一篇课文要反复看上十几遍才写教案。课后，我虚心听取老师的意见，并在以后的教学中注意扬长避短。在指导老师和同事们的言传身教下，我的教学水平逐步得到了提高。

上公开课是青年教师提高教学技艺的良机。记得一次集体备课时，市教研室一位老师对我说："上一堂公开课，就如同接受一次正规的训练，年轻教师应该好好把握这样的机会。"然而，学无止境，教艺无涯，就在我自我感觉良好的时候，一次公开课使我重新认识了自己。那次公开课后，听课老师中肯地指出我的音色虽好，但声音高八度，缺乏抑扬顿挫的语感，令听课的人感到吃力。当天晚上，我翻来覆去不能入睡。我想，老师们听课吃力，那学生不是更吃力吗？

怎么办？只有改变！第二天上课时，我努力降低说话音调，可讲着讲着又高八度了，我为此感到苦恼。经过反复地琢磨，我终于明白了，说话音调的高低，是自己长期养成的习惯，不可能一蹴而就，必须从日常生活中改起。于是，不管是跟老师讨论教案，还是和小朋友谈话，我都十分注意自己的音调。晚上，我一边朗读课文，一边录音，然后再放录音，一边听一边纠正，直到满意为止。"勤能补拙是良训，一分辛劳一分才。"事实正是这样。不知朗读了多少遍课文，不知经过多少次这样的反复，终于，我的教学语调变得既能保持生活化的平和，又饱含着深切的情感，达到了语调抑扬顿挫的教学要求。

在经常性的训练和磨砺中，我的教案一遍比一遍写得好，试教一次比一次成功，教学技能也得到了迅速提高。在短短的三四年时间里，我上了近二十节公开课，每次的教案总要写七八稿，甚至十几稿。

渐渐地，站在三尺讲台上的我有了一种全新的感觉：每当我充满激情的讲解点燃起孩子们智慧的火花之时，每当我饱含深情的目光与一双双闪烁着纯洁光辉的眸子相遇之时，我感到自己是世界上最幸福的人！

我想，一个教师如果在台下感动不了自己，就不可能在台上感动学生，必须用真情沟通，用热情去创造。这样的课做起来虽辛苦，但感受是踏实的。家住东天街的时候，我每天早晨都去长春伊通河边备课，从不间断。我很喜欢伊通河，那可是长春的母亲河。我觉得伊通河给了我灵性与激情，当时来此温习功课的还有一些高考学生，高考结束后我依然来此备课。每天在这里清扫的一位清洁工大妈对我说："孩子，高考都结束了，你怎么还天天来，不歇歇呀？"显然老人将我当成了应试的"举子"。

为了上好每一节课，多少次我废寝忘食；为了研究设计某个教学细节，多少次我通宵达旦；为了达到理想的教学效果，多少次我顶着酷暑严寒去电视台收录资料，去电教馆制作课件。在不断学习、不断进取中，我终于成为区骨干教师、教改积极分子。1986年6月，我在市教研活动中做了公开教学《鸟的天堂》。课堂上，那阵阵鸟鸣声将学生带进大自然中，孩子们陶醉了，听课的老师大呼过瘾，《鸟的天堂》也夺得全国最佳课一等奖。1986年7月，我随南关区教师进修学校去哈尔滨学习，与"外界"的接触，开阔了我的视野，使我对自己的事业更充满了信心。

领导对我的培养、家人对我的支持，化作了无形的力量，鞭策我更勤奋地去工作、去奋斗。1987年11月，我毅然放下未满周岁的孩子，随南关区教师进修学校去北京学习20天。这次我不仅学到了教学新方法，也探到了改革的新路子。不久，我被评为"南关区教改积极分子"，成为由南关区文教局精神文明办公室组织的"热爱教育、振兴南关"演讲团的一名成员，在区里介绍了自己的先进事迹。我讲演的《我立志耕耘在这块土地上》受到各校领导和老师们的好评。

四、从"生活作文"到"情感作文"

（一）科研始于作文课

作文是学生思想品德、思维能力、词汇表达等方面能力的集中体现，作文教学是语文教学的中心环节，把好作文教学这一关，实际上就是抓住了语文教学的主干。在语文教学中，怎样进行作文教学呢？我认为可以从"生活作文"和"情感作文"两方面着手。

生活就是一个巨大、广袤的舞台，每天都在上演着或激情或暗淡，或精彩或平淡的故事，写作素材无处不在。但好多学生在家长"望子成龙、望女成凤"的教育观念下，关注分数多于关注生活，关注结果多于关注过程，作文假大空的多，真善美的少。陶行知老先生的话"千教万教，教人求真；千学万学，学做真人"的训导，我心里一直铭记，他"生活即教育"的思想更是给我无限的启迪。

我带领学生走进生活，观察生活，表达生活。春天到了，上海路附近有棵杏树，每到春天都会绽放娇美的花朵。在最初开放的那几天，它每一天的面貌都不同。连续几天，我都带领学生带着小凳，围坐在小杏树周围，仔细观察着，热情地谈论着，它的枝干、花朵每一个细微的变化都逃不开孩子们细致的眼睛。有了观察的素材，有了观察的经历，作文写起来自然有了个性，有了真情。

我还通过举行各种学生喜闻乐见的游戏活动，带领孩子感受游戏的快乐，比如吹泡泡、吹鸡毛等游戏，都受到了学生的欢迎。同时，我在游戏中还加入了比赛环节，为了获得胜利，孩子们想出了各种办法，智慧的火花频频闪现，他们在游戏中获得了体验，更获得了快乐。

从呱呱坠地那一天起，情感体验就伴随在我们成长的每一天。要想引导学生写出具有真情实感的作文，必须唤起学生内心最真实的情感，这样他们才能乐于表达，并享受到习作的快乐。我们经常练习的习作就是《丁老师，我想对您说》，我的目的是想通过这项作文的设置，给学生一个情感倾诉的出口，我也能趁此机会了解孩子们内心真实的想法。常常，我也会在孩子的作文后面附上我读过之后的感触，那几行字虽然只是我一时的情感流露，却成为我们师生情感沟通的桥梁。在情感的交流中，我们师生的心贴得更近了。

1987年12月，我撰写的论文《作文教学中点、面、线的结合》，不仅获得了"南关区第六届教育年会"论文奖，而且还获得了"长春市语文教学研究会第二届年会"优秀论文奖并在大会上宣读。不久，我被评为长春市教育学会优秀会员。

从此，科研逐渐成为我教学活动中形影不离的朋友。

（二）作文教学要"点、面、线"结合

辩证唯物主义认识论认为："人的意识从本质上来说，是人脑对客观世界的反映。"学生从客观材料中提炼出所要表达的中心，再根据中心，把各个有关的因素组成一个有机的整体，这就是作文。简单地说，作文就是让学生把自己看到的、听到的、想到的有意义的内容用文字表达出来，是从思维的口头语言过渡到思维的书面语言。要想写出一篇思想明确、条理清楚的文章，必须有点，有面，有线。

点，就是写作的目的，为什么写；面，就是围绕中心确定的选材，写什么；线，就是行文的思路，怎样写。点、面、线的结合，就是根据中心，摄取，筛选，构段成篇。

点就像眼睛。人要是有一双明亮的眼睛，就会显得格外有精神。文章的中心在文中的作用也是如此。学生习作重在让他们明确写作目的，知道为什么写。教师只有在阅读教学中，教给学生捕捉中心的方法，培养学生捕捉中心的能力，才能使学生说有重点，写知目的。

每一篇文章都有一个明确的中心，要让学生在阅读中领会作者为什么写这篇文章，为什么要这样写，作者要达到什么目的。例如《赶羊》一课，作者为什么写这篇文章？就是通过小学生赶羊的事，来突出他热爱集体的好思想。作者为什么要这样写，要达到什么目的呢？作者意在让别人受到教育，使爱集体的好人好事层出不穷。

学生在阅读中有了抓点的能力，才能在习作时头脑清醒，重点突出，达到我们预设的写作目的。如习作《游动植物园》，由于学生有了能力，所以写前就能静下心来想为什么要写这件事？要达到什么目的？通过游动植物园，抒发自己对动植物园的喜爱之情。又如习作《扫墓》，就是通过我们到公园给方华烈士扫墓的事，表达同

学们对方华烈士的敬仰与怀念之情，说明这是一件有意义的活动。这些就是作文中的点，它体现在文章的字里行间，它是从文章中提炼出来的中心思想。

写作的面，就是围绕中心选择的材料，它能充实文章的内容，使文中的点更突出。材料选什么都可以吗？不是的。首先就要看文题要求我们写什么，然后再考虑应选哪些材料。这就需要我们在阅读教学中，教给学生选材的方法，培养学生选材的能力。这样，才能使学生把学到的方法、获得的新知在习作中得以运用。如《我爱故乡的杨梅》一课，题眼是"爱"，它的点是通过对杨梅形状、颜色、滋味的描写，抒发作者对杨梅的喜爱之情。正是因为杨梅可爱，才抒发了作者爱杨梅之情。怎样写面呢？就是把点展开，分层写清它的形状有何特点，颜色怎么变化，滋味又是怎样。内容写得具体，爱的情感也就得到了升华。读后，读者仿佛能看见一个熟透的圆溜溜的杨梅果，一股沁人肺腑的甜酸的杨梅汁流入读者心田。根据点把面写广，使读者感到作者写得实在，感到杨梅果确实可爱。

学生在阅读中知道了怎样选材，才能够在习作中独立选材。例如习作《母爱》，首先立点，通过妈妈处处为我着想的几件事，体现了妈妈对我非常关心。选什么事才能突出妈妈对我的关心和爱护？才能说明这是慈母的爱？一个同学这样描写"妈妈送我上医院"一节："妈妈用手摸着我的头：'呦，这么热，得上医院哪。'说着，给我穿上大衣，戴上帽子和手套，还把她自己的大围脖围在我的脖子上，她自己却只戴了副手套。一出门，一股寒风迎面扑来，我感到一丝凉意，可妈妈却没在意，背着我径直朝医院的方向奔去……"这样写，人物的形象生动、鲜明，一个和蔼、慈祥的母亲形象，活生生地呈现在读者面前，敬母、爱母之情油然而生。

作文重在选材。作文的材料来自生活，靠平时积累，习作时反复思考，把众多的材料进行分析，取舍，"去粗取精，去伪存真"。

首先要引导学生到生活中去选材。如果学生对作文望而生畏，那么写出的文章则易枯燥乏味。我们要引导学生到自然界去观察，去思考，去探索，他们的生活越丰富，写作的内容就越充实。在学校，春游、参观博物馆、讲演会、中队会，都是丰富多彩的活动。学生写《快乐的一天》《难忘的一天》《最有意义的一件事》《使我深受教育的一件事》就有写的内容了。在家里，让学生看电视"动物世界""新闻联播"，让学生跟家长去市场、商店、郊外，进一步丰富学生的生活，学生写《发生在我身边的一件事》《今天，我开了眼界》《××（地方）变了》《××见闻》，他们的话就滔滔不绝了。学生的生活丰富了，就为下笔作文铺平了道路。

其次要引导学生做选材记录。选材记录就是要求学生从每天的生活中选取有意义的一件事，然后用一句话记录下来。比如：周一，我校全体同学去省博物馆参观"祖国在我心中"书画展；周二，今天，我值日工作没做好，心里很难过；周三，在今天的"智力开发"时间里，我班开展了"成语环球赛"……每周写七个记录，然后让学生根据自己的记录去选材。《难忘的一天》《我流下了热泪》……根据文题去确切地选材，选好后先列提纲，再根据提纲写出作文来。

五年级一班大型影展《祖国在我心中》

写作提纲是思路的反映，是结构的反映，是段落层次的反映，这是文中的线。

最后要理清写作思路。线就是写作的顺序，作者的思路。我们从获得的材料中提炼出中心，再根据中心，把各个有关的因素组成一个有机的整体。这就是说，有了明确的中心，有了重点材料，还需要有一定的表达形式，考虑怎样写才能条理清楚，层次分明。

认识和实践是作文的内容和源泉，表达是作文的形式，内容与形式的结合，才能产生作文。

阅读教学是作文教学的基础。在阅读教学中，教师要引导学生学习作者观察事物、分析事物、表达思想感情的方法，懂得怎样选择材料、组织材料，怎样确定中心，怎样准确地选择词语，写出通顺的句子，怎样连句成段、连段成篇，并注意前后联系。例如《十里长街送总理》一课，点是"通过人们送总理的灵车，来表达对总理的爱戴与怀念之情"。线是先写"等灵车"，再写"望灵车"，最后写"追灵车"。"望灵车"一节，先描写天色，接着写灵车的样子，最后写人们望灵车时的动作、心情、联想。通过"望灵车"一节的具体描写，表达了人民对总理的热爱与怀念之情。由此可见，文章中的线越清楚，中心就更明确。

作文教学要培养学生有重点地观察事物的能力，使学生能抓住事物的主要特点，了解事物之间的联系，灵活运用在阅读中学到的知识和技能，言之有序，条理清楚。如习作《扫墓》，学生明确了中心，选定了材料，就要考虑，围绕"通过扫墓的事，表达同学们对烈士的敬仰与怀念之情"这个点，怎样写才能使读者看得明白；还要考虑，怎样写才能把自己想说的意思准确生动地表达出来，不仅要用恰当的词句，还要运用一些修辞手法、写作技巧。一个学生这样写道："沿着窄小的石径，穿过茂密的松林，方华烈士墓就出现在我们眼前。方华烈士，你听到我们的脚步声，看到我们胸前的朵朵白花了吗？今天，我们特地来看望你了。"接着分三步"奏哀乐""扫墓的经过""自己的联想"来写的。最后作者照应开头，首尾呼应："我们走了，绕过那弯弯的石径。回首久久地望着，纪念碑在我们的眼中变了，变成了方华烈士魁梧的身躯、慈祥的面庞。他正向着我们微笑呢。"开头、结尾通过想象和环境描写，一个普通战士的高大形象，仿佛屹立在我们面前。中间部分集中描写了悲哀的心情和对烈士的怀念，生动感人。作文教学要从内容入手，指导学生选择有意义的内容和恰当的形式，写自己熟悉的人、事、物，表达自己的真情实感。这就是既要观察又要认识，既要分析又要综合。

学生作文时，从生活中获取材料，积累材料到确定题目、明确中心，从选择材料、拟定提纲到动笔行文，最后自行修改，是一个连续的、复杂的过程，这个过程就是立点、扩面、连线。

五、努力做"语数兼备"的名师

1994 年 8 月，我走上了教学副校长的岗位，又重新回到了熟悉的西五小学。虽然这次我从教师变成了校级领导，但是我对教育教学的求索始终没有改变。在阔别西五的几年时间，多少次我梦回这里，多少次我重温在这里的点点滴滴，现在再次回到这儿，我发现这所曾经洒下过我青春汗水的学校依然令我那么痴迷、那么向往。

激动过后，我的满腔热忱很快受到了严峻的考验。当时，西五小学的情况是，老教师和新教师各占半壁江山，老教师固守经验，难以改革创新；新教师热情有余，却缺少扎实的理论修养和正确教学方法的引领。我深知没有创新的课堂闪烁不出智慧的火花，没有理论支持的教学实践就不会成功。面对这种情况，我静下心来左思右想，终于，两个字浮现在我的脑海里——"说课"。说课，在今天看来是一种很普通的教学常规动作，但对当时的西五小学全校教师来说却是个久攻不破的关隘。因此，我把和老师们一起研究怎样说课当成我作为教学校长的第一块敲门砖，首先带领大家研究怎样说课。

罗·阿谢姆说过："一个榜样胜过书上二十条教诲。"我想，再精彩的理论讲座也不如一次现场展示。所以，我根据以往自己的教学特点，从教材和学生实际出发，深入挖掘教材教法，给全体教师做了一次说课的展示。

这次展示让全校教师茅塞顿开，教师们看到的是我富有层次的表述和前沿的教育思想、灵活有效的教学方法，但是他们不知道，我在说课之前的连续三个不眠之夜是怎样度过的。说课稿几经推翻、重写、修改，仅手稿就写了近二十张八开白纸，这些我都不会跟老师们提起。俗话说："台上三分钟，台下十年功。"这话真是不假。只要这次说课展示让老师们真的受益了，我付出再多也无怨无悔。工作中，我和老师们谈得最多的是教育教学上的一些事情，如何调动学生们最持久的兴趣，如何帮助学生们灵活地掌握知识，如何让每个人的每一节课都成为师生享受的精神殿堂……

正是因为有了这块好的敲门砖，正是由于我谦虚的态度和对全校教师教育教学不厌其烦地指导，此后，老教师的眼中对我有了肯定和钦佩，青年教师的眼中对我有了欣赏和敬重，我的教学校长角色也渐入佳境。

我带着极大的热情与责任感，全身心地投入到学校的教学改革中。在研究中澳电子琴实验项目时，我发现学生的电子琴水平和层次有所不同，于是，我大胆地酝酿了体音美分层教学的改革实验，这也成为后来西五小学开展体、音、美分层教学改革的基础。

在工作的逐步深入中，我渐渐地发现，数学教学是学校的一个弱项，就连老师们眼中的骨干教师的数学课也存在好多这样那样的不足。一次，我听一位学校骨干教师的数学课，发现她上课时眼睛只盯着一处讲，从不和学生进行眼神的交流，虽然讲课时话语连绵不断，但没有交流的课堂效果可想而知；还有一次，听另一位骨干教师的数学课，感觉她上课时所用的教学方法不适当，难以调动学生学习的热情。当时我就想，骨干教师都这样，那其他老师的讲课水平就更不用说了。

这种状况，使我意识到作为教学校长，我必须尽我的力量，改变他们的讲课方式，提高他们的课堂效果。但是问题出现了，我是语文教师出身，以前对数学教学没有过多的涉猎，我应该怎么办呢？只抓好语文教学？这也能说明我工作有所成绩。放弃抓数学教学？因为我有理由说明数学教学为什么抓不好，一是我对数学教学不熟悉，二是我没有那么多的精力。但是转念一想，某一科好不能说明这所学校好，科科都好才能证明这所学校的教学真正好。

于是，语文教师出身的我，开始潜心研究起数学教学来。虽然语文学科和数学学科有很大的不同，但我相信，教学是相通的，只要善于钻研、探索，寻找出适合的教学方法，必定很快能有所收获。我从最基本的开始做起，选了数学教科书中的一课，从设计教学、制作投影片和教具、备课……又是好几个不眠之夜，当我把这节数学课呈现在数学教师面前的时候，他们吃惊地和我说："丁校长，您是语文老师出身，为什么数学课讲得也那么好？"我和他们说："如果你想让你的课堂变得精彩，那你就应该发挥你自己的长处。我以前是语文教师，我很擅长情感教学，与学生进行语言的交流，对他们进行眼神的鼓励。我用语文教学中情境创设的方法，创设了有趣的数学游戏，让数学变得接近孩子们的生活，走近他们的心灵。所以他们愿意学，所以大家会

读书、学习

觉得我的课堂很精彩。"一位数学教师点了点头说："是啊，我们以前怎么没想到这些呢？我觉得我自己画画不错，我怎么就没想到学科教学之间有相通之处呢？我可以把数学教学和美术学科结合起来啊。看来，我们要和丁校长学的还有很多。"

这之后，数学教师们备课、研课的氛围逐渐浓重起来，没有人再说"我是学数学的，我只要把我的数学知识都讲给学生听就行"之类的话了，老师们都争先恐后地备课、制作教具，唯恐自己的课堂还有缺失的地方，唯恐自己的课堂还有不尽如人意的地方。

就这样，学校的数学教学也渐渐好起来了，我不能说这全是我的功劳，但至少我让教师们懂得，没有思考与研究的课堂永远不会成为精彩的课堂。我在担任副校长期间，积极探索健全机制和实现教学管理规范化的途径、方法，并协助校长制定了"1994—1997年学校三年发展规划"，结合长春市南关区十大工程、二十项课题，制定了"西五小学4691工程"，组织实施了省级课题"说话训练"、市级课题"电化教育促进素质教育，减轻学生负担"等，并大胆对小学生成绩考核进行改革，自制了"小学生成绩报告单"，做到笔试与口试相结合、综合测试与单项测试相结合、课内与课外相结合，深受教师和家长欢迎。

"世上无难事，只要肯登攀"。在担任教学副校长期间，我坚持不脱离教学第一线，除了语文教学之外，还坚持做数学观摩课和研究课，坚持研究数学教学理论并做专题讲座。虽然我研究数学教学的时间不太长，但收获颇丰。尤其是能同时和曾经登上联合国教科文组织讲坛的著名教学艺术家吴正宪老师一起被广西小学教育研究中心、广西小学教师培训中心邀请上数学观摩课、做专题讲座，并在活动中受到同等的礼遇，这是对我在小学教学和教研方面取得的成绩的充分肯定。

1997年5月29日，我参加了"全国小学教学创新课大赛"。正式接到这个通知后，我开始了深入细致的思考。多年的语文教学经验和与老师们一道研究数学教学的收获告诉我，一节好课首先应该是立体的、多元的，能充分调动学生的参与热情，于不知不觉中习得新知。学习的过程，应该是不断发现、解疑、印证的过程，教师应该做的是引导学生参与学习的全过程，而不是将概念、定理直接告诉学生，再通过大量枯燥的练习达到熟练应用。基于这样的思考，我在备课时翻阅了大量的当代数学教育名家的课例、教学实录、论文等，为了能从"万花丛中吸收一点甜蜜"，我比以往任何时候都更加迫切地丰富自己。

先后到松原、大庆、南宁讲课、讲学

　　再一次翻看李吉林老师的著作《小学语文情境教学法》，我忽然眼前一亮：数学课的教学方法就定位在情境教学。经过反复思考，在教学设计中，我有意突出了我创设的五个情境：一、用饱满的热情感染学生，让学生精神振奋地来上课；二、通过精心设计的导语，引发学生的学习兴趣；三、通过电教动画《大小月的来历》来吸引学生的注意力，扩展学生的知识面，使学生产生强烈的求知欲望；四、不同于惯用的反馈卡，采用"站立式"这种独特的反馈形式；五、利用"做游戏"这个儿童喜闻乐见的方式，将学习内容和游戏有机结合，激发学生学习的热情，实现语文教学与数学教学的有机整合。

　　上课伊始，我没有像常规的数学课那样开场，而是说了一段精心设计的导语。那时，恰逢香港即将回归，全国人民都在企盼那个注定会记入中华民族史册的日子——1997年7月1日。我就决定由此话题导入新课。为了在最短时间内使学生感受到祖国的荣耀，同时顺利进入本课的学习，短短的一段导语我几易其稿："同学们，我们都知道香港是祖国领土的一部分，是我们辽阔疆域上一颗璀璨的明珠。现在，香港即将回归了，那庄严的五星红旗也将在香港的土地上升起了，你知道香港回归的具体时间吗？（1997 年 7 月 1 日），对，我们以前学习过较小的时间单位——时、分、秒，这节课我们来学习较大的时间单位——年、月、日。"

配上鲜艳的五星红旗，雄壮的《义勇军进行曲》，这样的导语一出，学生们的爱国热情被瞬间点燃，再与以前学习的较小的时间单位——"时、分、秒"结合、迁移，学生自然而然地进入到了新知的学习中。我将在语文课上比较常见的导语形式运用到了数学课堂当中，对学生和现场听课的专家、教师来说，无疑是新鲜的，而又是意义深远的。

"年、月、日"这部分知识，大部分教师执教时都采用教授法，将几个重要的知识点一一讲授给学生，学生的主动性难以在这种教学方式下得以发挥。我则反其道而行之。我设计了让学生带着问题自己读书的环节，让学生"把书平放在桌面上读，边读边思考问题，拿出笔来在书上做标记"，认真地指导学生阅读第 81 页的内容。教室里安静下来，学生们专注地读着，双眉时而紧蹙，时而舒展，他们的笔在书上不时地画上两笔，徜徉于发现知识的快乐之中。这样的养成教育，在今天依然是被广大语文教师使用的"批注式阅读""自主学习"的方式，早在 17 年前我就在数学课堂上运用了。现在看来，由我首创的"绿色教育"思想在此时已初见端倪。

当学生读书进行到三五分钟后，我提出了一个开放性的问题："哪位同学能说说，通过读书你掌握了哪些内容？"

学生们的发言准确而精当："一年有十二个月""一、三、五、七、八、十、十二这几个月都有 31 天""四、六、九、十一这几个月都是 30 天""二月份有 28 天"。也有个同学说二月份有 29 天的时候，我马上追问"1993 年的二月是多少天呢？"

当学生的意见都达到统一时，我知道，这只是学生通过读书对年、月、日的表层认识。为了使学生的认知能够在普遍现象中发现规律性，我因势利导："谁来说说你为什么这么分类？"学生很快回答出"根据月份的天数"，我又问："如果按照月份的天数，把月份分成大月和小月，想一想，哪几个月应该是大月？哪几个月应该是小月？"（板书：大月，小月）学生根据板书内容很快就将每个月 31 天的月份划入了大月里，把每个月 30 天的月份划入了小月里。这时大家发现，二月比较特殊，既不能说它是大月，也不能说它是小月，它单独成一类（板书：二月）。

学习进行到这时，学生明白了大小月的划分，但"知行合一"才能使学生真正掌握并运用知识。于是，我先从方法入手，通过灵活的方式帮助孩子记忆。首先，我出示了投影片：

> 一、三、五、七、八、十，腊，三十一天永不差。

出示之后，我先示范读一下歌谣："一、三、五、七、八、十，腊，三十一天永不差。这个'腊'指的是十二月。谁来试试背一遍？"学生踊跃背诵，在朗朗上口的歌谣中巩固了新知。

我并没有就此停住，知识的巩固和掌握是需要不断强化的。于是我调动学生学习的积极性，让他们想办法帮助其他同学记忆。这时有个同学提出了"握拳记忆法"，我出示了我亲手绘制的图：

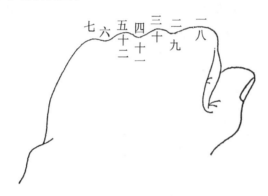

再请这名同学把拳头举得高高的，让他为大家演示这种记忆方法。同时，我强调了顺序，然后请同桌之间互相练习。

学习新知是为了应用它解决生活中的问题。我出示了几道练习题：

（1）十一月有多少天？是什么月？

（2）五月有多少天，是什么月？

（3）请你以 1993 年的年历为例，计算一下一年有多少天。

当学生能够准确分辨大小月，每个月有多少天时，我提出了一个问题，如同一石激起千层浪：为什么会有七个大月，却只有四个小月？为什么会出现特殊的二月呢？学生的好奇心和求知欲使得他们的眼睛更明亮了，都齐刷刷地望着我。这时，我神秘地说："这里还有个有趣的小故事呢。"我马上给学生播放了动画片《大小月的来历》，学生们迅速被动画中的画面吸引，聚精会神地看起来，一个难以理解的科学知识就这样通过一个动画片被学生所了解了。

动画片看过之后，学生提出了一个问题："老师，刚才我们通过观察 1993 年的年历，知道了大小月的划分，可是，二月那么特殊，它总是 28 天吗？"我对这位同学思路的敏捷和善于发现问题的敏感度给予了大力的表扬之后，出示了 1993 年和 1996 年的日历投影，请同学们观察比较，看看有什么不同的地方。

学生发现，1996 年的日历中，二月是 29 天。我告诉大家，说二月特殊就是因为它有时是 28 天，有时是 29 天。二月是 28 天的这一年，我们叫它平年；二月是 29 天的这一年，我们叫它闰年（板书：平年，闰年）。平年一年有 365 天，闰年一年有多少天呢？

又一个爱思考的男孩站起来提问："老师，那平年和闰年有没有规律可判断呢？"我高兴地摸了摸他的头，鼓励他说："当然，规律是有的，不过得你自己去发现。"我出示了 1981—1996 年对二月份的天数的统计表。

年 份	二月的天数
1981 年	28 天
1982 年	28 天
1983 年	28 天
1984 年	29 天
1985 年	28 天
1986 年	28 天
1987 年	28 天
1988 年	29 天
1989 年	28 天
1990 年	28 天
1991 年	28 天
1992 年	29 天
1993 年	28 天
1994 年	28 天
1995 年	28 天
1996 年	29 天

　　出示这张表格之后，让学生思考。两分钟后，我问学生："你发现闰年的出现有什么规律？"有学生有些不大确定地说："好像是隔四年就出现一次。"我抓住了学生表达不够准确的用语，追问："是隔四年吗？再仔细看看表格，是不是隔四年。"学生又重新浏览了一下之后明白了，是隔三年出现一次闰年。我不满足于这样单一的表达，又启发学生换句话再试试。最后总结出"四年一闰"。

　　经过研究，学生对闰年的出现规律有了初步的认识。这时，我才让他们再打开书第93页，默读这页倒数第二自然段，重点看看前两句话。学生默读后，得出判断某个年份是不是闰年的方法："公历年份是4的倍数的一般都是闰年。"这时，我先示范读了这句话，我故意在"一般"这个字眼处读了重音。我问学生，"你怎么理解这其中的'一般'二字呢？"学生说："应该是大多数情况下都是可以这样判断，但是一定有特殊的情况。"我高兴地和他握了握手，提醒全体同学："书上有一行小字表明了特殊情况下怎么判断，请你仔细找找，再认真读读。"

　　通过我的提示，学生很快找到了下一行带"★"的文字，仔细读了起来。学生在阅读中发现，整百年份是400倍数的是闰年。在这个基础上，判断某个年份是不是闰年的方法就有两部分，我引导学生将这两个内容合二为一，同桌之间互相练习。

　　这里，我又一次将语文教学中的关注词语的方法用在了数学课堂教学之中，引导学生在"通常"和"一般"两个词下面画上圆点，注意读成重音。这样的设计，不仅使学生注意到了字面上的特殊字眼，还深入地领会了闰年出现的规律，可谓一举多得。

　　在巩固新知的环节中，我设计了循序渐进的习题，并亲手制作了投影片。这些练习题，极大地调动了学生参与学习的热情。

判断下列各题是否正确：

1. 四月份有31天，所以是大月。（　　）

2. 六月份有30天，所以是小月。（　　）

3. 平年的二月有28天，闰年的二月有29天。（　　）

4. 我们可以这样说："每四年里，一定有一个闰年。"（　　）

　　这几个习题都是基础题，是对前面学习知识的一个基本的巩固，学生能比较快速、准确地做出判断。

第二个环节是游戏。内容如下：

选一至十二月份出生的代表各一名，在前面站成一排听口令行动：

（1）大月的向前迈一步，小月的向后退一步。问：二月为何不动？

（2）迈步的同时说出是大月或小月。劳动节出生的月份？儿童节出生的月份？妇女节出现的月份？香港回归那个月呢？

这个环节得到了与会专家的一致好评。他们纷纷称赞说，这个环节将学生的思维极大地调动了起来，学生通过亲身经历的这个游戏又一次无形中巩固了大月、小月、闰月的知识点，他们尤其赞扬我对月份出示的巧妙，赞美我"教育无痕"。

第三个环节是一道小趣题：

> 有个小朋友，他今年12岁，却只过了三个生日，这是怎么回事呢？他可能是几月几日出生的呢？

由于这道题目中包含了闰月的问题，所以学生虽然开始时有些摸不着头脑，但很快就结合本节课所学，找到了问题的关键。

在结课环节，我口述了这样一道题：如果算今天的话，距离香港回归还有多少天？你是怎么算出来的？

学生迅速在头脑中演算着，得出了"33天"这个正确答案。

我这样总结：通过这节课的学习，我们不仅知道了年、月、日方面的知识，而且还能运用这些知识计算出距离香港回归还有多少天。是啊，香港回归让我们激动和兴奋。随着时间的推移，随着年年、月月、日日的努力，我们还会迎来澳门的回归，还会迎来台湾的回归，还会迎来全中国的统一。不管是哪年、哪月、哪日，我相信这一天已经不远了。

在孩子们期待的目光中，我和孩子们的心早就和祖国紧紧地连在了一起，一节"年、月、日"的课虽然已经结束，但孩子们内心对祖国强大的期盼远远没有结束。

在这次"全国小学教学创新课大赛"中，我一举夺得数学科一等奖第一名的好成绩，《中国教育报》对这次大赛情况进行了宣传报道，《福建教育》刊登了我这节课的教学实录。当时，很多知道我经历的同行都惊讶，怎么学语文的我，在数学教学上取得的成果竟然超过语文，这其中的辛酸和努力只有我自己知道。就这样，我也成了"数学明星"。

在广西桂林参加全国教学大奖赛，获一等奖第一名

1998 年 5 月 21 日至 23 日，中国教育学会尝试教学理论研究会北部湾分会和广西东兴市教委教研室在东兴市举办"北部湾小学数学优化课堂教学观摩交流会"，山东、广东、福建、湖南、贵州、广西等全国各地 900 余位教研人员和教师、校长参加了会议。我应邀到会做了两节观摩课《年、月、日》和《相遇应用题》，受到与会的专家、教研人员和教师的高度评价。

应邀到广西东兴市讲学

在广西讲学现场

　　我再次完善了《年、月、日》教学设计，带着自己多年的积淀，信心满满地站在了异地的讲台。但是我与孩子们一见面，我就瞬间意识到，一道天然的"鸿沟"摆在了我与孩子们的面前——语言障碍。虽然普通话已经推广多年，但那里学生的语言水平只限于能听得懂普通话，说起来让人仔细辨听之后也只能听懂十之七八。我想，如果不能跨越这条鸿沟，再完善的教学设计都将成为泡影。于是，我迅速地在头脑中想着解决办法。这时，一个画面突然在我脑海中闪过：来自世界各地的不同肤色的人站在一起，他们都面带微笑，这个画面显得是那么和谐。对，微笑是世界通用的语言。于是，我将微笑贯穿我的教学始终；学生听得懂普通话，我就更加及时、准确地表扬和鼓励他们；学生讲的普通话不标准，我就告诉他们慢慢说，让每个人都能听清楚。就这样，一个难题让我用"微笑"迎刃而解了，可想而知，当天的课堂也取得了很好的效果。

　　在与参会领导和教师交流的时候，深圳市石岩公学校长对我说："丁老师，你的课讲得太精彩了！你愿不愿意到深圳工作？家属也可以过来，我们负责解决住房与就业问题。"说实话，当时我的心里也有过一丝动摇，因为毕竟好的工作条件和丰厚的待遇是个很大的诱惑。但是想想我的西五小学，想想和我朝夕相处的同事们，我的态度很坚决："谢谢您的好意，同时也很希望有机会到您的学校拜访，但我的学校更需要我。"当我站在领奖台上，手捧沉甸甸奖杯的一瞬间，我的心无比地踏实，这种踏实源自我内心对西五的那份情结。

　　这件事之后，大家都说我傻，但只有我自己明白，我是西五人，西五的发展更需要我的努力与付出。事实证明，当时我的决定是正确的。

　　光芒和成绩有时会冲昏人的头脑，但我一直很清醒，因为我知道，我今天取得的些许成绩都是我用怎样的努力和付出换来的，我依然这样努力地工作着，认真践行着一个教育工作者的使命。我一心想着怎样做好自己的工作，指导老师研究教学、设计教改方案、撰写学校规划……我经常忙到深夜，家里的灯总是最后一个关掉。一次，邻居家的孩子打趣地和他的妈妈说："看！八角楼上的灯光总是亮的……"

　　数学课堂教学也应该注重"以情感染"，调动学生学习的积极性，注重"以情激励"，引导学生主动参与学习。经过多年的实践，我逐步形成了"以情感为基础，以语言训练为主线，以'活''新''实'为特色"的教学风格，主要体现在教学环境的创设、数学语言的训练、教学方法的改革和教学手段的更新上。

六、绿色教育"新鲜出炉"

1998 年 12 月，我被任命为西五小学校长，开始全面主持西五小学工作，我感到又亲切又焦虑。亲切的是，这里是我事业的起点，有并肩工作的战友和伙伴；焦虑的是，西五虽是资力深厚的老牌学校，但校舍陈旧，教师队伍青黄不接，学校出现了内外交困的危机。面对学校的生存现状，我当机立断，决定双管齐下——"内改外建"，打一个漂亮的翻身仗。

工作照

1999 年末，西五小学的内改工作拉开了帷幕。在我的周密策划下学校成立了内改小组，以"四定四制"为重点内容全面进行了学校内部管理体制改革。通过实行岗位目标责任制、教师聘任制、结构工资制，打破了以往干好干不好、干多干少一个样的"大锅饭"局面。通过设立教师浮动工资，提高教师结构工资标准，建立健全奖励机制，真正实行了多劳多得、优劳优酬，极大地调动了广大教职工的积极性，唤醒了他们心底那份可贵的教育使命感和责任感，每位教师各司其职、各尽其责。接下来，学校又实行了校务公开制度：凡是关系到学校管理与改革发展的重大问题，凡是关系到教职工切身利益的关键问题，凡是关系到领导干部廉洁自律的焦点问题，学校都向全体教师公开，恳请所有教师参与到学校的管理与监督中，真正实行了民主治校、民主管校。内改和校务公开给学校带来了生机与活力，为学校提合理化建议的人多了，推诿扯皮的现象少了；积极参加科研教改的人多了，墨守成规、不求进取的人少了；关爱学生、讲求奉献的人多了，体罚学生、贪图享受的人少了！

2000 年 11 月的某一天，我看到《长春日报》上有关"绿色食品"的广告，说牛肉经过排酸后，可以去除其有毒的物质，而且味道更加可口、营养更为丰富。这则广告引发了我深入的思考。我想，我们的教育是不是也需要排污，让孩子们接受无污染的教育呢？

正是这个不经意的契机，引发了我对"绿色教育"的理论与实践研究。2001年3月，在"绿色食品"的影响下，我正式提出"绿色教育"，并自此逐步成为西五小学的办学理念。这一理念既体现了西五小学创办人民满意教育的前进方向，又富有时代特性和鲜明学校特色。

最初，为了让广大教师认同，我亲自组织教师开展关于"绿色教育"的合作论坛。大家翻遍了报纸和教育刊物，走遍了长春市内各大书店，查遍了互联网，结果根本找不到关于"绿色教育"的内容。于是，我让教师在字典里查"绿"，理解"绿色"，再结合教育的特性，揣摩"绿色教育"。经过几番合作论坛，大家终于统一了思想，达成了共识：绿色教育是生命的教育，是以人为本的教育，是爱的教育。

现在想来，我提出绿色教育并不是空穴来风。20世纪90年代新课改的春风让每一位教育者心潮澎湃，我也如此。从1998年开始，我被任命为西五小学的校长，从那时起，我就不断思考"如何为学生减负"的问题：过重的课业负担极大地压抑了学生的思考、鉴赏、创造，导致学生厌学、厌师、厌校，师生不和谐，课堂不和谐，素质教育的实施仅仅就是教学的改革吗？

素质教育的要求是减轻中小学生过重的课业负担，促进中小学生身心健康、积极向上、尽快成长。20世纪90年代后期，有很长一段时间，很多人认为"过重的课业负担是内容太多，知识量太大"。事实上，这些都不是"过重负担"的要害所在，"负担"在于40分钟的课堂教学没有质量，学生失去了"品味学习快乐"的机会，教师在课堂上遏制学生思维的"动态性"，极大地压抑了学生的思考、鉴赏和创造，导致学生厌学、厌师、厌校，师生不和谐，课堂不和谐，这是最大的负担。

素质教育已经实施了十几年，而我们的教育模式，很多还停留在传统的传授与灌输，全方位育人的教育功能还没有完全体现，学生的独特个性还难以发挥。除此之外，学生不说真话的现象有增无减，仁爱之心淡漠，规则意识弱化，厌学情绪更浓。广大家长也多了一份担心与忧虑：学校教育能否使孩子们得到健康、全面地发展？今天的教育结果是一代不如一代，还是一代更比一代强？《中共中央　国务院关于进一步加强和改进未成年人思想道德建设的若干意见》明确提出："全社会关心和支持未成年思想道德建设的风气尚未形成……学校教育中重智育轻德育、重教学轻社会实践的现象依然存在……"

面对教育的种种失衡问题，我们学校组织教师进行了深刻的研讨，召开了"怎样真正减负""为学生设计教学"等合作论坛，还多次邀请专家进行学术引领。通过这一系列的活动，教师们的表情沉默了、心情沉重了，感到一个非常实际又十分严肃的课题摆在面前：怎样培养孩子，怎样塑造人？大家认识到不能再像以往"沉重"了一会儿又轻松，"沉默"了一会儿又欢歌，而应该把育人这份"沉甸甸"的责任担起来，成为心中永恒的分量。

很多基础教育实践者都有这样的感悟：十几年前，新课程时代还没到来，刚刚初显成效的素质教育确实给课堂带来了新的变化，带来了教师教育观念的转变，但是在热热闹闹的教学改革背后，在学生五花八门的活动背后，学生到底有多少收获、多少发展？我们的教育价值何在？这些，都曾经引起我们的思考。教育需要改革，现代教育呼唤"绿色"，学生的成长需要"阳光"，学生需要新教师、新学校。绿色代表着生机与活力，萌发着希望与神奇。学生就像绿色禾苗，他们的成长需要无污染的土壤环境，需要健康的营养内容，更需要高品位的园丁充满生机色彩的耕耘过程。

教师教育方法的简单化，使学生思想品德的形成过程扭曲，品德的生成自然就失去了正确性和鲜活性。所以，课堂教学需要新理念，学校德育需要新理念，人才培养需要新理念。这一系列教育中需要的"新理念"，成为我萌生绿色教育的基点。"绿色耕耘"，就是要使我们的教育，拥有真正的生机与活力，就是要让学生真正享受素质教育的快乐。特别是教师的"园丁"工作和学生的"幼苗"色彩，贴近"绿色耕耘"。

西五小学是百年老校，丰富的底蕴、雄厚的师资，有条件推行教育改革。多年形成的办学特色，完全可以给学生创造自主学习、积极学习、自主发展的空间，完全可以实现让每一个学生个性张扬和个体协调发展。

七、何谓"绿色教育"

（一）如何理解绿色教育

绿色是生命的标志，是和谐的标志。我校实施的绿色教育的核心是关爱生命的质量，关爱人的全面发展。所以，绿色教育是生命的教育，是以人为本、健康、可持续发展的教育，是为学生一生奠基的教育，是爱的教育。

具体体现在以下四个方面：

绿色教育是一种"全新"的教育。它体现了由知识本位向"以人为本"转变，由重知识传授向重学生成长转变。它要求我们用现代科学方式培养新型人才。

绿色教育是一种"全鲜"的教育。它充分体现了"为学生而设计教学"的理念，体现了由重信息单项交流向多项交流转变，由评价体系的重结果轻过程向重视过程与关注结果相统一转变，由重课程管理过于集中向增强课程对学生的适应性转变。它要求我们的教育符合时代要求，体现时代精神及人与时代相融合。

绿色教育是一种"多元"的教育。它创设激励学生学习的良好氛围，塑造促进学生发展的教师形象，建立促进学生发展的多元化评价体系，赏识学生的个性，以更宽阔的视野看待每一个学生，以各种方式促进儿童的全面发展，实现思维的多边互动。它要求我们的教育必须寓教于乐、寓教于生活、寓教于科学、寓教于未来，培养适应社会发展的人。

绿色教育是现代教育中的"高层次"的教育。它重在建立和谐、平等、民主的师生关系，构建培养学生创新精神和实践能力的教学方式和学习方式，赋予课堂文化新的意蕴——在一种文化的分享和创造中愉快、从容地到达共同向往的目的地。它要求我们的教育必须建立在尊重人的基础上，培养人的阳光心理，促进人的和谐发展，使人的思想具有积极性、正能量和创造力。

（二）绿色教育的特征

绿色教育具有阳光特质，是爱的教育。我校的绿色教育以培养学生终身学习能力为目的，着眼于人的生命性、发展性，让每个孩子都成为校园最健康、最阳光、最快乐的人。

绿色教育追求可持续发展。绿色教育为学生一生奠基，其价值取向就是追求人的全面发展。对于学生的教育与发展不仅仅是要求知识的积累、观念的更新，更要求人的综合素质的培养和提高。可持续发展是绿色教育的核心，其人文价值重在强调与终身教育相结合，强调在不同阶段关注发展个人的意识、能力、态度与价值观，强调学会生存、学会生活和学会发展，强调人与自然、社会相和谐的人文价值。

　　绿色教育贯彻以人为本的思想。绿色教育的核心思想是以人为本，关注学生的个体差异，关注学生的全面发展，注重教育过程的民主与尊重、生态与和谐、健康与可持续发展。

　　绿色教育倡导"共存共生"的理念。绿色教育是生命的教育，是人文素养与自然、科学相融合的教育。它重在让学生感悟生命的价值，培养学生敬畏生命、热爱生命的情感；重在让学生树立绿色环保思想，学会与周围世界包括环境、动物、植物和谐相处、共存共生。

　　在不断实践的基础上，我对绿色教育的认识逐渐走向成熟。绿色教育的关键是突出时代性、发展性；绿色教育的重点是传承文明、教书育人；绿色教育的目的是把学习的主动权、发展权还给学生，使教育真正达到健康、无污染的境界，具体概括如下。

　　绿色教育的理念：关爱生命·注重发展·彰显内涵。

　　绿色教育的内涵：以生命孵化生命，以品行影响品行，以博爱成就未来。

　　绿色教育的文化体系：绿色课堂、绿色文化、绿色德育、绿色管理。

　　绿色教育的育人模式：关爱生命质量与成长价值。

八、由"集团化"办学到引领"大学区"发展

　　在学校发展过程中，我经历了四个成长阶段。这四个成长阶段丰富了我的教育思想，也锻炼了我的能力，同时也考验了我的意志和毅力。

　　第一个成长阶段是建设西五小学实验幼儿园。2002年1月，在南关区人大会上，我向人大常委会递交了"整合教育资源，发展壮大名优学校"的提案。当时有很多人不理解我，认为我想不切实际的事情。但是我知道，幼小衔接是最有发展前景的，优质教育也是家长渴望和幼儿需要的。果然，我的提案受到了区政府和区教育局的重视。后来经区领导研究，决定把原六马路小学校舍给我们西五小学。

　　2002年暑期，是全校教师奋斗奉献的假期。从设计楼体彩画到绘画透视墙，从设计地面图案到楼里校园文化，从空空大楼到招收到第一个孩子，从打扫卫生到布置周围环境，从招收幼师到招收食堂工人，从设计招生画册到上街发传单，我和老

师们被盛夏的烈日晒黑了，手磨破了，脚站肿了。历经40多天的拼搏，西五小学实验幼儿园在我们全校教师的期盼中成立了。

西五小学实验幼儿园

2002年10月12日，幼儿园开业庆典这一天，天气特别奇特，至今我都记忆犹新。早晨天一直阴沉着，一直下着雨，我们只得买了一些雨伞准备给剪彩的领导使用。庆典时间定在9∶58分，马上就要到这个时间了，我在大厅里把雨伞交给市教委朱再新主任时，他接过去，走到门口后又折回来，把雨伞递给我说："雨停了！"当时大厅里一片欢呼，这时正好接近9∶58分。

当我和领导、来宾往外走时，天放晴了，一道彩虹若隐若现，温暖的感觉洋溢在我们的脸上。当时一位国际联谊校校长也亲自参加庆典，他兴奋地说："西五小学有龙有凤，而且龙凤吉祥。"

第二个成长阶段是建设西长校区。2004年5月，当我校接收西长校区时，更多的人不理解我。但是我清楚西五小学校舍现状，如果不扩大校舍，新学期将有七个班没地方上课。在学校是否继续发展方面，我也思考了很久，班子也研究了多次。可以说我很累，两个校区的管理是很大的工作量，甚至已经满负荷。但是在西五小学的发展上，我觉得不能停止，我应该有一种创新思想，让西五小学再显特色。于是，我带领班子成员组织教师设计、策划，每个角儿、每块地儿都经过精心思考。

暑期过后，学校按原计划将七个班迁移到西长校区。为了避免矛盾，学校从多

2002 年 10 月 12 日，我校与日本福岛山都町第一实验小学
签订《中日教育文化友好交流协议》

个角度与家长沟通，分别采取"班主任·学生·家长·社会关系"四个关键点同时互动对接。

但是无论怎样周密地安排，迁移这天，家长们还是电闪雷鸣般地爆发了。当时学校门前的马路上挤满了家长，学校备好的七辆满载学生的大客车，被家长团团围住，根本无法行驶半步。家长冲进教学楼要找校长讨说法，电视台记者来了，报社的记者来了，书记、副校长被家长推搡，门卫、收发员被家长打了，收发员的项链也被打没了。在这个过程中，西五的班主任老师发挥了重要作用，他们把大客车当作课堂，在车上教育学生支持学校工作，然后组织学生下车，带领学生手拉着手，在家长的缝隙中走到西长校区。当天我负责在西长校区迎接孩子们，从早上 7：30一直等到 9：00 多钟，当第一批孩子出现在西长校区大门口时，我的眼泪夺眶而出。孩子们都到校了，身后跟着一群家长，当家长们还要继续讨要说法的同时，教室里传出了琅琅的读书声。经过几天的努力沟通，以及绝大多数家长的理解和支持，第四天这件事平息了。就在迁移的当天，我站在西长校区的操场上感慨万千，可以说压力伴着委屈，快乐和着泪水，那种纷扰交错的心情，使我几度后悔，酸甜苦辣突然涌上心头，让我瞬间将为校之长的艰辛尝了个通透。

记得就在刚刚接手西长校区时，我校遭遇了一场意外交通事故。内外交困，让我疲惫不堪。记得出事的当天晚上，我站在医院的大院里，我的面前是区委书记、区长、教育局局长；我的左右是区政府、区教育局、区进修学校的领导和同志们，也有闻讯赶来的家人，有我的爱人，我的母亲和姐姐；我的身后是朝夕相处的学校教师们。在那种特殊的场合，我当场提出了辞职，却得到了领导的安慰。领导们语重心长的话语给了我战胜困难的力量，使我增添了解决困难的信心和智慧。这段时间，成为我生命记忆中不可磨灭的痕迹，使我生成了很多思想，最大的财富就是在艰难困苦中，打造出一支具有很强凝聚力的优秀团队。在准备这次汇报材料的过程中，一想到这件事，泪水就模糊了我的双眼。准备材料的思考过程，我多次停留在这儿而无法思考下去。2004年教师节前夕，我向教育局、进修学校、全区中小学校的领导和老师们发出了感谢信，感谢他们在西五小学艰难困苦中给予的关怀、支持、鼓励，同时在教师节大会上，我亲自宣读了《致西五小学全体教师的感谢信》，当我读到"水千条、山万座，我们曾走过，每一次相逢和笑脸都彼此铭刻……我们共同的经历和真挚的情感汇成了理想的歌，愿快乐与幸福伴您时时刻刻！"全校教师给了我热烈而持久的掌声。这种感受，只有共同经历的人才能够理解和体会。

这些，已经过去，每当我想起来，总是有一种极苦极苦的滋味涌上心间。也许我经历了其他校长所没经历的事情，但我也获得了其他校长所没获得的经验和教训。我总觉得有一首歌是唱给我听的，歌中有这样一句话："每一次都在徘徊孤单中前行，每一次就算受伤也不闪泪光，我知道我一直有双隐形的翅膀，带我飞，飞过绝望……"不管经历了多少艰难困苦，不管饱尝了多少酸甜苦辣，成功的喜悦，总是萦绕在我的心头，因为在学校跨越式发展的过程中，我体会到了自身的价值。

由于压力过度，由于劳累过度，那年冬天我突然受伤，右脚多处骨折，但我坚持在家里办公，并安排学校的教工大会。当我拄着双拐出现在教工大会的那一瞬间，会场爆发出热烈的掌声。我十分感谢我的每一位同事和在座的每位领导和每位校长，正因为有你们的帮助和支持，才使我因教育而成长，因为教育而精彩。

在近两年的时间里，我和我的学校几乎被剥夺了所有评优资格，但是我没有抱怨，仍然持之以恒地做那些我应做的事情，而且以更加平和的心态带领全体教师研究、探索绿色教育，总结出绿色教育的理念和内涵，并形成了绿色教育文化体系。两年过去了，当人们重新关注我和西五小学时，我同我的学校已经站在了新的起点。

在处理这场意外交通事故的过程中，我承受了很多的压力，也承受了很多的痛苦。但是为了事业，我无怨无悔。我总是这样安慰自己：失去的就让它失去吧，错过阳光，以后还有月亮；错过月亮，以后还有星星。倘若全都错过了，我还有一个充满希望的明天早晨。这段经历是我一生中最难忘的。

第三个成长阶段是接收四十一中学。近年来，随着教育发展的势头，教育均衡问题引起了教育界乃至整个社会越来越多的关注。作为一所改制校，尤其是已具备一定教育基础、具有较强优势的学校，更应该为贫困校、薄弱校提供应有的帮助。在这一点上，作为名校长，我必须走在前列。2007年，位于三马路的四十一中学校舍陈旧、教师紧缺、生源不足，全校上下不足百人，面临着解体的困境。为了保留一所老牌中学，重现昔日的风采，教育局党委研究决定，让我兼任四十一中学校长。小学校长兼任中学校长，这在长春市，甚至在全省都是罕见的。接受任命，就意味着多承担一份操劳和忙碌，因为此时三个校区已经让我身形憔悴。然而，我不能退却，教育是我的事业，我应该以海纳百川的胸襟和一名优秀党员的坚韧接受这项任务。

这一年暑假叫人无法忘怀。我带病指挥大家进行了四十一中校区的建设，先后投入几十万元使其旧貌换新颜。开学了，这里的学生误以为走错了学校，简直不敢相信自己的眼睛。教学大楼粉刷一新，平整时尚的操场上花团锦簇、绿树成荫，走廊内展示着高雅、文明的校园文化，教学楼内是新置的桌椅及电视、电脑等现代化的教学设备。新装备的实验室及微机室、多功能教学厅，让学生们瞠目结舌。置于四十一中校园不觉叫人神清气爽。

教育的公平不应只是条件的均衡，其实质应达到教育质量的公平。环境的巨变带动了四十一中师生的改变。每天在崭新的校园里读书、学习，学生们不自觉间规范了自己的言行，提升了心气，形成了良好的学习氛围。每次，我深入四十一中校区查看之时，师生都投以感激的目光和亲切的问候。我尽自己的所能为薄弱校带来了生机，为教育均衡发展做出了应有的贡献。

滴水渐累成沧海，拳石频移作泰山。在四个校区的发展中，一批教师成长了，一批教师发展了，一批教师成熟了，我自己评价：一支优秀团队建成了。至此，西五小学形成了以绿色教育为理念，以"和谐"为核心，幼儿校区"和谐发展"、主校区"和谐规范"、西长校区和中学校区"和谐自主"的氛围。此时，作为学校的办学理念，绿色教育已经深深扎根在每个西五人的心中。

第四个成长阶段是组建西五大学区。2010年3月，由于教育形势的发展变化，改制校全部退回公办，教育局决定撤并四十一中学。为了避免造成不稳定倾向，我暗暗地做着各种安排和部署，亲自带领全校教师去吉林野外考察，去哈尔滨观赏冰灯，并录制成光碟发给大家做纪念。为了平稳过渡，我与四十一中学波丽娟书记召开全校动员大会，讲清教育形势、教育发展和教育前景，使大家欣然接受，满怀热情地奔赴新的学校、新的岗位。

实际上，对于人的管理，我们是汇集了制度、情感、艺术的管理。美国一位著名的企业管理专家说："对于管理者来说，管人最易做到，但最难做好。"在一个校长三个校区（四个校区）的管理中，我们注重目标管理、制度约束，以人为本，使学校的有效管理转化成全校教职工进步和发展的"助跑器"。

为顺应教育均衡发展的需要，南关区教育局按学区划分，将我们西五小学与地理位置相对集中但层次不同的六所学校组建成资源共享、交流合作、促进发展的教育共同体——西五大学区。以西五优质校为引领，各成员校积极参与，在办学理念、教学管理、队伍建设、资源开发等方面实行一体化管理，努力使各校在硬件、师资、管理、学生、校风等方面实现资源的流动与整合，以求真正实现学区内七所学校教育水平的共同飞跃。

虽然大学区是一个新生事物，但它也是教育在发展过程中的一个必然的历史产物。在促进教育均衡发展的今天，我们所说的大学区不是简单的几所学校的整合，而是在一定的地理空间范围内，以一所优质校为核心，将规模不同、师资不均、硬件配置有差异的几所学校以捆绑的形式，划分为一个公共教育的区域单元。这个区域单元既是一个教育管理的合作体，也是一个教科研活动的联盟体。在层次上，它处于"区"和"校"之间；在内容上，它处于"区内全部教育资源"和"校内单一教育资源"之间。

由于管理得当和在全体大学区人的共同努力下，我们西五大学区于2012年被评为"长春市先进大学区"。

九、创建"中国绿色教育联盟"

2011年，西五小学多年实施绿色教育的经验受到媒体的广泛关注，《中国教育报》《人民教育》先后进行了深度报道。同年，我被评为"第二届全国教育改革创新优秀校长奖"，受邀出席"第二届全国教育改革创新论坛"，并做了关于"绿色教育"的主题演讲，受到与会专家的高度评价。时任《中国教育报·现代校长周刊》主编的徐启建老师说："丁国君是最先提出绿色教育并以此为办学理念的校长，长春西五小学作为龙头校，最好把国内以'绿色教育'为主要教育理念的学校联合起来，建立'中国绿色教育联盟'，共同实践，共同发展。"

（一）筹建工作苦尽甘来

在绿色教育实施的过程中，我也一直有这样一个想法：待我们的绿色教育发展到一定阶段、取得一定成果时，举行一次全校范围的总结活动，把绿色教育自开展以来取得的成果进行梳理、总结。而徐主编的一席话给了我莫大的鼓舞。把绿色教育的经验进行传播、推广，不能仅限于学校、省、市，而且应该推向全国。这个想法更坚定了我带领全校教师办好绿色教育的决心。

2012年7月，在中国教育报刊社有关领导的关心和支持下，"首届中国绿色教育论坛暨长春市西五小学绿色教育十周年总结大会"在我校胜利召开。这次大会取得了巨大成功，在教育界产生了强烈反响。

记忆的脚步又回到2012年的1月。为了筹办此次会议，我带领学校部分教师，整整一个寒假没有休息。拍摄西五小学绿色教育十年大型专题片《绿程如虹》、编写并出版绿色教育成果专著《为教育插上绿色之翼》、校本教材《绿色教育之奇葩竞放》、学生作品集《跃动的绿色音符》、教师作品集《绿色教研溢芬芳》，绿色教育十周年画册《力量之翼》……

寒假前，我还给全校教师每人发了一本质量很好的硬皮本和一套水彩笔及彩色铅笔，组织大家制作自己的"成长画册"，主要内容是教师个人自学校实施绿色教育这十年来的成长历程。带着我发的这些"礼物"，全校教师在整个假期里都忙得不亦乐乎，大家如火如荼地创作自己的成长画册。这项工作极大地调动了老师们的积极性。大家努力收集自己以前的教育教学照片，上网查找素材并精心组织语言，每个人都在为自己的画册写着、画着。就连美术稍弱的教师也想出了自己的好办法：把图片先打印出来，然后借助台灯的透光，把图案描摹在画册上。不管使用何种方法，大家都在用心制作自己的画册。个人成长画册的制作，不仅勾起了老师们对自己教育生涯的美好回忆，更重要的是让他们懂得了怎样梳理自己过去取得的成绩，怎样以这些成绩为基础，去创造更加辉煌的未来。在画册的制作过程中，我也听到了不少老师对我感谢的话，他们说："校长，谢谢您，是您给了我们回忆过去、展望未来的机会。"每每听到这些，我都感觉到心里特别温暖，老师们没有把我安排的工作当成负担，并以此为工作的动力，我想我离成功已经不远了。

整整一个寒假，大家都在为会议的召开而忙碌。但是，我没听到过老师们的一句怨言，而听到更多的话是："校长，您太累了，歇会儿吧！"每当听到这些，我都觉得有些许的惭愧，也为西五教师能有如此的工作热情和爱岗敬业的精神而深深感动。我想，我们的忙碌不只是为了会议的筹备，在准备的过程中，教师的水平提高了、凝聚力增强了，我也从中看到了西五的希望。因为从当校长的第一天起，我就深深地明白：学校的发展光靠我一人的努力是不行的，只有全体西五人共同努力，才能让学校得以进步、发展。

在编写《为教育插上绿色之翼》时，我幸运地得到了吉林省教育学院农村教育研究所所长、中国教育报驻吉林记者站副站长赵准胜教授的指导，并在他的引荐下，结识了吉林省教育学院林森教授、王会平教授、李长娟博士、戴军博士。我带领学校领导班子和部分老师与专家们座谈、研讨，虚心向他们学习，听取他们的意见和建议，并与他们交流绿色教育自开展以来取得的成果与今后发展的方向。通过几次和专家们的座谈与研讨，我们从他们那里得到了很多启发，他们对绿色教育的肯定与评价、意见与建议，真正为教育插上了绿色之翼。

赵准胜教授这样评价说："绿色是教育之魂。真正的教育应该是绿色的，也必须是绿色的。这里的'绿色'是对教书育人的观念、方式方法、目标指向，以及必须观照不断变化着的教育生态环境的哲学意义上的高度概括。因此，绿色教育的办学理念是教育探索的结晶，其中蕴含着对素质教育的提炼和升华、对童年生态危机的观照、对功利性教育的诘问……"

专家们的肯定与指导，让我站在了更高的高度，绿色教育也有了更厚重的底蕴。更有幸的是，就在书稿初成，我把它拿给吉林省总督学孙鹤娟教授，请她提点意见的时候，她毫不犹豫地为这本书写了代序。她这样写道："《为教育插上绿色之翼》形象地道出了教育的指向及教育应该实施的策略。即，培养人的目标是绿色的，过程也应该是绿色的。"与其他学校编撰的论著有所不同，《为教育插上绿色之翼》不是论文集，也不是办学历程的回忆录，更不是纯粹的理论著作，而是一本集实践和探索为一体的作品，其中充分体现了理论和实践不断交融、相互影响和促进的过程。联系教学实践，书中分别阐释了绿色管理、绿色课堂、绿色德育、绿色文化，这是对绿色教育进行深入研究和广泛实践的结果，这样分解显然有助于呈现绿色教育理念的成长历程和实践脉络。绿色教育、绿色管理、绿色课堂、绿色德育、绿色文化五个部分建构出的理论框架，层次分明，有理有据。每一部分之后的"专家述评"是本书的一大亮点，执笔者都是省级教研员，他们不同于普通高校的教授和学者，在基层多年的教研经验使他们更容易贴近教学一线，因此，这些"专家述评"读起来更加深入浅出，更适合中小学教师。

在整理书稿的过程中，我不知往返于学校和印刷厂多少次。一次次的修改、一次次的校对，每一个图形都精心修改、每一行文字都用心斟酌，以达到最佳的出版效果。记得有一段文字，当时我和负责这部分书稿整理的老师意见不一致，但让我高兴的是，那位老师并没有因为我是校长就全盘肯定我的看法，他提出了自己的想法。但是经过一番激烈的讨论，最终他还是被我说服，同意了我的观点。他说："校长，开始我以为我那样写很妥当，您这么一说，我觉得比我的想法更有道理，还是按您说的写吧。"我们一拍即合。在组稿的过程中还有很多类似的小插曲，有时由于我的疏忽出现一些小错误，老师们也毫不避讳地指出来，我都虚心地接受。因为在学术面前，我不能做一个只顾面子的校长，我要做一个精益求精的老师。定稿那天，回头看看办公室窗台上有几尺厚的稿件，我忽然有了很大的成就感。

两个月之后，当刚印刷出来的、还带着油墨香味的《为教育插上绿色之翼》送到我手上的时候，拿着这本沉甸甸的书，我的眼睛湿润了，泪水在我眼眶里打转，我就像抱着自己的孩子一样，把这本书捧在手心，一页一页翻看。每页纸，都浸满了西五人辛勤的汗水，这里记录的每一个故事都是我们实实在在的回忆。时隔不久，我们精心编写的校本教材《绿色教育之奇葩竞放》、绿色教育十周年画册《力量之翼》、学生作品集《跃动的绿色音符》、教师作品集《绿色教研溢芬芳》也相继出版了。

寒假过后，一本本画册相继"出版"。当老师们把自己亲手设计的"个人成长画册"交到我手上的时候，我震惊了。因为以前我不曾想过，我们的老师竟有如此高的美术与文学天赋，每一本画册都让人眼前一亮，犹如崭新的印刷品，很难相信是老师们纯手工绘制的。有的图文并茂、有的色彩交融、有的清新舒畅……老、中、青教师们的画册各有特点：老教师的内容丰富、厚重；中年教师的略显沉稳、成熟；青年教师的则带给人耳目一新的感觉。我把这些称为西五人自己制作的"文化大餐"。

老教师李秀英的画册，让我看到了众多默默为西五奉献一辈子的老教师们的影子。没有色彩斑斓的图画，没有华丽的辞藻，有的只是那份踏实、那份坚守。一张张陈年的照片，有的已经泛黄，再配上些许柔美的线条，加之几段深情款款的文字的渲染，就像一坛陈年的老酒，那样醇厚、那样甘香。

看了中年教师王艳的画册，我感动不已。在西五小学工作二十余年，她把自己美好的青春献给了最钟爱的教育事业，从学校开展体音美分层教学，到现在的信息组长，她走过了漫长的教育之路。从她的画册中可以看出，西五就是她的家，只有把学校当成自己的家，才能在平凡的岗位上做出不平凡的工作。

青年教师刘博的画册，让我眼前一亮。我突然发现这个平时不善言辞的小伙子的内心世界是那么丰富。他2004年大学毕业后就来到西五小学工作，他用他自己参与绿色教育的亲身经历，向人们诉说着西五的变迁与发展。他把画册的主题确定为《走近绿色教育的春天》，并在画册的结束语中写道：

这里，孕育着我的渴望和梦想；这里，释放着我的活力和激情。

欢迎您走进我的成长世界，与我一同分享这份收获的喜悦！

手捧着这本"个人成长画册"，心里洋溢着幸福。每一张洁白的纸上，因为有我自己的妙笔生花而色彩斑斓，每一个方块字都因为有我的用心投入而显得神采飞扬。在这里，留下了我一段段成长的故事和一个个美丽的梦想。这些成长过程中的点点滴滴就像一朵朵美丽的花儿，绽放在"个人成长画册"这片辽阔的土地上。我的足迹，我记载；我的生活，我热爱；我的未来，我憧憬。在这里，留下了我自己的足迹、感悟……

内心深处溢出了对教育生命的感激和热爱，在自由的心境中我的心灵不再干涩，我开始用真情抒写真实的教育生活。也许，你会觉得有些经历只是再平常不过的小事，只是春天里的一粒嫩芽、一点新绿，抑或是一瓣花絮。但是，正是这点滴小事，让我一点一点成长起来，从一个怀揣着梦想的年轻人，成长为一名在绿色春光中甘愿奉献的园丁。

翻开这本"个人成长画册"，你就走进了一个平凡但又美好的心灵世界，希望我能给你带去欢乐、幸福、感动……

踏着春天的脚步，我们即将走进绿色教育的下一个十年。

其实，每个人心中都有一座山峰，雕刻着理想、信念、追求、抱负。每个人心中都有一片森林，承载着收获、芬芳、失意、磨砺。但是，无论眼底闪过多少刀光剑影，只要没有付诸行动，那么，一切都只是镜中花，水中月，可望而不可即。一个人，若要获得成功，必须得拿出勇气，付出努力、拼搏、奋斗。成功，不相信眼泪；成功，不相信颓废；成功，不相信幻影。成功，只垂青有充分磨砺充分付出的人。未来，掌握在自己手中。未来，只能掌握在自己手中。人生好比是海上的波浪，有时起，有时落，三分天注定，七分靠打拼！爱拼才会赢！

教育更是如此，我们只有在西五小学绿色教育这片沃土中，才能茁壮成长，长成参天大树。

十年，不是绿色教育的结束，而是她积淀深厚底蕴的开始，我相信，下一个十年，下下个十年，我们的绿色教育会延续以前取得的成绩，结出更丰硕的果实。

祝我们的绿色教育，走得更好，更远……

翻阅着老师们的成长画册，我想，我一定要让老师们的这些最得意的作品得到最精彩的展示。于是，我立刻联系广告设计公司设计展架，我要让所有的人都看到西五老师们用心铸起的这段成长历"城"。当一本本成长画册摆上展架的时候，作为第一批参观者的全校教师都震惊了，这场面完全可用"壮观"二字形容。大家忙着去找自己的画册、忙着翻阅同事的画册、忙着给我提诸如画册怎样摆放更加合理的意见……

2011年11月，我被评为"第二届全国教育改革创新优秀校长"，并受邀赴北京领奖。就在这次会上我结识了徐启建主编和中国教育刊社副社长张新洲先生。当他们得知我要办这样一场绿色教育大会时，表现出极大的兴趣。徐启建主编说："绿色教育在中国教育界还是一个新生名词，不过现在已经有一些学校在搞绿色教育，只是没有西五小学搞得时间这么长、搞得这么好，如果在中国成立一个以绿色教育为主旨的教育协作体或者是教育联盟，那绿色教育的前景将会更加广阔，我们中国教育报刊社将给予全力支持。"徐主编的话说得我心潮澎湃，于是，一个名词在我心中回荡——"中国绿色教育联盟"。但是转念一想，我又有些动摇了，这会不会有些夸大其词？会不会遭到别人的耻笑或者反对？因为绿色教育虽然在西五小学取得了一定的成果，但毕竟我们还一直在探索的过程当中，毕竟官方还没有对绿色教育给予明确的定义，我的想法是不是有些不切实际？但是，我想要做的事没人能够阻拦，况且，我所做的不是为了我自己，我要为中国教育做点实事。

2012年6月，我又一次赴北京向张新洲社长和徐启建主编请教。张社长的一席话，更让我坚定了办好绿色教育的决心，他说："绿色教育是一种全新的教育，它具有前瞻性和可发展性，如果将其推广开来，意义非凡，大有可推动中国教育发展之势。不过，如何进一步提炼和升华，怎样有效推广都需要下功夫……"

躺在从北京回长春的卧铺车上，我彻夜未眠，疲倦、睡意都抛在脑后。想想自己带领老师们实施绿色教育的这十年，付出了多少艰辛的努力，遇到了多少常人无法想象的困难，取得了多少别人梦寐以求的成绩……脑海中就像电影回放一样，往事一幕幕浮现在眼前。已是深夜，我还是不能入睡，隔壁鼾声起伏，但我还是毫无睡意：绿色教育到底应该何去何从？十年磨炼，怎能轻言放弃，再难的路我也要走下去！

是啊，我都坚持十年了，怎么能在成绩初显的时候退缩呢？那几个字又一次浮现在我的脑海里——中国绿色教育联盟。

于是，从第二天起，我就开始谋划，怎样组建这个联盟。我组织老师上网查找中国现在正在开展绿色教育的学校，了解学校情况，并和校长联系、沟通。我们查到的国内正在开展绿色教育的学校还真不少，江苏、河南、广东、北京、天津等省市和地区均有学校在开展绿色教育，但是有些学校开展绿色教育仅限绿色环保教育，和我们的绿色教育理念还有很大偏差，但我不放过每一个机会，我一一打电话与他们进行沟通。我想，我们的绿色教育联盟一定要建成。但是万事开头难，多数人接到我的电话，听了我的叙述之后满头雾水，有的校长一听要他们到长春参会，首先问我要收多少会费，我说我们这个会完全是免费参加的，他们竟然以为我是骗子，不相信会有这样的好事，没说几句话就把电话挂掉了。终于，有一天在给北京市大兴区瀛海二小常青校长打电话时，他表现出极大的兴趣，并进行了详细的询问，最后明确表示要加入绿色教育联盟。我心想终于找到志同道合的人了，那天甭提我有多高兴了。

经过我们几天的努力，想要加入联盟的学校已经达到十余所，"中国绿色教育联盟"终于有了眉目。这时的我，才安稳地睡了一觉，安心地坐下来与家人吃了一顿久违的晚餐。更让我高兴的是，没过几天，"全国'6+1'小学教育改革发展联盟"中的四川大学附属小学余强校长得知我要组建"中国绿色教育联盟"时，特意打来电话说："丁校长，我们学校虽然没有实施绿色教育，但我们的教育理念和绿色教育也十分贴近，我也希望加入这个联盟，让咱们一起为中国的教育做点什么。"我欣然接受了余校长的申请，并为我们的联盟不断扩大而高兴。

第二天太阳升起，我们的会议筹备工作更加紧锣密鼓。俗话说，说起来容易做起来难，想要办一场全国范围内的大型会议并没有想象中那么容易。我组织学校领导班子和中层主任开会，征求大家的意见和建议，大家在一起共同商讨怎样才能让这次大会圆满成功。起草方案、设计会标、制作会议手册……大家分工明确，分头开展工作。有时候一个图形、一段文字的排版都要改上几次乃至十几次才能定稿，我们的目的只有一个，让这次大会圆满成功。我们要把最精致、最精彩的东西呈献给与会来宾，让他们感悟到绿色教育不只是一个虚名，她有她实质的精神内涵。

终于，经过大家的努力，一切准备工作就绪。在大家的期盼中，我们终于迎来了大会的报到日。来自全国各地绿色教育学校的参会代表五百余人相继来到美丽的长春。2012 年 7 月 8 日下午四时，徐启建主任来到长春，并带来另一位教育专家——天津市教科院基础教育研究所所长陈雨亭博士，当得知陈博士这次会全程参会并给予指导的时候，我心里别提有多高兴了。因为我深知，有了专家们的指导，我们的绿色教育将会大放异彩。

专家就是专家，当徐启建主任问我既然要成立联盟，有没有联盟章程的时候，我一下子意识到我欠考虑了，但联盟就要在第二天的大会上成立，而眼前又有很多需要忙的事，我一下子有点无所适从了。看到我着急的样子，徐主编安慰我说："丁校长，你去忙你的吧，章程的事交给我们吧。"此时此刻，我的心里除了感激还是感激，专家们那种为了教育不分你我、不求名利的敬业精神，让我着实感动。就这样，他们忙碌到凌晨三点，《中国绿色教育联盟章程》新鲜出炉了。《章程》共分三章十二条，规定"绿教联盟"的性质是在中国教育部指导下，在中国教育报刊社的倡议和组织下，由全国各地区具有"绿色教育"办学特色的学校按平等原则组建而成的联盟组织。各成员单位在理念生成、文化创建、组织机构管理、师资队伍建设、教育设施互助、课题研究成果、教育信息发布等方面，实现教育资源的互惠、优化和共享，以最大限度地发挥效益，促进"绿教联盟"体教育质量的联动发展、滚动提升与和谐共赢。其宗旨是对话绿色教育办学理念，探索绿色教育价值内涵，分享绿色教育成功经验，鼎铸中国绿色教育品牌。通过加强校际合作，充分发挥群体优势、联盟效应和规模效应，整体提高学校办学品质，打造绿色教育名优品牌学校。并规定"绿教联盟"的活动准则是平等、合作、分享、共赢。

（二）成立大会振奋人心

2012年7月9日，经过半年多精心筹备的"首届中国绿色教育论坛暨长春市西五小学绿色教育十周年总结大会"胜利召开。来自全国各地的教育同仁云集美丽的长春，满怀对绿色教育的追求，对话理念、交流思想、分享经验，共议具有时代意义的绿色教育。本届大会得到了中国教育报刊社、吉林省教育厅、吉林省教育学院、长春市教育局等有关部门的大力支持与帮助。

长春市委副书记郑文芝、吉林省教育厅副厅长孙鹤娟、南关区政府区长杨大勇、吉林省教育学院院长张德利、中国教育报刊社副社长张新洲、中国教育报刊社主编徐启建、长春市政府秘书长卢福建、长春市教育局副局长梁国超、南关区人大主任范传真、南关区政协主席华岳、南关区政府副区长袁继业等各级领导光临了本次大会。天津市教科院基教研究所所长陈雨亭博士的全程参会和专业引领更为大会的胜利召开提供了有力的保障。

7月9日上午，我早早来到了会场，准备迎接各地来宾的光临。在会场外，我们设置了图书赠阅台，我们出版的各种书籍一经摆台，便被抢阅一空。负责发书的老师对我说："丁校长，我们从来没见过哪本书这么受欢迎。"是啊，我和老师们的努力终究没有白费，我要让更多的人看到我们的绿色教育成果，因为我觉得绿色教育并不是我自己的，她是属于整个教育界的。

领导、嘉宾相继来到会场，松苑宾馆会议厅座无虚席。在全场热烈的掌声当中，会议开始了。在长春市南关区教育局党委副书记耿伟民隆重介绍与会领导及嘉宾后，大家共同观看了记录西五小学绿色教育十年艰辛奋斗历程的大型纪录片《绿程如虹》。说心里话，我是含着泪看完这 15 分钟的纪录片的。我相信，同我一样，在场的很多西五人也是含着泪水看完的，因为我们共同走过的这条路，实在太不易了。在这个收获的时刻，有谁会不为之感动？有谁会不为之动容？此时此刻，大家心里都会重复那句被西五人认为是真理的话：西五光荣我光荣，我为西五争光荣。

会议开幕式上，长春市南关区人民政府副区长袁继业先生向大会致辞，欢迎远道而来的教育界同仁，共聚长春，共话绿色教育。长春市南关区人民政府区长杨大勇先生宣布"中国绿色教育联盟"正式成立，长春市委副书记郑文芝女士、吉林省教育厅副厅长孙鹤娟女士为"中国绿色教育联盟"揭牌，所有到会领导为"中国绿色教育联盟创始校"颁发牌匾。走上台的那一刻，就连我自己都难以相信，我的脚步竟然那么沉稳，我接过牌匾的双手竟然那么有力。站在中国绿色教育联盟创始校代表的正中间，我如梦初醒——我真的成功了！

长春市教育局副局长梁国超的讲话，对西五小学绿色教育十周年取得的成果给予了高度评价。他说："本届大会，以'对话、交流、分享、共赢'为主题，来自全国各地研究绿色教育的学校走到了一起，携手共建'中国绿色教育联盟'，集众人之智，举联盟之力，共同开创中国教育美好的明天。这是一次具有时代意义的教育结盟和学术研讨，在对话与交流中，绿色教育的理念会更加深入；在碰撞与交融中，绿色教育的内涵会更加深刻；在分享与整合中，绿色教育的成果会更加丰厚，能为与会者带来全新的思想冲击和智慧启迪，带来全新的教育视野和教育理解，为今后的教育教学改革指明了方向。"

接着，"中国绿色教育联盟"成员校校长、广东深圳育才四小校长崔学鸿宣读了《中国绿色教育联盟宣言》，"中国绿色教育联盟创始校"代表进行了大会宣誓。最后，吉林省教育厅副厅长孙鹤娟做了重要讲话，她在讲话中说："历经十年的艰辛探索，西五小学绿色教育所展现出来的'绿色风暴'不禁让我们赞叹。这是丁国君校长带领西五人用自己的智慧和辛劳，用自己的热情和执着，在探索教育的真谛，践行着触及每个学生灵魂的教育。他们用实际行动来证明'绿色'是教育之魂，真正的教育应该是'绿色'的。"孙厅长的讲话为"中国绿色教育联盟"的发展指明了方向，并寄予了深切的厚望。

　　会上，我对西五小学绿色教育十周年做了经验总结，全面回顾了西五小学绿色教育十周年的辉煌历程。十年磨一剑，我的报告站在对教育理解与追求的高度上，全面、深刻地阐述了西五绿色教育理念的提出，内涵的深化，特色的发展，品牌的形成，再现了西五绿色教育十年艰辛拼搏的历程，为大会提供了可借鉴的成功经验和研究的范例。

绿色教育承载着百年西五的教育梦想

（三）校园文化赢得好评

　　当天下午，所有与会者参观了西五小学三个校区，观看了学生特色展示，他们对西五绿色教育取得的成果给予了高度评价。

　　在主校区操场，首先映入参观者眼帘的就是全校教师的"成长画册"长廊，从操场的这头一直到那头。当我向他们介绍这些都是我们西五老师自己绘制的"纯手工"作品时，大家都惊讶不已，他们说："你们的老师太棒了，他们简直个个都是文学家、艺术家。"徐启建主编拿起一本老师的成长画册翻看起来，然后问我："丁校长，这位老师画得这么好，他是美术教师吗？"我看了看，说："这是我校一位数学老师的画册。"徐主编打趣地说："丁校长，你赚大了，你们学校的老师如此多才多艺，那岂不是哪科都能教？"我笑了，在场的其他嘉宾和老师们也笑了。我知道，我是骄傲的笑，他们则是羡慕的笑。

走进教学楼，参观者们便被我校丰富的校园文化深深吸引了。他们惊叹于一所小学竟有如此系统的校园文化体系，虽然空间不大，但是力争做到让每一面墙壁都会说话，窗台的花、鱼缸里的鱼都让这所古老的教学楼迸发出无限灵动的活力。天津市教科所陈雨亭博士在参观后对我说："丁校长，我到过全国各地很多小学参观、考察，西五给我的印象很深刻，你学校面积不是最大，名气也不是最大，但却做得最精致、最让人赏心悦目。"与会者们更是赞不绝口，纷纷拿出相机拍照留念，甚至有几位校长沉浸在这优美的环境中，流连忘返，竟忘记了上回去的大客车。

在观看西长校区特色表演时，一位参会校长问我："丁校长，你们的学生怎么表演得这么好，这得练多长时间啊？"我骄傲地回答："这些课程都是我们学校的常规特色课，都是学生们平时一点一滴地积累，才能达到今天这么好的展示效果。"京剧、二胡、古筝……一项项艺术特色课程的展示，融合了西长校区高山流水、小桥人家的人文景观，让大家仿佛置身于江南水乡，一边欣赏着优美的风景，一边聆听着优美的旋律，真是一种美的享受。

当参观者走进西五小学实验幼儿园的时候，他们马上被幼儿园那童趣、童真的氛围所感染，有人甚至不由自主地去尝试孩子们的大型玩具，仿佛自己也回到了童年。参会的领导、老师笑了，我的老师们笑了，我也笑了。

（四）校长论坛大放异彩

第二天上午，全国校长高峰论坛在西五小学主校区多功能厅举行，来自江苏、广东、河南的三位校长的精彩发言，博得了参会者的一致好评。

江苏无锡新安实验小学邹静宇校长在论坛的结尾这样说："理想产生激情，理想产生诗意，理想产生机智，理想产生活力，理想产生恒心。我们在不理想的现实中，更需要我们坚守理想，在坚守理想中收获奇迹。在激情的追寻中、在诗意的创设中、在机智的前行中、在活力的探索中、在恒久的坚持中让校园焕发绿色的生机、让环境放射人文的光芒、让课程充满生命的活力，这是新小全体教育人永远的绿色教育理想追求。"

广东深圳育才四小崔学鸿校长对绿色教育有这样的阐述："如果说生态教育关注的是环境的可持续发展，那么绿色教育关注的则是人的可持续发展。为了推进绿色教育、促进人的可持续发展，我们应该树立绿色的学生观，把学生当作实践的人、社会的人、有独立意识和创新能力的人；树立绿色的质量观，把促进人的全面发展、适应社会需要作为衡量教育质量的根本标准；树立绿色的发展观，转变教育发展方式，改革教育教学形式，促进教育内涵发展。教育绿色发展的关键是践行科学发展观，迅速转变发展方式，实行中国教育的战略转型，构建'环境友好型'的教育和谐、创造'资源节约型'的教育高效，以实现中国教育和谐、高效、可持续地绿色发展。"

河南濮阳实验小学实施了适度教育，李慧军校长在论坛中这样向大家阐述："适度教育绿色育人系统促进了教师群体的专业化成长，研究能力普遍提高；促进了学生健康成长、全面发展、学有特长、个性张扬，是孩子们喜欢的教育，是老师们乐于实践的教育；促进了学校的内涵发展、快速发展，成为学校的办学特色。适度教育的魅力在于平实，在于对教育本真的追求，尊重孩子的天性，营造适宜成长的空间，随着研究的不断深入，适度教育一定会给孩子、家长带来新的惊喜，促使未成年人思想道德建设工作取得新的更大的成就！"

下午，来自全国八省市绿色教育联盟校的骨干教师上了9节绿色课堂教学观摩课。体现绿色课堂以人为本的语文课、创新智慧的数学课、开放教育的英语课，博得了参会代表们的高度评价。

十年绿教，绿程如虹；十年探索，喜结硕果；十载阔越，铸就品牌。"中国绿色教育联盟"的成立，为中国教育改革的先行者们搭建了教育合作与交流的发展平台！

2014年6月14日，第二届中国绿色教育联盟年会在深圳育才教育集团第四小学召开。当我漫步在育才四小的长廊中，看着校园中郁郁葱葱的树木，不禁想：从2001年3月提出绿色教育，弹指一挥间13年过去了，13年的探索实践，丰富了我的教育经验，灵动了我的教育思想，绿色教育是对孩子们启蒙赏识的教育，是为孩子们领航的教育，同时也是培养能力的教育，即独立思考能力、独立作为能力、独立学习能力、团结协作能力、同甘共苦能力、领袖本色能力的教育。让学生们在这自然的熏陶中，体验绿色，感受心理，亲近自然，劳动创造。让每个孩子在"绿色教育"培植的促进儿童成长的"适宜气候"和"快乐土壤"中快乐成长！

在"第二届中国绿色教育联盟年会"的专家校长论坛上讲话

绿色教育给予学生
生命拔节的力量

从教以来，两个具有标志性的"时间段"我不曾忘记：

一是从 1982 年 8 月至 2015 年，我在教育战线耕耘了整整 33 年。33 年的教育生涯，我经历了从教师到校长的角色变化，走过了从抓好一个班级到带好一个学校的不同历程。在美好的追求中，我真正体会到教育的伟大、神圣与光荣。33 年间，为了教育事业，我勇敢地面对压力、困难和挫折，苦乐行歌，无怨无悔。

二是从 1998 年 12 月至 2015 年，我在校长岗位奋斗了整整 17 年。这 17 年间，是西五小学发展历程中最辉煌的时段，学校实现了一次又一次质的跨越，实现了一个校长、两套班子、四个校区、中小幼一体化的"西五教育集团"办学新格局，实现了由校长引领学校发展到学校引领大学区发展的特殊历程。工作中的风雨历练、前进中的苦辣酸甜，17 年的校长经历让我体会到了一种别样的艰难，我也在艰难困苦中享受到了一种特有的甘甜。

记得 2001 年，在学校创新教育的发展面临"瓶颈"之时，我们提出了"绿色教育"。十多年来，我们在探索的路上艰难地跋涉着、前行着，虽然每一步都很艰辛，但我们从未后悔自己的选择，也从未有过放弃追求的念头，我们执着追求这一教育理想，并为之努力和奋斗。十多年中，我们同样得到了很多教育专家、各级行政部门领导、兄弟学校校长、教育界同仁的支持与鼓励，使我们获得了丰收的喜悦，收获了累累的成绩和沉甸甸的硕果；十多年后的今天，当绿色教育鲜花绽放之时，我们为自己的付出而高兴、而骄傲，我们也为十年前成功的抉择而激动、而自豪。

一位哲人曾经说过："如果你想很快看到遍地绿色，你就种草；如果你想储备栋梁之材，你就种树。"我们理性地选择了种树，因为我们知道，绿色教育非一日之功，它需要真功实效、根深叶茂。给孩子们一片洁净的天空，让他们能享受到清新的绿色教育，是我们西五人永恒的教育追求。

这些，正如我在"首届中国绿色教育论坛"发言中所说："今天，我们以真挚、火热、博爱的情怀，迎接来自全国各地的教育同仁，共结绿色教育发展联盟，共谋绿色教育发展之计，并以其独特的印记写进西五小学教育发展的史册，用我们的智慧与力量使教育步入一个崭新的阶段，一个绿色的时代。教育发展的历史将证明我的思想：绿色教育，社会发展的必然选择……"

实施绿色教育，不研究、不探索，只一味蛮干是不行的。13 年前，我便带领全校教师走上了绿色教育之路。

第一，我们对"教育"进行了深入探究。

古往今来的教育家、思想家，他们以自己的思想观念，阐述着对"教育"的认识，对我们有很大的启发。如孔子的教育之道，"止于至善"；鲁迅的"教育是要立人"，儿童的教育是理解、指导和解放；陶行知的"生活即教育"，教育是培养有行为能力、思考能力和创造力的人；蒙台梭利的"教育就是激活生命、充实生命，协助孩子们用自己的力量生存下去，并帮助他们发展这种精神"。这些，都说明了教育对人具有培育思想、促进成长的作用。

国际二十一世纪教育委员会向联合国教科文组织提交的教育研究报告说：教育是"保证人人享有他们为充分发挥自己的才能和尽可能牢牢掌握自己的命运而需要的思想、判断、情感和想象方面的自由"。这又对现代教育提出了新的目标和要求。

可见，在社会飞速发展的今天，教育已经在原有的属性中具有了深刻的时代意义。教育不仅仅"是在一定社会背景下发生的促使个体的社会化和社会个性化的实践活动"，还具有了更深远的社会功能——"影响文化发展"。也就是说，教育不仅要传递文化，还要满足文化本身延续和更新的要求。绿色教育，就是在这时代与社会需要和文化研究与更新的改革发展中不断发展内涵和扩大外延。

第二，我们对"绿色教育"进行了重新定位。

从素质教育的提出到现在，教育在面临着诸多实际问题和客观现状的同时，艰难地发展着，中小学生也在承载着太多的期望和压力中成长着。素质教育作为一种教育理想，虽然还未取得突破性进展，但是素质教育的思想还是牢牢地根植于我们的头脑和意识之中，我们每个教育工作者都在为素质教育这一理想努力探索着、执着追求着。

"绿教"的重点是改造我们的教育。原国家教委副主任、中国教育学会顾问柳斌同志在"全国中小学校长论坛"上指出，我们应当勇敢地向自己提出具有挑战性的历史任务——"改造我们的教育"，把学生彻底解放出来，选取"适合学生的教育"，因材施教，循循善诱，把学生的个性差异作为丰富而重要的教育资源进行精心的研究和深入的解放。从柳斌的讲话中，我们体会到教育需要培养个性化人才，需要发展，需要和谐。这种和谐与发展就是我们绿色教育的基底。

"绿教"的目标是改造我们的学校。《中小学整体改革简报》曾刊登了北京市十一中学校长李希贵的文章《改造我们的学校》，提出建设新学校的行动研究：从开发校本课程去改造，从搭建自主选择、自主发展、创造自由呼吸的教育去改造，从把学校办成学生幸福的乐园去改造，从管理的本质是寻求合作去改造——从而实现优质学校向理想学校迈进。这个理想的学校，充分体现了行动、分享、成长，这种思维方式与行动研究都彰显着绿色教育的思想。

"绿教"的方向是办一所"我们"的学校。中国教育报刊社人民教育家研究院副院长徐启建曾发表文章《办一所"我们"的学校》，提出校长要追寻和坚持自己的道路，让学校中的所有成员都能将自己的主动性、创新性最大限度地发挥，让学校教育呈现出"千姿百态的创新景象"。这种景象就是绿色教育的核心目标。

绿色是教育之魂。吉林省教育学院农村教育研究所所长、中国教育报驻吉林记者站副站长赵准胜在"绿色教育理论研究与实践探索"的座谈会上发表感言："绿色是教育之魂。真正的教育应该是绿色的，也必须是绿色的。这里的'绿色'是对教书育人的观念、方式方法、目标指向以及必须观照不断变化着的教育生态环境的哲学意义上的高度概括。因此，绿色教育的办学理念是教育探索的结晶，其中蕴含着对素质教育的提炼和升华、对童年生态危机的观照、对功利性教育的诘问……"这段话充分彰显了绿色教育的内涵。

第三，我们对其他专家的看法给予肯定。

在"第二届全国教育改革与创新奖"颁奖大会上，河北唐山一中刘长锁校长说："一流的教育应该是'森林式'教育。森林为鸟儿葱茏了绿荫、涵养了水源、汇聚了营养，它为鸟儿准备好了一切，包括必需的挫折和创伤。虽然比鸟笼更适合成长，但是森林仍不是鸟儿最后的天堂。注视鸟儿飞向更高更远更美的地方，森林就会永远守望鸟儿的幸福，放飞鸟儿的希望。"这种大爱的情怀与放飞希望的教育，也体现了绿色教育的价值取向。

还有，清华大学老校长梅贻琦曾说：什么是教育？养鱼养水也。他说："学校犹水也，师生犹鱼也，其行动犹游泳也，大鱼前导，小鱼尾随，是从游也；从游既久，其濡染观摩之效，自不求而至，不为而成。"

这些，都说明教育不仅步入了绿色时代，而且正向着绿色深度发展。今天，我们站在大教育观的角度，审视绿色教育，绿色教育应该是自然、平和的教育，应该是至真、至善、至美的教育，应该是具有人性光辉的教育，应该是每个教育工作者在教育的历程中超越自我、感动自我的教育。

可见，绿色教育，丰富了我们"办人民满意教育"的创新思想。在绿色教育的引领下，学校形成了绿色德育、绿色课堂、绿色文化、绿色管理这一和谐的育人体系。

我们的教育是面向两个世界的，一个是科学世界，一个是生活世界。从人的理性出发，教育必然走向科学世界；从人的生命出发，教育必然走向生活世界。

温家宝同志曾说："如果我们国家有比黄金还要贵重的诚信，有比大海还要宽广的包容，有比爱自己还要宽宏的博爱，有比高山还要崇高的道德，那么，我们这个国家就是一个具有精神文明和道德力量的国家。"这是一位智慧老人对国家发展给予的厚望，每个教育人都从中感受到了沉甸甸的分量与责任。未成年人的思想道德建设，直接关系到国家的振兴和民族的兴旺。教育作为塑造人类灵魂的事业，是提高未成年人思想道德建设的主渠道，在加强社会主义精神文明建设和提高国家思想道德软实力上，不仅责任重大，而且影响深远。

一、破解难题，绿色德育应运而生

21世纪之初，《中共中央　国务院关于进一步加强和改进未成年人思想道德建设的若干意见》中明确指出："全社会关心和支持未成年人思想道德建设的风气尚未形成……学校教育重智育轻德育、重教学轻社会实践的现象依然存在……"面对当时教育发展中出现的种种失衡问题，我们针对本校实际对未成年人思想道德建设工作进行了深刻的思考和剖析。通过对教师、学生、家长的问卷调查，我们发现，当前未成年人思想道德建设中凸显出的一系列实际问题：

一是推崇文明美德，但知易行难。未成年人虽已具备一定的明辨是非的能力和社会公德意识，但口头与行动却难以保持一致。他们自我约束能力较弱，现实主义倾向明显，对国家大事关注不够。61.2%的学生表示基本不会去了解国内外大事，课外阅读平均每天能达到一小时的仅占9.1%；节约观念薄弱，攀比意识浓重。

二是家庭教育不得法，互动、互信不够。31.3%的家长表示在教育孩子上想做好但不得法。33.8%的家长认为，孩子最好的发展方式就是一切听从父母安排，家长忽视劳动锻炼，以身作则的观念有待加强。20.7%的家长认为孩子只要学习好即可，没必要安排家务劳动。41.6%的家长表示在发生争吵时不会回避孩子，甚至会迁怒于孩子。

三是分数评价体系仍然作祟，课业负担依旧繁重。分数是学生的命根，65.7%的学生双休日时间主要用于学习和参加各类补习班。

四是社会环境欠佳，消极文化影响较大。社会上开设的网吧、电子游戏厅数量较多，虽基本能做到按照国家标准经营，但逢暑期等长假未成年人出入现象仍有所增多。

未成年人思想道德教育中出现的问题，既是学校的问题，也是家长、社会的问题，究其原因是各方面因素综合作用的结果：

首先是市场经济时代带来的负面影响。道德领域诚信缺失，冲击了占主导地位的传统价值观。利润与效益的强调，逐步灌输给了未成年人追求个人利益最大化的功利倾向，催化着他们利己主义、享乐主义思想的萌芽与膨胀。

其次是升学的指挥效应远大于素质教育、德育的号召力。择校的压力从根本上决定了"重成绩、轻德育"的导向，作为决定未成年人及其家庭前途命运的重要因素，学校、家长不得不把学习成绩看得格外重要。而且半数以上的家长认为家庭背景对于未成年人的成长影响最大。对于未成年人的思想道德教育，学校、家长、社会各为一套，无法形成合力，有时甚至是学校号召一套，家长自做一套，社会呈现的又是另一套，教育口径不统一，价值导向模糊。

除此之外，我们还发现，文化市场复杂，真正适合未成年人阅读的知识性、趣味性、娱乐性、教育性相融合的优秀作品短缺，可供未成年人使用的公共资源不足，活动阵地严重缺乏，图书馆、科技馆、青少年活动中心尚未成为青少年精神文化引领主阵地。

基于这些思考，我提出了"以人为本、关注每一个学生生命发展价值的绿色德育"教育理念，赋予了学校办学思想新的内涵，对学校的发展目标进行了重新定位，它既是我校实施绿色教育的创新之举，更是加强理解和落实未成年人思想道德建设的重点工程。

（一）绿色德育的理念

谓之"绿色德育"，是强调关注每个孩子生命成长价值的多维生态。它不是简单意义上的生态环境教育，而是在德育工作中融入"关爱生命·注重发展·彰显内涵"的绿色教育理念。即：教育者从人与自然、人与人之间相互依存、和谐相处的生态道德观点出发，引导学生为人类的长远利益，创造更健康更理想化的生存、交往环境，形成与社会发展相适应的道德文明行为习惯，进而感悟人与人之间文明交往、友好协助、相互关爱的高尚道德境界。它是一种旨在从自身和社会需要出发，对生命本体的原生态关爱和对高尚道德行为的积极唤醒，是一种以人为本、以爱育爱的教育，让学生在思想上树立起一种持续生长的自然观、人生观、道德观和生存发展观的道德教育活动。

我们探讨并实施的绿色德育主要由课程教育、生命教育、环境教育三方面内容构成。

课程教育：即贯彻以人为本、观照生命发展全程的绿色德育理念，树立以学生的全面发展作为课程依据的课程价值观，积极探索一种科学、规范并彰显绿色教育内涵的绿色德育课程体系，使德育主体认同并乐于实践。教学内容应涵盖心理健康、思想教育、道德品质、法纪安全、环境知识等内容，从课程目标的设定上，注重对学生进行正确的世界观、人生观、价值观的教育。还要重视非德育课程的教育，在智育、体育、美育、劳动教育等教育内容中，注意培养学生的实践能力、创新能力、心理调适能力和科学求实精神，变单一课程为立体课程，使绿色德育理念渗透到各个教学环节。

生命教育：即绿色德育是关爱生命的教育，要以生活为根，不断创造生成性的可持续发展的生命价值形态。生活是人的生命存在形式，是生命的亲历和体验，是理想对现实的不断超越，是一个永无止境的价值增长过程。绿色德育旨在追求生活中的真、善、美和幸福感，探寻生命的意义，探索生命的内涵。同时，为了生命的发展，只有直面生活的问题和困惑，才能实现超越自然生命的价值生命。生命教育的内容应是丰富多彩且易于让学生接受的。培养积极向上的人生态度，需要生活的积淀。日常生活习惯、文明礼仪、行为规范、生命与健康、生命与安全的关系、人与人的和谐相处、人与人之间的情感交流构成了生命教育的丰富内涵。

环境教育：即作为一种微观的学校德育环境是个体道德发展的外在条件。我们探索的学校环境教育主要体现在三个方面：

一是健康的物质环境。学校物质环境作为校园活动的产物，与学生的学习、生活密切相关，会对学生产生潜移默化的影响。我们将整体规划设计，以人为本，建设焕发生机与活力的绿色生态校园，形成人与自然协调和谐的物质环境；二是生态制度环境。我校致力于创设的各项规章是基于生态理念下的学校制度，是以科学教育观为指导，学校依法民主管理，能够促进学生、教职工、学校及学校所在社区的协调和可持续发展的一套完整的制度体系，是学校文化的重要内容，是绿色德育发展的重要环境条件，将对学生的思想行为起着深远的影响；三是绿色校园文化环境。校园是一个相对独立的亚文化社会，校园文化反映了学校师生所共有的行为方式、共同的信仰及价值观。绿色德育体系倡导自然、和谐的人与自然及人际关系，主要体现在学校传统、校风与学风、教师行为与价值观等方面，是学校精神文化的象征。

绿色德育理念的有效贯彻，必须从课程、生命、环境多方面入手，以情感为基础，以文化为纽带，以人的全面发展为目标，充分发挥教师与学生的主体作用，整合校园、家庭、社会的德育力量，才能切实增强绿色德育的实效。只有将绿色德育理念渗透进学生生活的各个方面，方能引起共鸣，创造出人才成长的环境。只有让学生拥有一个绿色的精神空间，才会令社会发展更趋向于祥和、稳定、和谐。

我们深知，只有起于生命、达于精神的德育行为才富有生命与活力。把德育纳入绿色教育，变成孩子成长的履历，浸润孩子的生命过程，丰富孩子的精神世界，德育才有蓬勃向上的生命力。因此，在绿色德育理念形成的基础上，着眼于关爱每一名学生生命力的可持续发展，我们科学谋划，制定了三个阶段的三年规划。

（二）如何为绿色德育奠基

只有加强队伍建设，才能真正做到全员育人。为实现绿色德育目标，学校逐步完善了校内的德育管理网络格局。围绕学校的工作计划，根据德育工作目标、内容、实施途径，建立、健全了岗位责任制，形成了齐抓共管的教育合力。

首先，学校形成了全方位多渠道的绿色德育管理网络。

纵向：从校长——主管副校长——政教处——年级组——班级——学生，逐级逐层管理；横向：通过家长委员会——家长志愿者——家长——学生，由点到面逐人落实。我们不断完善班主任分值量化评比细则，采用定量与定性相结合的方法，力求科学规范考核班主任工作，并定期公布考核结果。德育工作的日常管理由德育副校长及政教处负责，操作层面由值周教师、各班选拔出来的"校园文明礼仪小督查"监督具体执行。班级的纪律、卫生管理及学生面貌、文明礼仪全部纳入教师的量化考核之中。

其次，我们加强了德育工作"五个管理"，实现了"五个飞跃"，全面提高德育队伍综合素质。

西五小学在探索实施绿色德育的过程中，完善德育制度管理，实现了规范操作的飞跃；加强学科德育渗透管理，实现了德育实效的飞跃；加强科研学习管理，实现了德育校本案例研究的飞跃；加强德育队伍培训管理，实现了教师自我反思的飞跃；加强教师师德行为管理，实现了自我约束的飞跃。学校还通过开展典型带动、定期培训、制度管理、活动提升等方式，使老师能从本职出发，廉洁自律、锻造品格，自觉把忠诚事业、关爱学生作为工作信条。

在队伍建设中，学校重点抓好班主任队伍建设，构建了班主任队伍科学管理的机制，抓住"选拔、培训、激励"这三个环节，定期组织学习，不断提高班主任的整体素质。通过组织专题讲座、师德研讨及实践论坛等形式，以切身体会的交流，努力提高班主任育人素质。如围绕"学会关爱、学会负责、学会做人"这个主题，要求班主任首先要充分意识到自己作为一名班主任的重要性，应先做到"学会关爱"，关爱自己的学生，与人为善，团结协作；"学会负责"，教师不仅要对自己的事业负责，还要对学生的未来负责；"学会做人"，教师要做到为人师表，以自己的人格魅力去教育学生，让每一位学生努力做一个健全的人。

为了在教育教学活动中，培植一种新型的、平等和谐的师生关系，我们在学生和家长中开展了"我心中的园丁"问卷调查活动，题目包括"你希望老师讲课时使用什么样的语言？""当你犯错误时，希望教师采取什么态度？""你希望教师和学生之间的关系是什么样的？"等内容，其中有96.7％的学生、家长希望老师讲课的语言准确、规范、生动，有96.1％的学生、家长希望老师在学生犯错误时能耐心诱导，希望师生间的关系是和谐、民主、平等的。通过这样的问卷调查，了解了学生的心理和家长的心态，学校掌握了基本情况，获取了充分的信息，为加强师德工作提供了第一手材料。

在西五小学教师团队中，有很多班主任和任课老师都在平常的工作中兢兢业业、任劳任怨，无私奉献着。我至今还记得这样一件事：

王老师的班里有一个脾气大得出了名的男孩，也许是现在一家一个孩子，物质条件优越了，脾气就见长了。几年前的他，好打抱不平，别的班同学要是碰他们班同学一下，人家没怎么样，却把他气得咬牙切齿直喘粗气，不管三七二十一，肯定过去打架。自己在班里也绝不吃亏，一点小事都能让他火冒三丈，不是把同学咬了，就是把别人推了，再不就是把文具盒、桌椅摔得咣咣直响。对于这样的孩子，王老师想绝不能硬碰硬，因为越是批评他，他越是不服气。一次正好让王老师碰见他跟另一名同学撕扯在一起，王老师看见他眼睛里充满着怒火，盯着那个同学，手紧紧地攥着对方的衣领，好多同学去拉架都拽不开，王老师一步冲过去，把他抱在怀里，告诉他，解决问题不能光靠武力，等你气消了，我再放开你。就这样，王老师把他像抱儿子一样抱在怀里，他眼睛里突然有泪花在闪动，王老师知道他虽然年纪小，但吃软不吃硬。于是，每一次，他再发脾气时，王老师都有意不去批评他，奇怪的是，等他气消了，会主动找到老师承认错误。孩子的妈妈说，这孩子谁的话也不听，就听王老师的。于是，王老师建议家长给孩子听舒缓的音乐，不看暴力的电视，不玩刺激的游戏，在家长的配合下，孩子发脾气的次数越来越少，近一年来，王老师没再听过哪个同学告他的状，他的朋友也越来越多。

　　在西五小学，像王老师这样用自身的教育艺术去感染教育学生，把无私的爱奉献给学生的事例不胜枚举。在学生心中，教师的爱是永不熄灭的烛火，这种爱不同于一般的爱，它高于母爱、大于友爱、胜于情爱。这种爱是一切为了学生、包含崇高使命感和责任感的无私的爱，而正是这种博爱，构筑起了西五着眼学生生命发展的以爱育爱的幸福花园。每逢教师节期间，学校都会收到大量家长写来的表扬信和锦旗，而我校教师的优秀师德行为也得到了社会和家长的肯定和好评。

　　完善的机制是加强班主任队伍管理行之有效的重要手段，是班主任队伍管理工作有序、有效进行的保障。我的做法是：

　　第一是完善评聘机制，实现良性竞争。班主任是学校的第一生产力，是学校的形象和品牌，所以严把班主任的选拔和聘用关是至关重要的。我们采取双向选择的办法，在教师自愿申报的基础上由学校选聘。学校把责任心作为选择班主任的第一条件，另外兼顾思想素质、业务水平和奉献精神，使最优秀的教师走上班主任岗位，保证各项工作高效地开展。

第二是建立评价机制，发挥导向激励作用。在"激励"中我们始终坚持内在激励和外在激励相结合，物质激励与精神激励相结合的原则，在教师奖励、评优、职称评定等各方面均向一线班主任倾斜，一定程度上调动了班主任工作的积极性。学校坚持实施班主任月考核评估，不断完善班主任考评细则，使班主任考评趋于科学化。通过各种考核，加强了班主任的岗位责任意识，保证了学校各项工作的有序开展。

第三是建立梯次培养机制，学校在班主任成长规划上形成了体系。在每位班主任自身制定成长规划的基础上，根据每位班主任的"最近发展区"，为他们量身打造发展方案，制定班主任培养目标。结合班主任的年龄特点、实践经验，进行分层次培养。我们先后培养了长春市优秀班主任 15 人、长春市师德标兵 5 人、南关区优秀班主任 30 余名。这些优秀班主任活跃在我校教育教学第一线，她们爱岗敬业、师德高尚、勤于钻研、甘于奉献、以身育人，成为西五小学践行绿色德育理念大军中一道亮丽的风景线。

在班主任队伍的可持续发展方面，我们还把强化培训作为打造高水平班主任队伍的一项重要举措，并持之以恒地坚持下来，形成了"注重基础、注重层次、注重实践、注重实效"的培训模式。

(三) 怎样关注德育的实效性

学科内容是载体，德育如糖溶于水变成糖水流入学生的心田。正如爱因斯坦说的那样："无论多么好的食物，强迫吃下去是不行的。"因此，在教学过程中必须有机地结合教学内容，自然而适度地开展教育活动。所谓"德育无处不在"，是就各种学科整体而言的，并不是要求在每一个章节、每一个具体内容上都要扯上几句思想教育的话，更不能抛开载体，额外来一段政治说教。因此，从学科教学渗透德育方面，我们进行了许多有效的尝试：

第一，紧扣教材，注意渗透的自然性。我们要求教师在进行德育渗透时，注重从教材的实际出发，附着于知识的讲授或训练之中，使科学性与思想性水乳交融。在教学中自然而然地渗透，达到"随风潜入夜，润物细无声"的效果，切不可生拉硬扯，像贴标签一样贴上去，否则收不到预期的教育效果。

第二，把握学科特点，注意渗透的生动性。各科教师还要深刻理解课标，把握本学科的性质和特点，在渗透德育时，充分发挥本学科优势，增强生动性。语文、品生、品社等学科和数学、英语学科因其内容不同，自然渗透德育的方式方法也不同。语文课多为潜隐型，富于形象性和感染力，注重披文入情，以言感人，以情动人，潜移默化。在学习和欣赏作者传神描写、精美语言的过程中，潜滋暗长了对祖国河山的热爱之情，受到爱国主义精神的强烈感染。而数学学科则需要注重数学和生活实际的联系，密切关注其自身的时代性和价值取向，在教育学生学习生活中有用的数学思想观念中渗透正确的德育价值观。与道德课临界的学科课程，有生活课、社会课。临界学科深化学生道德，重点集中在"快乐交往"上。而其他学科的德育渗透，仍然贯穿道德课的育人主线，并着力集中在民族传统、民族文化、民族情感、民族精神上。各学科从不同的角度研究德育、渗透德育元素，这种一线相承的大课堂，其张力和魅力是强大而深刻的。

第三，寻求最佳结合点，增强针对性。渗透德育不仅要与知识传授、能力培养结合，而且要选准德育要求与学生精神需求的最佳结合点，才能增强教育的针对性，收到较好的效果，这就要求教师深入了解学生的思想状况。当代小学生的思想特点是：比较开放、活跃、有进取精神，但部分学生受"以我为中心"的价值影响，只讲索取，不讲奉献；只知受宠、被理解，不知爱人、理解人；成才期望高，却不愿艰苦努力；道德观念、集体观念、节俭思想淡薄。因此，教师要善于体察和把握学生的思想脉搏，在渗透德育时对症下药。比如语文学科教材中包含的思想教育因素是较丰富的，有旧社会的黑暗与落后，有革命先烈视死如归的爱国主义精神，有教师乐业善教、爱生如子的博爱情怀，有艰难环境中的乐观态度和刻苦求学的精神等。在教学中究竟以什么为德育渗透点，需要针对学生思想品德薄弱点，结合本班、本校实际情况来确定。像《秋天的怀念》一课中，就可以抓住"怀念"一词，问学生，什么是怀念？为什么要怀念？经过学习，学生知道作者通过写秋天时节，母亲对残废的"我"的悉心照料，给了我生存下去的勇气，我才没有感到绝望。而母亲所做的这一切却都是在临离开人世之前所做，让我感动不已。怀念母亲，怀念有母亲的那个秋天，让学生感悟到母爱的伟大，从而在孩子们心中埋下感恩和爱的种子。

第四，形成序列，注重计划性。在重视德育的基础上，我们要求学科教师还必须做到有计划性，不能完全靠随机，更不能想哪里讲哪里。每门学科都有自身的结构和体系，哪些内容跟政治思想、道德品质的哪一方面联系较紧，哪些课文和章节能比较有机地与某种教育思想结合。针对学科特色，要详加研讨，制订出适应本学科教学的德育计划，逐步形成该学科的德育序列。每讲到某部分就自觉又自然地实施了某项德育目标，使德育融入教材，也像教学内容一样去完成，这样德育才算落到了实处。

（四）德育更需要科研探索

随着学校管理体制和教育教学运行机制的不断变化，德育工作面临众多新情况和新问题。在面对这些问题时，我们在实践中采取了众多行之有效的应对策略。加强德育管理制度建设，注重学生自我管理组织建设，深入开展校园文化、体艺卫活动等，从细从严治校，取得了一定成效。但在实际工作中，学校缺乏一套较为系统的、科学的德育实施途径规范化运行模式。日常工作的一些做法，要么缺乏科学的理论支撑，效果不明显；要么偏重于临时性、短期性、应急性，一些好的做法没有得到认真的总结并在实践中坚持下来。学校德育工作急需一套行之有效的管理模式。

为此，我们在广泛调研的基础上，结合学校实际，分不同阶段申报了全国教育科学规划"十五"教育部重点课题"小学心理健康教育的途径和方法的研究"、全国教育科学规划领导小组"十一五"重点课题"实施绿色德育，加强未成年人思想道德建设的研究""责任教育""心理健康教育途径与方法的研究"等子课题，深入开展德育科学研究，着力提高德育工作效能。在此基础上，重点进行了"十二五"重点课题"整体构建学校家庭社会和谐德育体系研究与实验""新时期家长学校建设及实践研究""绿色德育生命关怀与安全发展"等子课题的申报，使学校的德育课题广覆盖，涉及科研人员多层面，形成了科研工作系列化、循环跟进、针对性强、校本化的良好局面。

课题较为系统地选取了德育课堂、心理健康教育、班级建设、德育实践、校园文化建设等对学生思想品德形成具有重要影响力的五个方面，依据学生的成长规律落实德育总体目标，以递进性、分层性原则，改革教学与活动方法，落实不同年龄阶段的德育内容和要求，加强学生的责任教育、心理健康教育、养成习惯教育、家校合力教育，开展校园文化和班级文化，促进学生成长。旨在学校原有德育科研管理理念、管理制度、管理方式上，进行总结、深化、提高，使之系统化、规范化、科学化，在内容和程序上形成一套行之有效的操作模式，减少德育工作的随意性，从而达到提高学生的思想道德水平、提高德育管理者工作水平、完善德育管理体系的目的。

学校成立了德育课题组，吸收在德育管理工作及教育教学一线具有丰富经验的主任及班主任老师参加。课题组既从事德育课题研究，又在学校日常德育工作中起到了参谋作用。我们坚持把科研与日常管理结合起来，以科研促管理，以管理保科研，提高日常管理水平，提高制度化运行水准。

学校自 2002 年 5 月开始课题申报，课题组成员从课题设计、课题申报、课题开题，到制订课题总体科研计划、制订阶段实施计划，再到具体组织实施，多年来，课题总体研究进展顺利，成效显著。

马袁哲老师在《心理学在教育教学中的沙漏效应》一文中写道：

心理学就如同时间的沙漏，总是在我面对教育教学中堆积起来的压力时，能不断沉淀我的思绪，引导教师理性、冷静地思考问题，始终保持愉快的心态，并把这种快乐传递给学生。我坚信只有真正快乐的教师，才能让学生快乐地学习。

……

教育是一种循序渐进，在教师与学生的共同交往中实现的活动。心理学正是在教师与学生交往过程中最有效的指导依据，就如同时间的沙漏一样，沉淀困惑，镂空后留给教师独立思考的空间，提醒教师进行不断地反思，从而进行有效的教育教学，让自己在工作中不断得到满足和快乐，用这种快乐的教育方式让学生掌握有效的学习策略，使每一个学生都能在快乐中学习知识。毕竟兴趣才是最好的老师。

付春萍老师在她的心理叙事中记下了她和学生的"悄悄话"：

我在班里开设了"请与我说悄悄话"的活动，允许学生以不署名的书信形式与老师直接对话。这一活动的开展受到了学生的欢迎。许多孩子把平时不敢说出口的心里话写了出来，而我在学生的一封封来信中，了解了他们的喜、怒、哀、乐，分享着他们的幸福与苦闷。同时，我也把自己看作他们的好朋友，以自己的经验诚恳地给予回复。这样，我与学生的悄悄话内容越来越广泛，有时，我也会把自己在工作中遇到的问题，写在信中，竟然也会收到意想不到的好计策呢！于是，课余时间我与学生流连在悄悄话的世界中，乐此不疲，在一封封书信的牵引下，我们的心越靠越近，我与每一名学生形成一种特有的默契，一举手一投足，一个眼神，一次微笑，都足以让我们了解彼此的心意。我们都沉浸在这份纯真的幸福和喜悦之中。

一篇篇文质兼美、情真意切的心理健康教育叙事，反映了教师教育生活中的心理历程，有的喜悦，有的矛盾，有的忧伤，有的深邃。有的叙述的是教师自己教育故事中的心理矛盾冲突，有的是教师与学生之间心灵的沟通、情感的碰撞，还有的老师面对学生出现的心理问题，积极思考应对策略。更为可贵的是，教师们通过叙事去反思，在反思中提高了心理健康教育工作水平。

在教师广泛学习与反思的基础上，作为省级心理健康教育实验基地，我们还积极致力于指导老师帮助学生形成快乐的人生理念、生活态度和健康的心理，塑造学生科学健康的生活观和成才观。学校组织心理健康老师定期为学生做心理健康教育讲座，阅读学生的心理咨询信件并反馈指导，不断提高老师对学生出现的各种心理问题进行矫治疏导的能力。在此基础上，我们还通过创建心理咨询室，收集学生成长过程中的心理问题案例，以开展个案跟进研究、撰写研究报告、开展"我们在心理健康教育工作中成长"合作论坛等形式，请教育专家、家长和教师共同参与进来，对心理健康教育工作的意义和实施途径等展开深层次的探讨，使广大教师能够且思且行，且行且思，在行动中研究，在研究中发展，让教师成为心理健康教育工作的绿色使者，实现心理健康教育整体工作的科学化、规范化、系列化，为未成年人的成长开辟了一片绿洲。

我们所开展的生命与责任教育研究，就是帮助学生从认识生命、欣赏生命、尊重生命、珍惜生命做起，提高生存技能和生命质量，实现生命价值的教育活动。从生命教育的观点重新审视我们提出的绿色教育思想，强调的就是对学生生命个体的尊重与欣赏，从而培养学生尊重生命、爱惜生命的态度，学会欣赏和热爱自己的生命，进而学会对他人生命的尊重、关怀和欣赏，树立正确的世界观、人生观和价值观。我们追求充满爱意的、情意的、诗意的、创意的课堂，让学生的人性得到尊重，从而感受到学习的乐趣，生命的快乐。我们关注每一个学生心灵的成长，让每一个学生随处都能享受到优质教育的快乐，培养适应社会发展的"未来人"，为孩子的可持续发展夯实基础，让充溢生命活力的绿色铺满孩子的人生道路。

低年级的学生无论是行为还是思想都比较幼稚，缺乏对自身健康安全重要性的认识，因此我们在低年级开展生命教育时重在培养学生保护生命的能力，以强调生命的自我保护为主。例如，低年级学生往往还不懂得生命的珍贵和不可逆性，同伴之间的游戏经常以推推打打、追追闹闹为主，这就难免会发生意外伤害事件，我们利用晨会课、品德与生活课安排《课间文明休息》《放学回家的路上》等相关内容进行教育；又如，由于低年级学生年纪小、生活经验少，碰到突发情况往往手足无措，缺乏自我保护意识及方法，我们邀请了消防大队的刘强队长来校做消防知识讲座和如何使用灭火器的现场讲解演习，通过预警训练，让学生知道身在火场怎样逃生；还邀请了南关区交警大队车宣科的李农科长采用声图有效结合的方式给同学上生动的交通法规课，让学生通过认识了解交通标志，增长交通安全知识，懂得在马路上不做危险举动，避免意外伤害……

中年级的学生正处于一种由被动接受教育到尝试主动习得教育的过渡期，尽管在知识、身心发展等方面都还不够成熟，但他们富有自尊心和个性，敢于提出自己的见解，可塑性强。因此，对中年级的学生而言，除了进一步引导其对自身生命安全的重视和对他人生命尊重，还注重引导他们关注周围的生命现象，所以我们在中年级每周设置一节生态环境教育课，让学生了解个体生命与自然的关系。例如，通过对《环境教育》教材的研习，掌握环保知识；组织学生参观城市，了解城市的环保措施及存在的问题；组织学生开展"人与动物"的小课题研究，各校区开辟生态园，操场养鸟、教学楼内养鱼，创设学生与小动物亲密接触的情境，了解生活中的小动物的成长过程，在观察和实践中，让学生了解生命的多样性，从而明确人与自然的密切关系。

高年级的学生从体能和心智来讲，都相对成熟，他们在接受教育的同时也会联系自身情况进行反思，以期使自己更加完美，所以我们对高年级学生进行生命教育的时候就以培养学生对生命负责的能力为主，鼓励其通过努力来感受自身的生命价值。例如，通过"绿色伙伴"活动让学生懂得与同学友好相处，在尊重他人的前提下给予力所能及的帮助，在关爱伙伴的同时取得共同的进步；组建"爱心接力小队"，主动为社区居民及敬老院的孤寡老人打扫卫生、表演节目；学校设立"校长信箱"，通过阅读学生的信件，了解学生的心理压力与临近青春期的困惑，开展"关爱女孩""我是骄傲的男子汉"专题讲座、每学期举行一次"人体生命结构与生理现象"培训讲座和生命教育图片展来针对学生的认知需要和各种心理问题进行矫治疏导。我们组织学生参观污水处理厂，调查水是怎样被污染的，了解水与生命的关系，教育学生懂得水资源的宝贵，学会珍惜、有效利用水资源，制作并完善了《人与水》《垃圾的旅行》等教学内容专题学习网页。

除此之外，学校从重视学生道德品质和良好行为习惯的养成做起，培养学生的绿色环保责任意识。我们以星级班达标工程为载体，在全校范围内广泛开展了"人人争当璀璨百颗星"活动、"创建绿色星级班"活动，使每个班集体都形成了自己的育人特色。学校还开展了"我长大了""我在绿色教育中成长"等主题鲜明的班队会，向全校同学发出了"绿色倡议"，各班同学针对倡议做出了"绿色承诺"（绿色倡议使学校绿地、植物带成为学生心中的最爱；绿色承诺使学生的环保意识变成了自觉行动，弯弯腰、捡捡纸在我校已经成为学生的自觉行为）。西长校区中高年级学生通过新生军训、净化周边校园环境的治理、与学生家长签订安全协议书等形式，营造了整齐规范、勤学守纪、文明向上的校园新貌。

在生命与责任教育课题研究中，我们的着力点是以实践活动为主体，使生命与责任教育具有趣味性、实效性。

通过一系列的活动，激发了学生热爱生命、热爱生活的情趣，使学生对学校生活充满激情，每天以乐观向上的生活态度参与学校的一切活动；培养了学生良好的学习态度，提高了学生克服困难、战胜困难的勇气和信心，促进了学生认真细致、专心致志的学习态度；形成了学生良好的行为习惯，使学生的合作、探究、实践、解决问题等综合能力得到提高。

随着生命教育活动的不断开展，教师的生命价值也随之提升，对教师这一职业充满了激情与热爱，分享着学生成长的快乐。课堂在生命教育活动中充盈着活力，教师为学生营造了尊重、平等、和谐的课堂文化氛围，让学生在愉悦的环境中学习。

通过"心理教育"辅导活动，家长的教育观念也发生了转变，变简单、粗暴的教育方式为亲切、和谐的交流，教育中渗透了科学性、人文性、艺术性。家长与孩子的角色由传统的长幼关系转变为现代的成长伙伴关系，家长、教师成为学生心理健康发展的共同体。

一系列的生命与责任教育活动，带动了学校课题研究、校本课程的开发及德育工作的实施，构建了和谐的"绿色教育"文化。落实了学校"关爱生命·注重发展·彰显内涵"的办学理念，使学校的"绿色教育思想"得以实现，学校的整体办学水平得到了社会各界的认可。

通过实践，我们更为清晰地意识到生命与责任教育不是抽象的概念，也不是哲学的概念，它是贯穿小学生健康成长的概念。只要学校成为生命与责任教育的主阵地，生命与责任教育必能产生如火如荼的效果，达到"润物细无声"的教育境界。

　　学生的健康教育工作是一个长期的过程，它要求我们通过各种途径提高教师健康教育工作的意识、知识和能力，才能行有余力地使专业健康辅导和非专业培训渠道并驾齐驱，全方位、多角度地对学生进行健康教育，从而提高学生的健康意识和卫生习惯。而健康教育科研，就是最有效的路径之一。

　　我把健康教育研究工作列为学校整体科研工作的有机组成部分，纳入学校年度工作计划中，时间上给予保证，物质上给予支持。同时坚持每年年初制定健康教育科研工作计划，由班子会议审议讨论，并实施岗位目标责任制。根据《学校全年工作计划》，将健康教育任务、指标分解，具体量化，落实给相关责任人，由分管健康教育科研工作的校级领导定期督促检查，以保证全校健康教育科研工作计划的落实和完成。在此基础上，学校还通过建立健康教育工作室、配备专职健康教育教师、开辟健康教育宣传阵地以及定期开展健康教育知识辅导、健康教育知识问卷等形式来教育、引导学生养成良好的健康卫生习惯。

　　在科研教师队伍建设方面，一方面我们坚持以课堂为主渠道，通过课堂教学的优化、学科教育的渗透、课外活动的熏陶和学校隐性教育的作用，构建良好的健康教育环境；另一方面，我校努力提高教师进行健康教育科研工作的能力，通过完善各项制度、学习培训，奠定教师发展基础；通过合作论坛，促进教师反思行动。使广大教师能够且思且行，且行且思，在行动中研究，在研究中发展。促进了素质优良的科研教师队伍建设，使学校的健康教育向良性方向拓展。

　　为了培养学生良好的健康习惯，我们采用丰富多彩的活动形式来教育学生。如在教育学生自我保护的同时，召开"自救、自护"的主题观摩会，定期组织救护培训和演讲。同时，组织学生走向社会，参加"生命工程""救援工程""爱心工程"活动，在实践中提高学生自护自救的能力。

　　在德育科研的攻坚之路上，我们通过不断探索与实践，有效提高了教师的科研水平，解决了许多学生心理健康方面的疑难个案及德育机构臃肿、工作效率低等困扰多年的实际问题，使我校的德育科研工作形成了一系列科学、系统、理论与实践相结合的德育科研成果：完成了百余节精品德育与学科整合优质课教学设计，形成了 6 类素材库，建立了 5 个不同级别的德育基地，创编了 1～6 年级《生命与安全》校本教材，撰写了优秀论文 1000 余篇，出版了 10 余部著作。

二、"1361——我爱我家" 绿色德育实践

在绿色德育理念实施探索中，我们深切地感受到要切实加强未成年人思想道德建设，首先必须从学生的良好情感入手，从基础抓起，因此，我校提出了实施绿色德育工程 "1361——我爱我家" 主题系列教育活动。

"1361" 中的 "1" 指围绕一个主题——我爱我家，"3" 指的是此项主题活动的时间规划为三年，"6" 指的是分为六个提升阶段，最后一个 "1" 指的是形成一个特色。通过 "我爱我家" 系列活动，让每个孩子都能用丰富的情感爱祖国、爱人民、爱世上美好的一切。因为家对于我们每个人都是最亲切的字眼，从孩提时成长的家，到求学时生活的班级、学校，长大后生活的工作单位，以及家乡、祖国都是我们的 "家"，从小家到大家，我们处处都有家，我们就是想通过这个系列活动，让每个孩子都能在体验中加深对 "家" 的深厚情感，让我们的孩子从小学会爱父母、爱老师、爱同学、爱学校、爱身边的人，长大后爱祖国，成为祖国需要的人。

学生们在 "1361" 工程启动仪式上发言

实施"1361——我爱我家"绿色德育工程意义重大。

首先，此次系列活动充分体现了西五小学"关爱生命·注重发展·彰显内涵"的绿色教育理念。"以人为本，关爱生命质量"是绿色教育理念的核心内容，为此，我们紧紧抓住学校、社会、家庭三大环节。构建以学校为龙头、社区为平台、家庭为基础的"三位一体"的育人网络，努力实施良师育人工程、家长垂范工程、社会环境净化工程，把加强理解和落实未成年人思想道德建设从成年人抓起作为长期的重点工作。开学第一天，我校就举行了严肃的教师上岗宣誓仪式，同时与社区、妇联等单位联合举办了"争做合格父母、培养合格人才"的双合格标准大讨论活动，引导家长自觉担负起培养未来人才的重任，用好的思想熏陶孩子，用好的行为教育孩子，用好的形象影响孩子，为孩子的健康成长营造民主、关爱、理解、和谐的家庭环境。

其次，"1361——我爱我家"系列活动充分体现了要加强未成年人思想道德建设服务。以前，总听到家长谈及孩子出现一些令人忧虑的问题，如太过以自我为中心、缺乏吃苦耐劳精神、自私孤僻、心理承受能力差等，并抱怨学校过分强调教育灌输，缺少未成年人感兴趣和乐于接受的教育方法。为此，我校在绿色德育"1361"工程主题系列活动的第一个阶段中，对学生、家长及社区居民开展了三个层面的调查。通过对1500名学生、800多位学生家长及300多名社区居民发放的调查问卷，反馈回来的两万多条信息中得出，80%的家长认为如今的孩子大多只会爱自己，不会爱别人，更体会不到父母长辈给予自己的爱；40%的学生不珍惜别人的劳动成果，以为享受父母、社会提供的一切是理所当然的；还有20%的学生知道父母的辛劳，但不知道怎样去回报……从这些调查问卷中，我们非常清醒地认识到如今的孩子情感上是多么冷漠，如果不加以引导，孩子们将来的发展将更加让人担忧，这就更加坚定了我们开展这次活动的决心。对孩子加强"家"的情感教育和爱的教育将是全社会共同关注的热点问题。

（一）主题设计围绕"爱"

在绿色德育实施的过程中，我们时刻感受到对未成年人的教育是长期的、持久的，绝不是一阵东风来，而是需要扎扎实实，从我做起，从对待身边的每一个人做起，逐渐形成一个人的良好品格，一个社会的良好风尚。因此，我们从"爱"字入手,强调"低、近、小、实"的特点,使授之以知、动之以情、晓之以理、导之以行有机结合,把学生的认知、行动、感悟、内化统一起来,真正从生命本体发展需要出发,丰富其成长价值内涵,从而达到提高素质、全面发展的教育目的。

为了让孩子们深刻体会到家庭、学校是每个孩子幸福成长的乐园,我校组织开展了"让爱住我家"的系列主题活动。学生家长教师三者同台的合作论坛掀起了启动仪式的高潮,当孩子们谈到"被父母爱"和"要给予父母爱",并走到父母身边与父母拥抱时,家长们热泪盈眶,大家共同感受着这饱含真情的浓浓的爱。各班还通过主题班会、创作诗歌、收集幸福班级幸福照片等形式,来抒发自己对学校、对班级的热爱之情。其中五年级七班的李溪宁同学创作的诗歌《心中爱的梦幻》给大家留下了深刻印象。他在诗中这样写道:

……你看——我们的教室,就像一艘航船,航船载着一个爱心凝成的中队,在知识的大海里掀起波澜。这晶亮晶亮的露珠儿,就是百年西五的思索,让我们去谱写绿色的童话,让我们去编织绿色的春天!

同学们生活在百年西五这所爱的家园里,抒发真情讴歌老师、颂扬学校,稚嫩的心田时时接受着集智慧和博爱的观照心灵成长的绿色教育光芒普照,每一天都在幸福快乐地成长。《家长周刊》专程对此做了题为《学生、家长、教师的心声》的深度报道,在社会上引起了极大反响。

【附:"让爱住我家"合作论坛实录(节选)】

尊敬的各位领导、专家、同行、同学们:

大家好!

欢迎大家和我们一起参加"我爱我家"这个话题的讨论。

一、对家的理解——感受爱

李洁(班主任):听着《让爱住我家》这首歌优美的旋律,心中感到那样亲切那样幸福,家,是个普通又熟悉的字眼,一谈到家,总有说不完的话,讲不完的故事,请同学们先来谈一谈自己的家。

刘海萍(三年级一班学生):我的妈妈最普通,但是我的妈妈最爱我!她每天看着我上学,看着我吃饭,看着我学习,看着我睡觉,而且不停地在我耳边唠叨。有时我真想对妈妈说，别再唠叨了，烦死了。可是我知道她的唠叨是她对我的爱。孟郊的游子吟这样写道：慈母手中线，游子身上衣，今天我要把这两句诗改一改，慈母唠叨言，孩子记心中。亲爱的妈妈，我会记住您每一句唠叨话的，因为这每一句话都渗透着您对我的爱。

二、怎样学会爱

李洁（班主任）：同学们说得真好。家不仅是指爸爸妈妈和我构成的小家，而且还有几十个兄弟姐妹的班级、美丽的校园、可爱的家乡、伟大的祖国。当同学们谈到家时都不约而同地提到了一个字"爱"。爱是一个动词，它的"接受"和"付出"是"双向"的、"互动"的，需要大家的行动，我们从别人那里接受爱，然后将这种爱的情感传承下去，将爱给予别人。怎样把自己的爱表达出来，回报给我们的亲人？请同学们谈谈。

董铄男（六年级四班学生）：听了同学们的话，我感到十分惭愧。我们这些高年级同学，尤其是男同学，都十分不善于表达自己的感情，亲父母或抱父母一下，都不好意思。就在三八节那天，老师要求我们给父母写贺卡，而我却不好意思，就没有写。现在，我知道这么想是不对的。如果心中有爱，就要表达出来。

温皓森（六年级四班学生）：正如同学们所说，我们的班级也是我们的家，我们班全体同学为我们班起了个名字，叫"自主班"，并想出了"自信、自立、自主、自强"的家训，同学们都用这条家训来约束自己，把班级真正地当成自己的家。例如，班里缺东西了，我们都主动捐款，班级要大扫除，我们都尽力把自己的分担区打扫得干干净净，我觉得，这就是爱家的表现。

李洁（班主任）：看来同学们在从家里获得爱的同时都能怀着一颗感恩的心，去回报家人。老师想问大家几个问题，同学们做家务吗？是经常做还是偶尔做？是自愿做的还是家长让的？当妈妈做好了一桌丰盛的晚餐时，你说谢谢了吗？是每天都说吗？当老师给你辅导完功课你说谢谢了吗？

三、在家庭教育中如何培养学生给予爱的能力，在学校教育中如何培养学生给予爱的能力

李洁（班主任）：让孩子懂得他人的爱及学会爱他人也是孩子人生的必修课。这也是我校实施绿色德育，提出"我爱我家"系列活动的目的所在。现实生活中，爱始终是家庭教育和学校教育关注的热点。今天我们请来了家长和老师共同参加我们

的论坛，让我们来听听他们的看法。

家长代表（温皓森奶奶）：各位老师，你们好！我是六年级四班温皓森的奶奶。今天有幸参加学校举办的"我爱我家"论谈会，很感动，也很激动。当我看到"我爱我家"这个题目时，就感到非常亲切，当我听到孩子们阐述什么是家的论点时，感到那么深刻，当孩子们谈到什么是爱时，有声有色，那么有感情，非常有感染力。特别是我孙子讲到对我的爱，站起来要拥抱时，真让我激动不已。看到孩子长大了，懂事了……

王岷（语文教师）：家是温暖的，她给予了我们无限的关爱和帮助，同样我们也意识到在接受爱的同时，要学会付出爱，表达爱，并且将爱付诸行动，长此以往地坚持下去，形成一种习惯。作为教师，我们要成为爱的传播者，唤醒学生爱的意识，引导学生表达爱，培养学生爱的能力。

首先，我们要言传身教。所谓"用爱去培养爱"。我想不管是家长，还是教师，我们都应以人格魅力、言谈、举止等为孩子树立一个榜样。其次，还要在平时的学习、生活中，让孩子懂得不光要爱家人、爱朋友，爱身边的每一个人，还要爱生活、爱动物、爱植物，爱我们生长的这个地球，爱所有值得爱的事物，拥有一颗博爱之心。

李洁（班主任）：我想，"爱是什么"不会有明确的答案，但我知道"爱"是没有限制的，包括国家、社会、民族的大我之爱，父母、师长、朋友间的小我之爱，爱心不是在你们期望的时候就可以到来的，它是一种人性，是一种延续在生活当中分分秒秒积聚的东西。今天通过"我爱我家"活动在学生的心头播撒下了爱的种子，希望在以后的日子里，能开出善良、平等、友爱、互助、热爱祖国、积极进取的花朵来！

可见，我们探索的绿色德育，不是简单意义上的生态环境教育，而是在德育中融入了"关爱生命·注重发展·彰显内涵"的绿色教育理念，体现的是对生命本体的原生态关爱和对高尚道德行为的积极唤醒，一种以人为本、以爱育爱的教育。绿色德育重在培养学生爱国主义、集体主义、社会主义情感。

2008年5月，汶川地震发生后，学校开展了"抗震救灾、有你有我"爱心捐款活动，全校教师共计捐款24万余元，充分体现了西五人大爱无疆的高尚情怀。

（二）育人过程突出"绿"

校园文化建设是实施素质教育的重要途径，形成良好的校园文化氛围，会促进学生的身心健康和教育教学工作的顺利开展。因此，加大校园文化建设，营造良好的育人氛围，已成为我校绿色德育工作的一项重要内容。在学校校园文化建设上，我们从有形文化建设和隐形文化建设两方面入手，着重突出教育意义和人文关怀，让优美、整洁、高雅、厚重的环境文化去引导人、塑造人、净化人。在校园文化建设方面，学校实现了三年一个新发展，十年一步大跨越。

绿色教育实施之初，本着校园环境建设科学性、艺术性、教育性、实用性的原则，我们整体规划校园的绿化，操场西侧用绿叶鲜花扎成的"为孩子一生奠基，为民族未来负责"的宣传标语，提醒老师自己肩上责任的重大。通过在校园内新建花坛，栽种多种花卉及建设长达 40 米的童话墙，让学生在优美的育人环境中健康成长。每天早晨在教学楼正厅用大屏幕播放教育影片、新闻，时时提醒学生要对自己的言行成长负责，中午利用校园电视台播放欢快的歌曲，让学生感受到在学校大家庭之中的快乐与幸福。

2008 年正值西五小学立校百年之际，学校又对校园进行了改造，不同楼层形成了不同的主题特色。一楼是中华文化长廊，向学生介绍了中国千百年来各个领域杰出的代表人物、伟大建筑和博大精深的文学、艺术成果，体现了千年中国厚重的历史底蕴。二楼是学生作品和健康教育长廊，展示了学生的书画作品及学校在健康教育方面二十几年来所取得的成绩。三楼为学校德育长廊，系统介绍了绿色德育所取得的丰硕成果。从"1361——我爱我家"德育工程的实施，到阳光道德银行的启动、运行，乃至学生特色活动的开展、整体文明素养和道德修为的提升、转变，都从不同侧面得以体现。四楼是信息技术长廊，体现了我校在特色办学方面的探索路程。在完善楼内走廊文化长廊的同时，我们还着力打造和构建绿色生态校园氛围，校园内添置了鱼缸、鸟笼，孩子们自己动手养鱼、养鸟，培养了他们的生态环保、关爱生命的意识。整体校园文化温馨优雅，既体现了时代发展的气息，又营造出了浓郁的家的文化氛围。学校形成了读书、明理、诚信、报国的校风，时时引领着学生向更高层次的精神领域前行。

在绿色教育实施十余年后的今天，学校的校园文化建设更是从谋局部精细化设计发展成为着眼全局构思精品化、系列化，重学校文化积淀和内涵彰显，营造出灵动智慧充满生命气息的校园文化氛围。校园内经典诗词、中华传统美德故事等内容设计，更加凸显了"我爱我家"浓郁的文化氛围；操场上妙趣横生的亭台楼榭、高山流水景观，充分彰显了绿色生态校园点化心灵、润泽童年的育人功能。我校以其特色鲜明、独树一帜的文化品位，赢得了同行的一致好评，在省、市教育界打造了学校校园文化建设的品牌形象。绿色环境的营造，为学生心灵成长搭建了平台，孩子们在优美、整洁的校园环境中读书、游戏，在内涵丰厚的校园文化中思考、成长、前行，绿色环境文化为绿色德育的积极探索、长效研究提供了基础和保障。

为了落实常规教育活动，切实提高绿色德育"1361"工程的针对性、实效性，我们通过推行"四全"，即全员育人、全面育人、全程育人，全方位落实了"五爱"教育活动，即爱活动——健体、爱劳动——健心、爱创造——健智、爱助人——健德、爱实践——健能，培养了学生自主、自立、自律、自强，让"无声教育"落实到每一个校区中。"无声教育"是绿色德育追求的最高境界。没有批评，没有指责，有的只是润物无声的心灵滋润和行为的悄然转变，使学生在无声的教育中实现人格的自我塑造。每位教师在实际工作中都能抓住那些稍纵即逝的教育契机，引导孩子正视自己的过失，树立改过自新的勇气。用自己的教育艺术赢得了孩子的信任与尊重，收获了德育的丰硕成果。

"学会负责"——从自身做起，实现自我教育。

围绕"学会负责"，学校开展了环保教育、行为规范养成教育。让学生学会负责，就是让学生在公共场所做到遵守公共道德、爱护公共设施、维护公共秩序；在校内做到严格要求自己，从小事做起，从自我做起，文明守纪、爱国爱民。如一年级一班向全校同学发出了倡议：保护校园环境、社区环境，弯弯腰，从捡起一块废纸做起，从爱护班级、学校设施、社区公共环境做起，从爱护一草一木做起，这就是爱社会、爱家乡的最基本的表现。全校各班都积极响应，各班通过班会、中队会等形式对学生进行爱国教育。使学生认识到爱校、爱班、爱家庭、爱社会就是爱祖国；爱同学、爱老师、爱父母就是爱人民，从而将抽象的爱国主义教育落实到具体的实际生活中。

学校是孩子们成长的家园，为此，我们从让学生学会爱护校园做起。学校成立了"西五小学绿色环保小分队"，各中队成立了"保洁小队""护绿小队""护鸟小

队""护花小队""爱鱼小队"多个特色小队，同学们自愿加入，成为校园环保志愿者，每天课间、放学后活跃在各自的公共区，养鱼、养鸟、养花，为校园的美丽积极地劳动着。在"扮绿校园"小型生态园栽培活动中，全校师生人人参与，纷纷在花坛的责任区栽下一棵棵小花苗，使校园处处焕发盎然生机。每年，学校还结合植树节开展"以纸换树，播撒一片绿色"主题升旗仪式，号召同学们节约一张纸，爱护一片林，植下一棵树，保护一个家，以此为契机对学生进行环保教育。在学校的倡议下，各班同学纷纷捐出家中的废旧书本、报纸，并以班级为单位购买树种、花种，扮绿校园。对在这项活动中，涌现出的优秀班级和优秀个人，学校为他们颁发了"护绿模范班级"锦旗和"绿色使者"证书，让学生获得成功的喜悦。

结合学校校园文化重新规划设计之机，学校也适时地安排环保教育契机。像举行隆重的校园自然景观"高山流水"揭幕仪式，设计安排校领导讲话、为高山流水景观揭幕、向景观池投放吉祥智慧灵鱼、少先队员代表宣读《爱护校园环境倡议书》等几项内容。通过这样的活动，教育同学们在西五小学美丽、优雅的校园环境中自觉做文明人、行文明事，以爱护好校园环境为己任，从小立下远大志向，长大后用自己的聪明才智报效伟大的祖国。

走进社区，爱护家乡，也是每个小公民义不容辞的责任，为此，学校把环保教育延伸到社区、家乡的各个角落。学校建立起了家校互动环保教育网络，通过下发《致家长一封信》，呼吁市民加入到"创建环保绿色家庭"和"大手牵小手为祖国添绿"的活动中来，积极宣传环保思想，使西五小学的绿化、环保行动带动 2600 个家庭共同行动，形成合力。每年的 3 月 10 日—15 日被学校定为"建设美丽家乡清洁周"，组织全校师生彻底清扫校园内外环境，同时派出一支支护绿小分队，走进社区迅速清除墙体上张贴的野广告和人行通道上的口香糖，为生活环境的整洁贡献一份力量。同学们的爱心行动博得了广大市民的高度赞扬。为了让学生树立爱家乡的意识，学校先后开展了"绿化吉林大地，扮美锦绣家园"主题班队会评比，让同学们在丰富的文艺表演中进行自我教育，增强了绿化、环保意识；开展了"保护地球家园"主题征文、手抄报比赛，让学生通过活动感悟生活中的美，把自己的真切体验用文字和图画等形式表达出来，培养了队员热爱生活、热爱大自然的美好情感。

环保教育让孩子们逐步成长。在长春市争创"文明城、卫生城"的活动热潮中，学校师生全情投入，他们高擎着"西五小学文明使者"和"护绿志愿者"的大旗走上街头，向行人发放"热爱家乡、从我做起"的宣传单，向广大市民发出绿色行动的倡议。孩子们的文明礼仪、崭新的精神风貌、热爱家乡的责任感，让广大市民深受影响，他们也纷纷加入创城活动，携手为建设文明长春、美丽家园做出了应有的贡献。

在实施《小学生日常行为规范》的教育过程中，我们摸索出了行之有效的几点做法：①讲解规范，明理导行；②具体要求，反复训练；③创设情境，言传身教；④精心指导，规范行为；⑤结合教学，全面渗透；⑥家庭、学校、社会密切结合；⑦加强考核，注重实效。与此同时，我们还组织开展了"四个一"专题活动：A. 训练一个阵容——升旗、做操、集会的优美阵容；B. 建立一个秩序——课堂、课间、活动的优良秩序；C. 养成一种习惯——讲卫生、爱劳动、勤学习的习惯；D. 营造一个氛围——文明礼貌四个方面对学生进行规范训练。在行为习惯的养成教育过程中，努力贯彻落实了学校校长倡导的五句话，即"楼内肃静，右侧通行，自动一行，脚步轻稳，见人问好"。学校达到了无声、有序，促进了"和谐自主、和谐规范"校园文化的形成。

学会感恩——施爱于人，传承中华美德教育。

学校以"感恩教育"为主线，开展以"感恩祖国"为核心，以"感恩自然、感恩父母、感恩学校、感恩教师、感恩伙伴、感恩成长"为主题的"孝道雅行、以爱育爱、师生携手、家校相通"德育系列活动，致力于培养学生良好的规范、健康的人格，创建和谐校园。

结合清明节，学校策划并举行了清明节文化活动周，各班开展了"以百年西五的名义——明清明历史，讲先烈故事"主题中队会评比，刊出了手抄报，并进行了"感恩英雄先烈、珍惜幸福生活"祭扫英雄烈士墓活动。同学们在活动中了解了清明节的来历和英雄烈士的事迹，受到了热爱祖国、感恩先烈、珍惜生活的革命传统教育。

教师节，我们组织开展了"沐浴师恩，幸福成长"的主题系列活动，通过升旗仪式、制作教师节手抄报、为教师献词、送老师一句贴心祝福、为老师佩戴光荣花等形式，在学生心中播下了感恩和爱的种子，让心灵开出了最美的花。每逢教师节前夕，校长都会给家长发出《致家长一封信》，要求学生不许给老师买礼物，或把送给老师的礼物变成特长展示，如给老师发一封庆祝教师节的电子邮件，或给老师写一封表露自己感激之情的亲笔信，自己制作贺卡或爱心小礼物送给老师，给老师画

清明节祭扫烈士墓活动

一幅画加上一行深情的问候或写一首小诗，或者拟一份自己决心改正缺点、追求上进的日程表等。教师节期间，一件件学生亲手制作的创意新颖的爱心礼物都会悄悄地摆放到老师的讲桌上，有纸质的心贴心小花瓶、师生情书签、温暖水杯、传递幸福的祝福卡等，收到这些特殊礼物的老师们都会在办公室里互相介绍、欣赏孩子们饱含浓浓爱意的小礼物，言语中洋溢着无限的自豪和温情。

结合国庆六十周年，我们在全校开展了"国旗升起来，祖国在心中"大型感恩祖国教育活动。我校全体师生每人手执一面小国旗，高唱国歌，庄严宣誓，为祖国六十周年华诞庆祝，传承爱国主义精神。同学们在国旗下立志热爱祖国、祝福祖国、服务祖国、为国争光。学校还组织发起了写爱国征文、搜集祖国六十年变化图片资料展览、绘制祖国巨变图画、制作"我爱中国"手抄报等活动来表达对祖国的热爱。结合长春创建全国文明城的契机，我们在校园内开展了感恩家乡"为春城加油，为文明喝彩"的主题系列活动，学校举行升旗仪式，对全校同学发起文明倡议，向学生发放文明公约，号召大家从学校、家庭、社会不同层面关心家乡发展和建设，以实际行动支持家乡的创城活动，为家乡发展献力。在创城迎检期间，我校以其整洁、高雅、优美的育人环境，完善、翔实的资料呈现，特色鲜明的校园文化和文明有序、积极向上的师生风貌赢得了检查组的高度赞誉，学校也因此获得"创全国文明城先进单位"殊荣。

在学校开展的绿色德育"1361——我爱我家"工程主题系列活动中，很多学生意识到以自我为中心的利己主义观念是不正确的，应该多关心家人、师长、朋友，多关心家乡建设和祖国发展，学会爱、学会感恩。在活动开展过程中，出现了很多感人的事例。比如以前从来不做家务的五年级七班的王韵佳同学破例给妈妈洗了脚，当她看到妈妈的脚指甲这么多年有的因受伤破损、脚部的皮肤也粗糙不堪时，她心疼得哭了。从此之后，她像变了一个人似的，每天争着帮妈妈做力所能及的家务活，学习上也变得比以前主动自觉了。看到她的变化，妈妈感动得为学校送来一面锦旗，上面写着："孝道雅行提素养，感恩教育暖人心"。还有我校六年级的一名男同学，以前出现问题家长教育他时总是跟家长顶嘴，平时与同学的关系也很紧张，大家都不喜欢和他接触。自从学校开展"孝道雅行，感恩父母"系列活动后，他们班的班主任老师重新完善了班级各项"会爱的好孩子"评比细则，把感恩父母、关爱同学作为其中一项评比指标。老师私下里找了几个班干部，请他们从生活和学习上多关心帮助那个男同学，并积极发现他的优点和长处。班级的几名班委商量之后，组织召开了"温暖就在你我身边"主题中队会，并邀请那名男同学参与"我爱我家"生活情境小品表演，让他在其中扮演父亲的角色，体会父母养育孩子的用心良苦。在大家的努力之下，那名男同学逐渐感受到了父母的艰辛、集体的温暖，渐渐地，他也学会了关心父母、团结同学，在自身行为表现上有了极大的转变。母亲节那天，他还给妈妈写了一封情真意切的感谢信，题目叫"母爱的力量伴我成长"，他的妈妈阅读之后，抱着孩子激动地流下了眼泪。

五年级一班崔缤戈在学校组织的"感恩身边的人"主题征文中，热情讴歌了学校和老师对自己的培养，抒发了对学校和老师的感激之情。他在文章中这样写道：

西五小学是我的第二个家，我在这里已经生活五年了。在与快乐为伴的日子里，我不但学到了科学知识，也懂得了做人的道理，更知道了世上还有爱，把我和同学、老师、学校紧紧连在了一起。

这里的每个角落都有我怀念的足迹：教室里琅琅的晨读声；操场上跳跃玩耍的身影；办公桌前老师孜孜不倦地批改作业；走廊墙面上的"绿色教育理念"……

"一寸一寸粉笔，染白您的头发……"在学校的每一天，我最感谢的还是我的老师。班主任李老师是我们的语文老师，她有一双明亮的眼睛，待人热情，说话声音响亮。她一心扑在教育事业上，我们的点滴进步都凝聚着李老师的心血。李老师对我们要求严格，有一次上课时我跟别人说闲话，老师就用犀利的目光看着我，仿佛在说："上课不要说话。"我赶紧把嘴巴闭上了。写字课上，老师只要发现我们没有按田字格写，就会及时纠正，直到我们写规范了为止，所以我们的字都写得非常工整、干净、漂亮。

李老师对工作很认真，为了我们的学习，经常带病上班，坚持上课，从不耽误我们一节课。记得有一次，李老师咽喉肿痛，几乎说不出话来，可她还是来给我们上课了。同学们的眼圈红了，眼睛模糊了，李老师的目光像一股神奇的甘泉，立即流遍了每个人的心田，教室里安静得出奇，只听李老师沙哑的讲课声……是的，就是这些老师教会了我走路，教会了我说话，也教会了我做人。

老师，您就是我快乐的源泉。

还有一些孩子，以前只知道端着书本学习，从不关心班级发展、家乡建设，自从参与学校组织的"走入社会，体验教育"系列活动后，从自身思想认识上发生了极大的转变。有一名四年级的同学在自己的一篇题目为《走进长春，感恩家乡》的习作中这样写道：

我的家乡是吉林省的省会——长春市。通过学校组织的"走进家乡一日体验"活动，使我对家乡的发展有了进一步的了解。

长春位于中国东北，始建于1800年，是一座年轻而美丽的城市。长春是著名的旅游城市。……长春的净月潭森林公园是国家级风景区，冬天还有滑雪场，这是一个非常好玩的去处……长春是一座"汽车城"，是中国汽车工业的摇篮，红旗、奥迪就是长春第一汽车制造厂生产的。长春还是一座"电影城"，长春电影制片厂也是吸引中外游客的一个重要景点。在那里不仅可以参观电影是怎样拍摄的，声音是怎样录制的，还有真人表演特技呢！我的家乡地肥水美、物产丰富，盛产"东北三宝"。你知道是什么吗？那就是人参、貂皮、鹿茸角。人参、鹿茸角是滋补身体的好东西，能使人延年益寿；貂皮可制成大衣，抵御东北的严寒。长春的冬天非常冷。不过如果你来做客，赶上雪天，说不定能见到美丽的雾凇，银白的枝条把长春妆点成一个粉雕玉琢的世界。

这就是我的家乡——长春，名副其实的北国春城。作为长春人，我爱我的家乡！我为家乡的发展骄傲！从现在起，我要用自己的聪明才智，为家乡的繁荣富强做出自己最大的贡献！

在我校下发的感恩教育"三个一"落实情况反馈卡中，很多同学和家长都表达了自己的心声。六年级一班范惠麟同学在感言中写道：

今天我主动在家里做了一天家务，感觉很累。这让我想到妈妈每天需要工作，可下班回到家后还要为家人继续做家务，她可真辛苦。我以后一定要多帮妈妈分担家务活，努力学习，不让父母为我操心。

【附：西五小学绿色德育"1361"工程——感恩教育】

"孝道雅行、以爱育爱、师生携手、家校相通"活动计划

一、指导思想

以"感恩教育"为主线，开展以"感恩祖国"为核心，以"感恩自然、感恩父母、感恩学校、感恩教师、感恩伙伴、感恩成长"为主题的"孝道雅行、以爱育爱、师生携手、家校相通"德育系列活动，培养学生良好的规范、健康的人格，创建和谐校园。

1. 每月确立不同的感恩主题，通过国旗下讲话、制作感恩反馈卡、主题班会等形式，做到人人心存感恩，学做真人。

2. 在开展感恩教育"三个一"（即每天做一件家务劳动、每周洗一次衣物、每月给爸爸妈妈洗一次脚）的基础上，组织开展"给父母写一封信""我给父母放一天假""我的生日是妈妈的'受难日'——感谢妈妈生下了我"等实践体验活动，要求学生把为家庭生活服务作为岗位，主动给父母做力所能及的家务，如烧饭、洗衣、拖地、收拾房间，体验父母持家的辛苦，获得家庭生活的真实感受，明白孝敬父母的道理，培养生活自理的习惯。

3. 开展"践行文明礼仪，争做阳光使者"的活动。充分利用我校少先队组织优势，引导学生从我做起，从小事做起，从现在做起，争做文明礼仪的学习者、实践者和传播者。使学生从小养成"文明用语脱口而出，文明行为随处可见"的好习惯，

促进学生的全面发展。

二、每月活动主题

1. 三月份——感恩自然，环保教育深入人心

环境保护是每个小公民应该具有的素质。以"坚持人与自然协调发展"为教育主题，以环保教育为核心，积极开展热爱自然教育、爱护动物教育、学校文化传统教育和审美教育。

（1）各班利用晨检活动让学生认识大自然花草树木的作用，发动学生人人爱护花草树木。

（2）环保知识讲座。大队部利用一定时间具体向学生介绍花草树木的价值、垃圾如何处理及每位队员应为环保做些什么，提升学生的认识，引导学生的行为。

（3）校园护绿大行动。各班结合植树节，发动学生植树种花，绿化校园、家园环境。发动学生把好的树苗、花盆带到学校，开展一次美化教室、美化校园活动。同时开展低段队员校园护绿大行动，清除垃圾死角或者走出校园清理口香糖。

（4）开展"以纸换树"活动，号召同学们把废旧书本捐出来，折价换成小树苗，在校园里栽种，大力营造绿色生态校园氛围。

2. 四月份——感恩先烈，大力弘扬和培育民族精神

"青山绿水长留生前浩气，苍松翠柏堪慰逝后英灵"，继承先烈革命传统，弘扬不朽的民族魂魄，传承伟大的爱国精神。

（1）各班开展英雄故事交流，大队部组织开展"网上祭英烈，共铸中华魂"网上扫墓活动。通过活动，激励队员们继承革命先烈的遗志，努力学习科学文化知识，用勤劳和智慧去开创明天，让先烈们用鲜血染红的旗帜永远飘扬在祖国的蓝天！

（2）组织各班以班会的形式感恩先烈，进一步加深感恩幸福生活的教育。

（3）播放感恩先烈节目，进一步把感恩先烈的情怀化作进步的动力。

3. 五月份——感恩父母，进一步加强孝敬教育

心存父母，孝敬父母是我们中华民族的传统美德，但是现在独生子女普遍疏忽了这方面的意识。利用母亲节、父亲节等节日，对学生进行孝敬父母、孝敬长辈的教育。

（1）"给父母写一封信"，作文评比、展览。

（2）"我给父母放一天假"——自理、自立实践活动。

（3）出刊队报（感恩父母相关知识）。

（4）感恩父母，了解父母的生日，并给五月份出生的父母过一次生日。

4. 六月份——感恩学校，进一步推进文明行为教育

培养学生尊敬教师、热爱学校、关心同学、相互协作、和谐发展的教育活动。通过开展各项活动，培养学生的集体观念、爱护公共财产的良好的社会公德。

（1）"感恩的心"歌咏比赛。

（2）制作感恩卡并评比。

（3）观摩一次六年级中队以"感恩学校"为主题的班队活动。

5. 九月份——感恩教师，尊师重教蔚然成风

结合9月10日教师节，教育学生尊重教师的劳动，尊敬长辈。

（1）国旗下讲话。

（2）亲手制作小礼物送给老师。

（3）校园广播"教师节专题"。

6. 十月份——感恩祖国，大力弘扬和培育民族精神

以爱国主义教育为核心，以中华传统美德和革命传统教育为重点，结合国庆五十七周年，开展爱国主义教育，通过新旧生活的对比，让学生了解我国经济、科技等领域的迅猛发展；结合爱国主义读书教育活动，使广大青少年学生在活动中陶冶情操，增长知识，增强对祖国的自豪感、责任感和使命感。

（1）建队日系列活动，增强学生的民族自豪感，激励学生努力学习，长大后为祖国的建设出一份力。

（2）唱红歌达标比赛。

（3）看一本爱国主义题材的影片，写观后感。

（4）"我为祖国绘蓝图"绘画比赛。

7. 十一月份——感恩伙伴，进一步加强团结互助教育

心存伙伴，以诚待人，合作协助，感受到伙伴的关怀、班级的温暖。作为独生子女的孩子，很需要这方面的教育，这样有利于改变自私、霸道等不良习气，培养互助谦让和谐的团体。

（1）"我和伙伴一起成长"中队活动。

（2）感恩伙伴队报比赛。

（3）写一写自己和伙伴的故事。

8. 十二月份——感恩成长

让学生积极寻找生活中感动的事例，重温发生的有趣事、感人事，使学生在活动中学会珍惜生命。

（1）"我与书本共成长"主题活动。

（2）唱一唱《感恩的心》。

（3）看一部有关成长的影片。

（4）"今天，我当家"主题队会。

（5）开展"关心集体，我能行"主题队会。

（6）开展"成长的烦恼"征文活动。

绿色德育"1361——我爱我家"工程在实施过程中，经历了两个三年，12个提升阶段，运行以来，我们喜见到全校师生从精神面貌到个人素养、文明意识的大幅度提升和转变。学校取消了大扫除，楼内楼外的卫生状况明显改观，达到了早晨和晚上一样，周一和周五一样，平时和双休日一样。班主任科学自觉管理、学生文明自律意识和主人翁责任感也得到极大增强。每天课间时，学生在教学楼内安静、文明、自觉靠右侧通行，很好地贯彻落实了无声教育，得到了上级领导和同行的高度赞誉。

（三）"阳光道德银行"紧扣"实"

为了进一步树立"学校教育，德育为先"的理念，促进未成年人全面健康成长，使学生成为有爱心、讲道德、守诚信、重合作、求发展的新时代小公民，学校在实施绿色德育"1361——我爱我家"工程基础之上，不断探索新的德育途径，成立了西五小学"阳光道德银行"，并深入探索该机构的时代意义、现实意义，科学规范其操作办法，使其能不断丰富绿色德育的教育内涵，为培养西五小学全面发展的阳光健康少年服务。

"阳光道德银行"是仿照银行的形式，以学生中的"文明行为和道德善举"为主要存储内容，以"银行储蓄"为手段，以"榜样教育"为途径，以"激励提高"为目的的一种教育载体。阳光道德银行积累的是道德资产，存入与支出的也都是道德分值。每位道德银行储户都有一本"道德银行积分储蓄折"。总行给每一道德项目确定一定的分值，每位道德银行储户完成某一道德项目，就给予相应分值，每位小储户的道德分值每学期都可以累积上去，一直到六年级毕业为止。

道德银行以学校为单位设立"总行"，以班级为单位设立"分行"，分别设有专人负责，做好记录。学校设立"阳光道德银行"管理委员会，聘请校长为董事长，主管德育的副校长担任副董事长，政教主任为顾问，大队部为"少年道德银行"总行，推选大队长为总行长，各中队为"阳光道德银行"的分行，各中队推选一名同学为分行行长，各分行组建若干储蓄小组，每位队员都是银行的储户。

在活动中，号召学生存储礼貌，争做言行文明的文明天使；存储友善，争做关爱他人的爱心天使；存储诚信，争做表里如一的诚信天使；存储卫生，争做身心健康的绿色天使；存储自立，争做自强上进的奋进天使。引导学生从我做起，从规范行为习惯做起，培养良好道德品质和文明行为，让道德的种子扎根每个人的心灵，让道德之花绽放在家庭、校园、社区的每一个角落。

阳光道德银行实践思路——坚持一个理念：播种习惯，收获未来。思想决定行动，行动决定习惯，习惯决定品德，品德决定命运。我们力求抓住学生的细节变化，通过阳光道德银行这种载体和途径，打造一个积极向上的平台，在学习生活中对学生进行道德监督，让学生在这种生动、有趣的阳光道德银行机制运作中，感受快乐，收获优秀品质。

阳光道德银行实践思路——坚持两个原则：重在创新和贵在坚持原则。创新是一切工作的灵魂。德育工作要不断变换形式，让学生充满兴趣、乐于接受、全身心参与方能达到最佳教育效果。我校的道德银行在实践中要不断经历创新与尝试，从"班级存折行天下"到"星级班级评比"再到"阳光少年月评"——总结提升，形成课题。我们要持续探索新的教育规律和实践方法，使我校的道德银行不断跃上新台阶。

阳光道德银行实践思路——坚持三个结合：过程与终端评价相结合、个人与集体相结合、学校与家长评价相结合。学校设定了西五小学"阳光道德银行"财富榜评比台，从"热爱祖国、关心集体、环境卫生、文明素养"四个层面对各班同学的表现进行评比，用不同颜色的笑脸积分形式进行校内张榜公示，并把评比结果每周面向全校师生进行总结、反馈，极大地促进了学生自我约束、争先比优的意识。每周、每月各班还要根据学生表现评选出一至两名道德之星及优秀家长上报到学校，每学期期末，我们会根据学校对各班评比积分结果统计分别评选出星级特等模范班级、星级标准模范班级和星级模范班级，并对在阳光道德银行评比中表现突出的学生和家长进行表彰。

学校领导对阳光道德银行高度重视，健全组织、明确职责，制定实施方案，以确保阳光道德银行工作的稳定、持久开展。在操作层面积极探索家庭、学校、社会三位一体的范围更广的操作、评价程序，使德育从生活中来，到生活中去，让道德主体能主动参与实践。

各班依据学校评比方案的整体目标和要求，结合本班实际情况，制定班级道德银行实施细则，每周在班内进行评比，将评比结果分别在学生自己的阳光道德储蓄存折和班级道德银行财富榜上进行体现，同学们通过在班级道德银行储蓄折上积分的方式，存储文明言行，以不断强化学生道德和行为养成教育训练，极大地规范了学生自身的文明行为，提高了文明素养。老师们在阳光道德银行评比的过程中，也积累了很多切实可行的好的经验和做法。班主任张老师在介绍经验时说：

多年的班主任实践使我认识到，学生良好的品德和行为习惯不是依靠教室里空洞的说教或自上而下的强制命令所能形成的，必须遵循规律，讲究艺术和方法，不断加强教育、指导和训练，而我的做法就是科学运用阳光道德银行的评比载体。这种评比方式对于低年级的学生来说非常实用，而且操作性很强，孩子们在每天的积分过程中潜移默化地提高了自律能力和集体意识。

我在学校制定的阳光道德银行评比细则总体要求基础上，结合我们班级特点，以《小学生守则》为操作蓝本去设计评比项目，但是《小学生守则》中的很多条文都是比较概括和抽象的，要想让低年级的孩子看着一张纸就按要求去做，是不太容易的。为了达到通俗易懂的目的，我班低年级的班级公约以儿歌的形式对学生提出要求，让学生在轻松愉快中养成习惯。如在训练学生遵守课堂纪律和作业要求时，这样写道："上课听讲要坐好，积极发言勤思考，作业认真要写好，按时完成及时交。"又如，在训练学生上下楼梯时这样写道："上下楼梯靠右行，不推不搡不打闹。"这种形式，孩子乐于接受，这样一步一步地实践，反反复复地练习，既克服了行为规范教育中出现的空洞说教的倾向，又使行为规范的指导和训练具体形象化，从而收到了良好的效果。

在阳光道德银行科学、规范的创新机制操作下，在学校的积极引导和班主任的大力配合下，学生们热心参与、争取积分。每学期末，学校都会评选出一批"金卡储户""银卡储户"和"铜卡储户"，选出"家长道德银行参与之星"，表彰一批在阳光道德银行评比中表现突出的班级、学生和家长。同学们积极储蓄美德善行，争当道德之星、道德富翁，学校也在活动的顺利开展中，塑造了一批文明健康、品学兼优、道德高尚、全面发展的西五阳光少年。

"阳光道德银行"财富榜评比活动受到了全校师生和广大家长的欢迎和充分肯定。许多同学的文明素养和道德行为都在悄然发生着变化。他们在学校教学楼内见到老师、客人能主动问好，礼貌地靠右侧通行；校园内自觉使用文明礼貌用语；同学之间团结友爱、和谐相处；回到家里孝亲敬老、分担家务；社会上自觉维护少先队员形象，遵守社会公德、承担公益性义务劳动等。许多家长也对学校实施开展"阳光道德银行"活动大力支持，他们热情参与家庭道德银行评比工作，为学校反馈学生在家里的真实表现，积极配合学校做好学生行为习惯养成教育、传统美德教育及家庭、社会责任感教育。在教育孩子的过程中，家长的教育方式及责任意识也得到了提升和增强。

（四）创新活动突出"美"

我们深知，让学生在丰富多彩的德育活动中健康成长既是德育的出发点，也是提高全民族素质，促进学生全面发展的必然途径。因此，在提高德育工作实效性、打造德育品牌校方面，我校坚持以道德行为规范教育为基础，以弘扬社会主义核心价值体系为核心，全方位、多渠道开展德育工作，并注重在实践中不断挖掘育人特色和创新点，力求优化教育载体，促进学生形成健全人格，树立高尚的道德发展观。

为了落实常规教育活动，切实提高绿色德育的针对性、实效性，我们通过推行"四全"，即全员育人、全面育人、全程育人、全方位育人，落实"五爱"教育活动，即爱运动——健体、爱劳动——健心、爱创造——健智、爱助人——健德、爱实践——健能，让学生在学校创设的以人为本、彰显生命活力的德育活动中健康成长。

学校创新开展了"三热爱"教育活动，引导孩子们学会爱并真正能对父母、对他人、对社会施以爱；每学期，学校还会结合特殊纪念日或具有特别意义的特定时期，对学生进行引领精神成长的送温暖教育，着力提升学生文明形象。比如，结合五一劳动节同社区联手开展"共建和谐社区，师生齐行动清理小广告"活动；六一儿童节，组织学生走进王守兰福利院看望孤寡老人，开展红领巾文化公益超市义卖、百年校庆看望百岁老人等献爱心活动。学校还组织发起了温暖校园、幸福班级形象塑造活动。通过"温暖瞬间日日拍"，把每天发生在校园里的好人好事通过照相机、录像机抓拍的方式记录下来，每周末播放给全校师生看，让师生彼此关心、学生互助互爱的文明行为在校园里蔚然成风。同时，我们围绕"学会实践"教育内容，充分利用德育基地及丰富的人文资源组织开展多形式、多层次、多角度的体验教育活动，引导学生树立正确的人生观、世界观、价值观，让学生了解社会发展的各个层面，从而受到热爱家乡、珍惜幸福生活、树立责任意识的教育。

每年寒、暑假开学第一天，我校学生都会胸前佩戴大红花、手拿收获卡踏进校门。学校开展的用"收获卡"换"祝福卡"活动受到了同学们的喜爱和欢迎。学校希望每个假期给孩子们带来的不仅是快乐，还有成长。读书、参观、旅游、社会调查、学做家务等丰富多彩的假期活动增长了他们的见识，锻炼了孩子们的能力，提高了他们的综合素养。

教育学生牢记革命传统，珍惜幸福生活。1964 年 8 月 25 日，省军区警卫连战士孙洪泽为抢救长春市四十一中学落水少先队员不幸牺牲，年仅 22 岁。为了表彰孙洪泽舍己救人的英雄行为，吉林省军区追认他为中共党员，并授予革命烈士称号，共青团长春市委员会号召全市共青团员和青少年向孙洪泽学习。为了传承洪泽精神，让西五的孩子也能受到革命传统教育，自从我担任四十一中学校长以来，每年清明节，学校都会策划举行"清明节文化活动周"，每年评选出一定数量的优秀班级，命名为"洪泽班"，并祭扫英雄烈士墓，号召这些班级的学生带头发扬洪泽精神。在洪泽精神的引领下，孩子们懂得了珍惜现在的幸福生活。食堂里，再也看不见倒掉的饭菜；水房里，再也看不见用完后没有关掉的水龙头；垃圾桶里，再也看不见没用完就扔掉的铅笔……一种精神改变了孩子们的坏习惯，取而代之的是种种好习惯，这种潜移默化的教育是种感染，也是一种熏陶。

我校先后组织了"我在国旗下讲话"读书活动、"我与古诗牵手"古诗词诵读活动，先后开展了"我长大了""我在绿色教育中成长"等主题鲜明的班队会，通过少先队大队部发出的"绿色倡议"，全校学生做出"绿色承诺"，学校还召开了"我快乐、我进步、我成长"大型表彰会，通过丰富多彩的活动，使学生文明守纪变成自觉行为。

新学期，全体教师面向学生庄严宣誓

　　除此之外，学校组织的丰富多彩的文体社团活动更是激活了校园生命力：青少年作家协会定期开展培训，学员勤奋练笔，一篇篇精彩的充满情趣的生动美文刊出发表；舞蹈队的孩子在训练中不断提高专业素养和技能，多次在各级各类舞蹈大赛中夺冠；管乐队的学员阵容强大、训练有素，每年都在全市器乐大赛中获得特等奖；校园电视台小记者、主持人的选拔和丰富多彩的深受学生喜爱的电视栏目的播出，使一大批综合素质强的孩子脱颖而出，全面展示了少年儿童独特的风采……每年，学校组织学生参加省、市、区、校各级各类的书画、器乐、合唱、舞蹈、征文、演讲等文体活动，利用这样的实践机会，不仅能弘扬和传承中国传统文化艺术，还能陶冶学生的情操，激活他们的发展潜能，促进学生提高综合素质、全面发展。

　　为了丰富学生的生活，学校开展了"走出课堂·放飞希望"等生活实践与社会考察活动，让学生乐在其中。布贴画、纽扣花、大风筝、小火箭、水果拼盘、十字绣……一个个精美的艺术品，一个个富有生活情趣的小制作，让人目不暇接。学校定期组织学生去博物馆、图书馆、科技馆、艺术馆等文化场所，让学生感受历史的博大精深和社会与时代发展的脉搏。

学校"科技大卖场"活动　　　　　　　　学校"学具交易"活动

（五）家校互通突出"合"

　　绿色德育并不是封闭性、内隐性的教育形式，而是谋求学校、家庭、社会和谐共振、互助共生的德育实践，是一个真正意义上的德育系统工程。

　　我校的绿色德育是尊重差异，促进学生个体协调发展的教育。力求在最大程度上利用一切可以利用的德育力量，形成学校教育、家庭教育、社会教育相融并进、互为补充的教育格局，布设一张稳定、健康、和谐的"三位一体"绿色德育网络。我们将学校德育工作向家庭、社会开放，接受家庭和社会的监督，为学生在家庭和社会中的道德成长提供教育服务。同时，我们也积极接纳家庭和社会力量参与学校德育工作，介入学校管理，为学校绿色德育发展提供更切实有效的支撑，让绿色德育焕发勃勃生机与活力。

　　多年来，我们始终坚持"家校联动，提升学生生命质量，促进学生健康快乐成长"的办学思路，积极推进家长学校建设。从1988年起，我校就成立了家长学校，将家庭教育和学校教育相融合，以家长学校为主阵地，构建学校教育人、家庭成就人、社会影响人的绿色教育立体教育网络。在班级中设立"家长委员会"，由热心教育工作并有一定威信的家长组成，其职责是参与学校教育管理，共同监督学校教育教学工作。学校开设了"校长信箱""校长公开电话""校长接待日"等，鼓励家长提出建议和意见，使之成为传达学校教育信息，连接学校与家庭沟通的纽带。学校积极落实"五个一"和"五结合"计划，力图构建完善的家校互动平台。"五个一"，即：请每一位家长在每个学期听一次校内公开课；与班主任交流一次；参加一次学校活动；为班级做一件好事；给学校提一条合理化建议。"五结合"，即：培训会与家长会相结合；集中培训与个别指导、咨询相结合；扶贫助学与代理家长活动相结合；信息反馈与日常教育相结合；家庭教育与学校教育相结合。我校还积极为家长和教师提供对话空间，搭建沟通平台，依托"中国未成年人网脉工程"和校讯通，实现学校老师和家长的便捷互动，老师随时可以通过校讯通给家长发布信息，让家长了解学校的近期要求或孩子在校的学习、生活状态。学校创办《家长报》和《互通册》，架设家校互通的桥梁。每学期我们都通过《以爱育爱——家校互通册》《家长简报》《家长周刊》等信息平台，及时向家长汇报学校全方位工作情况，并为广大家长提供最前沿的家教信息和最新的学校教育教学工作动态。学校还建立了同步配套的激励表彰机制，评选"优秀家长"，让好家长成为其他家长的榜样，起到"以一带群"的示范作用；评选"优秀教师"，并对优秀教师在评职、评先、晋级等方面给予优先考虑，激励他们教育教学的积极性。实践证明，我校绿色德育网络的构建，在整合优化德育资源的同时，大大提高了学校德育质量，为学校德育工作带来了积极、崭新的局面。

家长学校的开办，为家校沟通搭建了一个良好的渠道和便捷的平台，使学校教育真正延伸到家庭，解决了学生在学校和社会之间的"管理真空"问题。这种新方式也推动了我校管理的科学化、规范化，拉近了学生、家长、教师之间的距离，架起了学校与家庭交流合作的桥梁，营造了家校沟通、师生和谐的良好氛围，一种互动平等和谐的师生关系、家校关系在悄然形成，家长的素质和行为习惯也在悄然发生着变化，所有的这一切让我们深深地感受到：家长已经把我们的学校当作自己的精神家园在精心呵护！

我们还以"家长学校"为依托，实现家校共建。学校的每一次大型活动，每次教学开放日，全体家长都随班参与，亲身感悟学校的绿色教育。在绿色德育"1361"工程实施过程中，孩子们受到了教育：爱同学、爱父母就是爱人民，爱家庭、爱班级、爱学校就是爱祖国，从小爱小家，长大爱大家；家长也受到了教育，也认识到了家庭教育的重要性，家长不应该成为教育的旁观者，而是应该成为教育的主体和教育的支柱；教师们受到了教育，认识到教师不仅是教书，重要的是不能忽略孩子品德修养的形成，应该创新教育方式，让孩子们积极乐观、奋发向上，远离危害，杜绝恶习，这才是我们教书育人的实质。

在绿色教育理念的引领下，通过多年的艰苦努力，我们的绿色德育实施探索取得了丰硕的成果；学校的整体发展、教师的精神面貌得到大幅攀升；学生的道德素质、行为习惯正朝着更加积极、健康的方向发展。我真心期待，西五小学未来的绿色德育会有更多值得追寻的价值目标，会有更多值得我们关注的生命亮点，也会走出一条有特色、有意义的道路。

【附：2006年5月29日《长春日报》新闻报道】

了解社会 感受责任 关爱他人
"体验"成为西五小学学生节日礼物

在六一儿童节来临之际，南关区西五小学送给学生们一份特殊的"节日礼物"：让学生们走进社区、村小、福利院等地，参与"我关注、我体验、我幸福"系列主题体验活动，从而了解社会、感受责任，学会关爱他人。

该校一年级的学生来到长春大街消防中队参观现代化消防设施，并通过消防救援人员的现场演示、讲解，掌握了消防常识。在学校所在的松竹梅社区，二年级的学生通过访问社区居民委员会主任感受到社区工作的辛苦与重要。与患有智力残疾的同龄人一起学习、联欢，三年级的学生们看到了一个他们以前无法想象的世界，残障同学顽强的毅力为他们增添了学习动力。

西五小学与幸福乡富裕小学是"手拉手"共建校，六一儿童节前夕，该校四年级学生走进这所村小，体验农村小伙伴的学习生活，感受到了不一样的求学之路。为学校附近福利院里的儿童和老人送去精心准备的礼物，并开展公益劳动，该校五年级的学生体验到了关爱他人带来的快乐。六年级的学生们拜访了我市知名企业家，了解了他们的创业历程和家乡的发展、变化。

【附：2007年3月23日《吉林日报》新闻报道】

戴着红花进校园

3月5日，是长春市中小学校开学的第一天。一大早，长春市西五小学的学生们胸戴大红花、满怀信心地重返校园。别小看这一朵朵手工自制的红花，它不仅记录着孩子们的假期收获，也满载着他们对新学期的热切期盼。

为了让学生度过一个有意义的寒假，早在放假之前，西五小学就为每名学生布置了一项带有体验性质的作业——我的寒假我做主，在实践中成长进步。谁的进步大、收获多，就可以在开学时做一朵红花戴在胸前。这项特殊的作业调动了所有学生参与的积极性：有的学生参加了在吉林市举行的"冰雪科技冬令营"，在冰雪世界里学科学；有的学生充分发挥主人翁精神，积极投身亚冬会志愿者活动，为家乡发展献计献策；更多的学生在社会实践、家务劳动、体育锻炼中，增强了动手能力，收获了成长心得。

三年级学生刘奉歌自豪地说："假期里，我写完作业就帮妈妈做饭、打扫卫生，还学会了自己的事情自己做，把书包和文具盒洗刷得干干净净，现在我觉得劳动是件很愉快的事情。"一年级学生苏品屹说："我在爸爸妈妈的帮助下办了借阅证，在图书馆里学到很多课外知识。"六年级学生孙斌形容他的收获是"金灿灿"的，"长大一岁就是一种收获，在这个假期里，我找到了学习的乐趣，也体会到了朋友之间的友爱，我发现'关爱'就是要发自内心地给他人以帮助。"

实践是一种珍贵的学习方式。西五小学校长丁国君深有感触地说："读书是学习，实践是更重要的学习，要让孩子们知行统一，就应该把课堂教学和社会实践活动相结合，搭建实践平台，让他们从中增长知识，收获生活的体验。"

三、以艺术润泽儿童心灵

"没有艺术的教育是不完全的教育，没有开展艺术教育的学校是不合格的学校，没有受过艺术教育的学生是不健全的人。"在我校，艺术教育和其他教育一样受到重视，全校形成了一个比较完善的、指挥畅通的艺术教育组织管理体系，做到了工作有人抓，事情有人做，奠定了艺术教育的坚实基础。由艺术工作领导小组定期对学校艺术教育工作进行专项考核评估，确保《艺术教育课程方案》《全国学校艺术教育总体规划》和有关方面法律、法规的贯彻落实。

为了使艺术教育工作逐步走向规范化、现代化，我校从硬件设施和软件建设两方面进行了重点建设，使各项艺术教育工作有条不紊地开展起来。

改善硬件设施，优化办学条件。学校设立了艺术教育专项经费，并逐年有所增加。同时进一步调整了经费的使用办法，加大了奖励力度，充分发挥有限资金的最大效益。配齐体音美课专用设备，修建、改造了一批艺术课专用教室和艺术教育活动场所，购置了一批现代化教学设备，使艺术教育的硬件条件大为改观。

学校充分利用现有的现代化教学设备和信息技术开展艺术活动，拓展艺术教育的空间。设有音像馆、电子声像阅览室、校园电视台等现代化设施，为学生提供高效、快捷的学习环境，让学生感受现代化的学习空间，学生可以通过多种方式和渠道感受美、欣赏美、创造美。

为了提高学生的审美情趣，学校设置了专业的美术教室、书画展室、艺术特色展室，给学生以自由创作、发挥想象、不断创新实践的机会，让学生的书画作品、手工作品及陶艺、泥塑、剪纸等传统艺术得以全方位地展示。

重视软件建设，加强师资培训。艺术教育之所以能够不断提高，是因为我们拥有一支精良的任课教师队伍。他们精心选择教材，把握学生的学习特点，认真备课、上课，为学生能力的发展提供了充分的保障。在教学上他们精益求精、一丝不苟，在生活上他们给予孩子的是无微不至的关怀和耐心细致的引导。更让我们引以为自豪的是，这是一支学习型、研究型的团队。我们经常组织教师共同到书店精选课程资源，搭建学习交流展示的平台，促进教师队伍素质的整体提高。学校先后派美术教师去黄山、福州、双阳、净月潭等地参加培训活动，派音乐教师前往天津、广西、上海、成都等地参加培训活动，不断提高教师的业务素质和艺术修养。同时我校还聘请了一批在省、市享有盛名、资历深厚的教师任教。如：艺术学院的知名教授、吉林省著名舞蹈家肖丽老师，她编排的舞蹈《红扇》《火把节》等多次在省、市文艺会演中获得一等奖；省内优秀棋类教师刘文博老师，指导学生在象棋比赛中多次获奖……

为了进一步加强对艺术教师的培养，我们研究制订了优秀艺术师资培训规划，积极为骨干教师的成长搭建舞台。多次聘请省教育学院钢琴系教授李慧梳、吉林艺术学院任传文等艺术专家来校做报告、听课、培训、指导、评估，部分音乐、美术教师已经拜专家为师，经常虚心求教，不断进取。

"名师出高徒"，在专家的指导和帮助下，我校的音乐教师韩唯在全国做的音乐与信息技术整合课荣获一等奖，美术教师也在全国做了观摩课，孔照满老师获得省级骨干教师的荣誉称号。同时，学校也做到了在评职、评优、评先活动中，保证艺术教师占有一定的比例。学校定期召开艺术教育工作会议，对艺术教育工作方面做出突出贡献的教师进行表彰。学校还积极举办优秀教师教育实践专题研讨会等，这些措施都为我校优秀艺术骨干教师的脱颖而出搭建了成长平台，创造了良好条件。

为了充分体现"为了每一位学生发展"的核心理念，我校在"实施绿色教育，建构绿色课堂"的实验中，大胆进行了体音美分层教学的尝试。在体育、音乐、美术三个学科中学生都可以根据自身兴趣爱好自主地选择低、中、高之中的任何一个层次及不同的教学内容进行学习。学生自主选择班级，打破了班级的界限，形成了一个新的集体。当然，这种形式不是固定不变的，学生可以自由地挑选教学形式，教师接受学生的选择，对学生实行了动态管理。在实施探索阶段，我们承担了省级课题"体音美分层教学的实验"，通过教研与科研紧密结合、建立体音美教学研究学会及定期组织教师学习和开展研讨活动，不断提高教师的科研意识和教学水平。这项实验也是吉林省"十五"规划重点课题，现已结题，成果鉴定为优秀。我校三位美术教师共同执教的美术综合大课《茶文化》《生活中的花》等先后在吉林省美术年会、长春地区研讨会进行公开汇报，得到了与会专家的赞赏。2005年4月，我校美术教师在全国作观摩课，受到了广泛的好评，体音美分层教学的实验探索和成果有效地推动了我校学生的艺术发展，形成了班班有艺术特色、人人有艺术特长的良好局面。

我校还把艺术教育渗透于各科教学、延伸于各种活动、蕴含于学校文化之中，并成功地将艺术教育带入课堂内，与传统学科整合，为老师及同学们带来了全新的学习体验。这种崭新的教学模式，不仅有助于增强同学们的学习兴趣，激发他们的创意、思考及分析能力，并能协助他们将所学的知识融会贯通，灵活运用在学习上。多元智能理论指导下的艺术课堂，真正鼓励、欣赏每位学习者的长处和多元能力，透过多元教、学和评价渠道，进行个别差异与因材施教，实现多元发展的目标。如在语文与音乐学科的整合课上，我们常常欣喜地看到这样的画面：在教室中，孩子们将诗歌以歌曲的形式唱出来；在电子琴房，孩子们弹唱演编古诗；在多功能教室欣赏古典文化等，真正实现了学科与学科的整合、学科与信息技术的整合、学科与生活的整合，艺术教育的天地不再只是一间教室、一个学科、一位教师，它延伸到了各个学科和校园的各个角落，延伸到了社会的四面八方……

　　为发现和挖掘学生的潜能，创造条件让学生的多元智能得到充分的释放和发展，我们以"目标激励、发展兴趣"为前提，本着"培植特长、发展个性"的原则，以"培养学生的艺术特长、创新精神、实践能力"为目的，精心设计安排少年宫活动内容，开设了多项艺术学习课程。有舞蹈、声乐、管乐、京胡、二胡、京剧、国画、儿童画、陶艺、软硬笔书法、双手书法、棋类以及网页和动画制作、小主持人、球类、轮滑、健身车等，我们专门聘请了在艺术教育领域具有一定知名度的专业艺术教师任教，孩子们可以根据自己的兴趣与爱好任意参加特色小组的学习。

学校管乐队在"南关区中小学运动会开幕式"上进行精彩表演

　　少年宫活动真正成为学生培植艺术特长的沃土和幸福成长的家园。孩子们体验到了绿色教育的独特魅力和生发出的快乐源泉，没有繁重的机械抄写、运算、背诵作业，老师们新奇的教学道具和有趣的授课方式时时吸引着孩子们的心。在少年宫活动过程中，学校取得了可喜的成绩，涌现出了一大批优秀学生。截至2015年，在亚洲生态书画大赛中，678人次分别获金奖、银奖。在历年学校参加的国际少儿书画大赛上，我校已累计150余人次获奖；在美术电脑、美术动画、钢琴、乐器、棋类、声乐、舞蹈等大赛中有3000余人获奖；在全国英语奥林匹克大赛中有500余名学生获奖；我校被评为长春市校办少年宫先进单位，并承担了长春市校办少年宫成果展示现场会。丰富多彩的少年宫活动使孩子们开阔了眼界、提高了艺术素质，为他们的终身发展奠定了基础。

在艺术教育活动中，我校以超前的理念、规范化的管理和丰富的实践形成了自己独特的办学特色，全面提升了学校的办学品质，学校艺术教育成果显著，在各级各类艺术比赛中获奖200余项。学校获得亚洲生态艺术研究院少儿美术培训基地、东北师范大学艺术教育委员会指定艺术考级单位、中国—澳大利亚电子琴实验校、吉林省艺术教育优秀校、长春市艺术教育特色学校、长春市弦乐特色学校、长春市校办少年宫先进单位等多项殊荣。我校还积极参加全国、省、市、区组织的各项艺术活动，如长春市"千童之声"合唱比赛、长春市管乐大赛、长春市"国际教育展演出"、全国少儿艺术大赛、亚洲生态杯书画大赛、东北"小画家"和"彩色之路"少儿书画大赛等。同时，学校也相应地结合重大节日开展文艺活动，如庆"六一"文艺会演、少年宫文艺演出、一年一度的学校艺术节、学校"童星"书画展、"争做文明小公民"手抄报展等。另外，学校还非常重视社区实践活动，多次参与社区文艺演出，如"百事可乐"杯文艺会演、永春批发开业庆典文艺演出、新春街道办事处宣传演出、文化活动中心"小手拉大手，共建文明长春"演出等。通过一系列丰富多彩的艺术教育活动，锻炼了学生的艺术才能，增强了学生的艺术才干，实现了学生多元化、全方位发展。

我校学生在"全市教育系统红十字启动大会"上精彩献词

世界上没有一朵鲜花不美丽，也没有一个学生不可爱。每个学生都是一本需要仔细阅读的书，是一朵需要耐心浇灌的花，是一支需要点燃的火把。正是源于关爱生命发展的主张和力量，才成就了绿色德育最朴素、最真实的高尚。

　　从未成年人抓起，培养造就千千万万具有高尚思想品质和良好道德修养的合格建设者和接班人，既是一项长远的战略任务，又是一项紧迫的现实任务。建设社会主义文化强国，是时代和人民的呼唤，实现中华民族伟大复兴，更离不开中华文化的繁荣和兴盛。如今，热爱祖国、积极向上、团结友爱、崇尚文明已经成为当代中国未成年人精神世界的主流。为了把学生培养成具有社会主义核心价值观，宽容大气、自强不息、崇尚真善美的后备人才，西五小学将继续秉承"关爱生命·注重发展·彰显内涵"的绿色教育理念，积极探索绿色德育关注生命成长价值的途径和做法，在青少年心中播撒"德"的种子，绽放"美"的人生。相信，在我们的努力之下，未成年人的精神世界将更加美好，祖国的未来也将更加美好。

四、以绿色校园文化彰显自然与人文之美

　　校园文化是学校文化的外在标志，是校园中具有文化意义、承载文化内涵的物质环境，校园规模、建筑设备、庭院布置等，都属于学校物质文化的范畴。

　　营造高品位绿色文化是学校的办学宗旨，绿色文化氛围时时刻刻都以其独特的方式向人们传递着学校文化的美妙信息。

　　坚持"自然绿意美"的原则，校园文化建设的理念是：将人与自然的和谐相处融入学校文化的设计、教学设施的功能区划分及人文景观的创设等各个方面。就学校的教学设施而言，一方面，其功能区划分做到与外部环境相和谐，使学校建筑的色彩与周边环境融为一体；另一方面，学校根据各年龄段孩子的特点，精心划分各个功能区。我们注重显性文化建设和隐性文化建设，从而达到育人环境优质化。

　　在显性文化建设上，我们注重美化、净化、绿化。徘徊于西五小学，校园环境温馨雅致，整洁一新，让人赏心悦目。在隐性文化建设上，我们更注重人文性、实效性，学校教师为学生营造了一片片健康的绿色成长氛围。学校人文景观渗透着绿色教育办学理念。假山、喷泉等都体现着科学、人文、健康、和谐共生、可持续的

思想。这些人文景观的创设体现了人与自然和谐相处的绿色教育理念，对学生和教师的成长都有着熏陶作用。

在校园文化建设的过程中，我校始终坚持以人为本、面向未来的设计理念，充分考虑校园目前的景观性、标志性、人文性，并与学校办学特点相结合，将学校理念、整体和局部的文化营造进行规划设计，使理念独特，整体和局部的文化营造富有人性化和个性化，色彩明快活泼、简洁大方，突出视觉效果，塑造一个充满现代人文气息，又秉承东方传统文化的绿色书香校园，同时还注重体现文化熏陶与自然和谐。

在继承传统文化的同时，我们也意识到，现代社会的高速发展，需要鲜明的个性张扬，持续的动力发展，这需要从细微处和无声处给予肯定，给予鼓励。本着校园环境建设科学性、艺术性、教育性、实用性的原则，我们在教学楼内明显的位置展示了师生作品，有美术、书法、手工作品等，并专门开辟"文化走廊"，悬挂学生特色作品。在学校外墙上定期张贴师生获奖喜报，红彤彤的喜报成了校园入口处一道亮丽的风景。通过这样的设计，让师生的特长得以全面地展示和认同，培养了师生的自信心和创造性。

为了让学生更多地接触自然、热爱生命，我校号召每个班级养鸟、养鱼，并号召学生担任爱鱼、爱鸟志愿者。在学生的精心照料下，校园内鸟儿欢唱，鱼儿畅游，充分体现出了绿色教育是生命教育，而尊重生命必须落实在对生命的保护和热爱上。我校还在操场四角建设了小桥流水景观，假山喷泉、古树花池，"道德经"画卷、"百年西五"文化墙，校园里一步一景，一景一趣，成了孩子们向往的乐园、深爱的家园，充分彰显了绿色教育点化心灵、润泽童年的育人功能。

在校园文化建设中，学校最有代表性的是走廊文化。我们整体思考、精心设计，把"丰富走廊文化，凸显学校特色，形成育人氛围"作为工作思路，组织教师一起参观借鉴、相互交流，分层精心设计了教学楼的文化长廊，形成了丰富的走廊文化，创建出文明、典雅、民族传统文化与现代建筑风格相结合的独特的育人环境和浓厚的礼仪氛围。

为了表现出一个学校整体精神的价值取向，突出具有引导功能的教育资源，我们力求让每个校区的校园文化以绿色教育为引领又各有特色。为了凸显高雅的绿色品位，学校全力打造"无声教育"的靓丽风景。美观、大方、高雅、现代化的校园文化，让人深感校园的可爱。

西五小学主校区

我校实验幼儿园文化建设随着时代的发展在不断地更新。经过近十年的发展，幼儿园的校园文化理念已经悄然发生了变化。为更好地适应幼儿的发展，我们将一至三楼的色调分别刷成粉红色、淡绿色、浅蓝色，象征着宽厚、宽容和宽广，一楼以淡粉色为主，温馨、关爱，象征着春夏的春暖花开；二楼以蓝色为主，神秘、探索、深奥，让幼儿在爱的海洋里、在快乐的海洋里、在知识和神秘的海洋里发现与探索；三楼以绿色为主，代表着健康快乐的绿色教育。缤纷多姿的装饰画，动静相间，穿插其中，难怪有的家长说，一来到这里，就有种追回童年、重活一回的欲望。

各个楼层和教室内一块块栩栩如生的主题教育板块，像和煦的春风，飘散在校园的各个角落，使幼儿园的小朋友如同生活在美妙的童话世界，于无声处受到美的熏陶与感染，让他们更加喜欢幼儿园，在幼儿园能够轻松、愉快地成长。

2007年，在中学校区和高年级校区，我们设计了以"我爱我家"为主题的校园文化：一楼为地球——我的家园，体现的是世界各国的风土人情；二楼为中国——我的母亲，体现的是大家对国家的热爱；三楼为吉林——我的家乡，体现的是家乡的风景名胜和风俗文化；四楼为我爱我家，展示的是中学和小学中各种生活照片，让孩子逐步丰厚和细致对家的情感。西侧楼梯还设计了富有教育意义的丰子恺教育漫画墙，东侧楼梯设计了学生文明规范活动的展示墙。这些设计，让我们的校园文化既贴近了学生生活，又引领了学生的精神成长。与以往不同的是，西长校区北楼，每个楼层都有一段富有哲理的寄语，有专家名言，有校长寄语，代表着学校对中学生成长的殷切期望。曾经，中学和小学的孩子融洽地生活、和睦地相处，也让我们感受了高雅、丰厚的校园文化，就是一种最有力的无声语言，达到了春风化雨，润物无声的境界。

西长校区大厅

为了更好地彰显绿色教育的内涵，学校在两年间分别对西长校区和主校区进行了校园文化建设，以素质教育为主旋律，对学校绿色教育活动进行选择、设计、转化、生成，在校园环境的布置上，注重美化、净化、绿化、雅化。我们创设了"阳光、智慧、文化、艺术"的校园文化特色，并以"我爱我家"为核心，构建了寓意学生的"向日葵迎着朝阳生长"和寓意教师的"太阳鸟向着太阳飞翔"的师生精神文化。

主校区校园文化建设以"绿色教育"为主线，整个寓意是一棵茁壮成长的参天大树：在肥沃的土壤的孕育下，大树枝繁叶茂，努力向上生长着。操场上的各种自然景观深深植根于沃土；一楼主题是"绿之育"，象征绿色德育；二楼主题是"绿之舟"，象征绿色课堂；三楼主题是"绿之韵"，象征绿色文化；四楼主题是"绿之艺"，充分展示了我校实施绿色教育以来的师生艺术作品及成果。全楼校园文化设计可谓独具匠心，让人观看之后，在了解西五办学成果的同时，也感受到了这所百年名校的文化底蕴。

更令我们一次次感动的是，象征绿色教育美好未来的那首小诗《绿之翔》：

主校区大厅

绿之翔

有一种色彩可以飞翔

有一种力量可以信马由缰

有一种温暖生成了翅膀

有一种品牌光芒

在教育的天幕上

芬芳成行

西长校区操场虽然不大，但这里的一草一木无不凝聚了学校领导和师生的心血。绿色体现了西五的绿色教育理念，体现了西五人为了给同学们打造一个健康、舒适的学习环境所付出的心血和努力。

仁者乐山，智者乐水。山是高尚的象征，水是智慧的化身。初入校门，高山流水、假山喷泉便映入眼帘，山水相依，温润清丽，趣味悠然。假山奇骏，寓意朝气蓬勃的进取精神；泉水蕴乐，象征师生如泉的智慧，为学的无限乐趣及学校对师生的无限关爱。校园绿意盎然，山水相映成趣，展示了全校师生同心同乐、朝气蓬勃的精神，预示着学校光明、美好的未来。

百年古树，历史悠久，是学生们乘凉玩耍的乐园。树上栖息着喜鹊，预示着西五小学捷报频传；鱼池中，活泼可爱的智慧灵鱼给校园增添了无限生机；文化墙上面记载着《陋室铭》《爱莲说》等名家名篇，给学生以精神上的滋养。绿色的荷花池，生机勃勃的景观，与我校绿色教育相得益彰。

操场上的高山流水景观中的一池清水和活泼的游鱼，是孩子们最喜欢的地方。下课了，孩子们三五成群围拢在池边，观鱼、赏鱼……培养了学生对生活、对自然的兴趣与热爱。这里的一切，都突出了"关爱生命·注重发展·彰显内涵"的绿色教育理念。

南楼二楼的宣传板介绍了中华民族重要节日和部分少数民族的重大节日，潜移默化地对学生进行了中国传统教育。墙上的十二生肖惟妙惟肖，深受广大学生的喜爱。

三楼的展板介绍了共和国领袖人物的生活故事，使同学懂得了怎样做一个品德高尚的人。香港、澳门的顺利回归，北京奥运会的成功举办，神舟五号的既定着陆，神舟八号和天宫一号的对接成功，都充分展示了我们祖国的日益强大。我们的家乡在居住条件、文娱需求、产业发展、科技进步等方面都有了翻天覆地的变化。在西五小学处处洋溢着艺术精灵与文化气息。

童真、童趣、童心是孩子们所特有的。四楼校园文化以艺术为主题，营造各种艺术氛围来陶冶学生的情操，增加审美情趣，为学生打造了一片艺术的天地。学校教师亲手绘制的油画给人以丰富的想象空间。春夏秋冬图配古诗句，让人从中感受到大自然一年四季的秀美风光。一幅幅艺术作品中展示的是西五小学孩子们眼中的世界，充满了无限的乐趣。在这样一所以"绿色教育"为理念的学校里，学生的个性得以张扬，兴趣得到培养，孩子们如同向日葵一样茁壮成长！

在校园文化的建设中，学校还特别注重班级文化的建设。因为，班级作为学校教育的基本组织形式，对学生的成长具有重要的影响，其思想品德的形成、情感兴趣的发展，都与班级教育质量有着很大关系。所以，着力创建一个健康、积极向上的班集体，让它成为孩子们生活与成长的摇篮，是每一位教育者应有的责任。西五小学的班级文化建设，从物质文化、精神文化等不同层面促使每个班级创建自己的文化，使学生在不同特色的班级活动中学会与人共处、学会正确处理个人与集体的关系，提高自身的组织性、纪律性等。

每个班级都能根据学校的总体要求和自己班的学生实际情况，设计温润生命的班级文化。在班级中创建了图书角、文化墙（科技文化墙、艺术展示墙、生活情趣墙、名人名言墙等）、评比台等班级文化。同时，每个班级都有自己的班训，如一年级一班的班训是：文明、友爱、乐助、奋进；二年级四班的班训是：博学善思、敦品践行；三年级三班的班训是：健康、诚实、自信、团结；四年级四班的班训是：文明规范、自信向上；五年级七班的班训是：活泼、团结、守纪、创新；六年级九班的班训是：勤奋、守信、健康、求实。温润的班级文化对学生进行着隐性的教育，它给学生潜移默化的影响，使学生在无形中形成积极的道德情感，从而将道德认识升华为道德信念，落实于日常行为当中。

学校每学期都会进行"星级模范班级"的评比，经过班级申报、年级推荐、考核汇总、学校评定，每学期都会评出"星级特等模范班""星级标准模范班""星级模范班"。"星级模范班级"评比活动的开展，可以促使学生积极投入到班级文化的建设中，提高学生的积极性和主动性，培养其对集体的热爱。同时，每学期，学校都会指导班主任老师做班队会展示，把发生在身边的小事以小品、歌唱、快板、辩论、相声等形式，展示给大家，在反复的排练过程中，加深了学生对文明的理解，并促使学生把学到的知识用于生活实践中。学生们带着愉悦的心情，在欢快的歌声与笑声中，认识着礼仪规范，培养着自己良好的行为习惯。

2008 年 9 月，中华人民共和国司法部姜金方副司长来我校视察，对学校法制教育工作给予了高度评价；2014 年 5 月，国务院办公厅财政部部长助理于志平莅临我校，对学校义务教育均衡发展工作给予了高度评价……这些都说明了我校绿色德育的实效性是显而易见的，也说明了我们的绿色教育是成功的教育。

时代呼唤绿色课堂

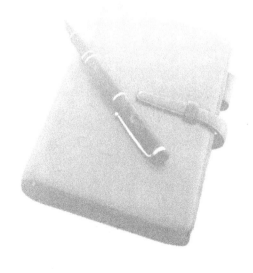

绿色代表健康，象征生命，孕育希望。如果把学生比作绿色禾苗，绿色课堂就应该是适合禾苗健康成长的肥沃土壤，就是要给学生提供身心愉悦的教育环境和具有生活化、生成性的教学内容，为学生搭建主动学习、大胆参与、积极合作的舞台，让学习成为学生的一种享受、一种愉快的体验。

1999 年，随着素质教育的深入推进，"减负"再次成为热点话题，受到社会各界的关注。于是，我校深入开展了"减轻学生课业负担，提高课堂教学效率"的实践与研究。改变旧观念，树立新思想，全方位落实"减负"是绿色课堂提出的基础。

2000 年，学校成立了"面向 21 世纪，开创素质教育新局面教育教学研究会"，下设语文、数学、英语、体音美、信息教育、班主任 6 个研究分会，为教师创设了良好的研究环境和氛围，提高了教师的从教水平，锤炼了教师的教学艺术。不仅为迎接"第八次基础教育课程改革"做好了充分的准备，而且使绿色课堂蓄势待发。

2001 年，伴随着新一轮课程改革的实施，我校在全国率先提出了"关爱生命质量，构建校园生态和谐发展"的绿色教育。绿色教育的本质体现的是还原生命的本真，体现阳光的温暖和健康。为此，学校围绕"绿色教育"这一核心，全面构建"以人为本，关注生命发展"的绿色课堂文化，确立了"自然、温暖、和谐、高效"的绿色课堂标志，通过以个体差异为基点，激发学生的学习积极性，培养学生掌握和运用知识的态度和能力，使每个学生都能得到充分的发展，使绿色课堂成为培植学生乐于探索、勇于实践、敢于创新的天地，成为师生共同思考生命价值、肯定生命意义的体验场所，从而实现绿色课堂"学习知识，启迪智慧，点化生命"的育人功能。

绿色课堂应该是怎样的课堂，成为每个西五教师心中描绘的愿景。提出伊始，学校组织教师开展了"为学生而设计教学"合作论坛，使教师在交流与争辩、碰撞与融合中架构起绿色课堂的基本框架和特点。

我们所追求的"绿色课堂"是师生精神愉悦的家园，是生命成长的沃土。泰戈尔说："不是槌的打击，乃是水的载歌载舞，使鹅卵石臻于完善。"绿色课堂就像一湾澄澈的湖水，孕育着智爱的光芒，使一颗颗稚嫩的心灵渐渐趋于完善和健全。

"减负"从课堂教学的改变做起。"减负"实施的主阵地在课堂，本着"减负不减质"的原则，以提高课堂 40 分钟教学质量为突破口，切实减轻学生的课业负担。

在课堂教学过程中，每位教师能够充分发挥学生的主观能动性，以学生的思维活动和认知过程为主体，调动学生学习的自主性和积极性，把素质教育思想落实在课堂教学之中，形成了一股教师乐教、学生乐学的氛围。孩子们觉得上课更加轻松、有趣，更加具有吸引力了。同时，加强了教学全过程管理，减轻了学生课业负担。

按照国家课程计划、教学大纲、教科书的要求进行教学。开齐、开足课程，严格按课表上课，加强了对教学用书和复习资料的管理，严格控制补课和作业量，尤其对学生的休息及学生身心发展所需要的时间给以足够的保证。

规范作业管理，改革作业类型。为了杜绝大量作业对学生学习发展造成阻滞，避免因为大量作业而产生的种种弊端，学校减负督导小组从规范学生作业管理着手，大力推进学生作业改革。严格控制作业量，作业内容符合课程标准、教材的要求，难易适度，课内作业应保证大部分学生可在课堂上完成；课外作业分量要适中，注意突出训练重点，创造性地突破学习中的难点，尽量减轻学生负担。一、二年级不留书面课外作业，三年级不超过 40 分钟，四、五、六年级不超过一小时。绝对禁止以增加作业量的方式来惩罚学生。

家校携手共同减负。为使减负工作落到实处，使家长、社会认识到孩子们全面素质发展的重要性，学校利用校园网及家长学校向家长进行减负宣传，定期请优秀的家庭教育工作者、有经验的老教师、儿童心理学专家进行家长培训，使广大家长不仅切实认识到对于孩子来说，快乐地成长、天性的发展是极为重要的，拔苗助长只会适得其反，也使他们得到更多有效的家庭教育指导。

"减负"，让教师陈旧的观念更新了，让原本沉重的课堂轻松了，让原本单一的教学方式多样了。这些，都为绿色课堂的孕育创设了成长的温床。

一、对绿色课堂的理解

课堂氛围的创建是实施绿色课堂的基础。绿色代表健康，象征生命，唤起希望。人们常把绿色作为对人类与环境均有益而无害的代名词。如果我们把学生化作绿色的禾苗，绿色课堂就应该是适合绿色禾苗健康、苗壮成长的肥沃土壤。我们所构建的绿色课堂就是要创造一种有益于学生身体健康、心理健康的教学环境，成为学生茁壮成长的土壤。绿色课堂应有大自然的广阔、丰富、自由、生机勃勃的内容，教师要灵活处理教材，实现课堂内容的开放化、信息化、生活化、活动化，使学生自主参与、自立汲取，在广阔的空间里自由翱翔。教师要为学生创设能够引导学生自主学习的良好的教育氛围，发掘童趣、注重体验，敢于奇思妙想，为学生的主动学习、大胆参与，搭建一个展示自我风采的舞台，使学生不再把学习活动看作是一种负担，而看作是一种享受、一种愉快的体验。

教师角色的转变是实施绿色课堂的关键。"尊重"是绿色课堂的前提。教师首先应尊重学生、赏识学生，成为学生平等中的首席。其次，教师要尊重学生的个性差异，满足不同学生的需求，使学生得到充分发展。教师应该从儿童的视角去探索他们的思维方式，真正理解学生，让每个学生的个性得到张扬。在绿色课堂上，教师要珍视学生的独特感悟，保护学生的创新精神。善于发现学生创新的火花，善于帮助学生寻找创新的方法，善于指导学生掌握创新的思维技巧，善于激发学生创新的欲望。教师作为一个阳光使者，扶持学生走向思维的源泉——走向生活、走向自然。要善于建立学生、教师、家长、社区和专家等共同参与的评价制度，以多渠道的反馈信息促进学生发展，达到评价多元化。

教与学方式的转变是实施绿色课堂的根本。绿色课堂，不再以知识为本位，而是着眼于学生的学，呼唤人的主体精神，重视"人"的发展。课堂不仅要传授知识，培养能力，还要注重学生学习的过程和方法，培养学生的情感、态度和价值观。把学习方式和学习过程视为重要的教学目标，使教学过程真正成为学生自我探索、观察、体会、发现和创新的过程。使学习过程更多地成为学生发现问题、提出问题、分析问题、解决问题的过程。绿色课堂要实现教学手段现代化，要充分发挥信息技术优势，将信息技术与学科进行整合，为学生的学习和发展提供丰富多彩的教育环境和有力的学习工具。建构绿色课堂，还要注意校本课程资源的开发与利用，建构新的评价体系，让学生主动参与课堂、体验课堂。

实施"教学日日开放"，深化绿色课堂研究。在绿色课堂初步实施的探索阶段，学校开展了"首席教师""日日开放教师"的申报和评选活动。经过课堂教学评比、教学答辩、专家考核，从学科骨干、学科带头人、科研型教师中评选出了四位首席教师和三十位日日开放教师，面向家长和社会实行课堂教学日日开放。学校在《长春日报》上公布了这一创新举措，同时公布了每位教师开放的课堂时间，号召广大家长和市民走进绿色课堂，自觉接受公众的监督。此项活动，为教师钻研教材，设计有效的教学模式，探索适合学生发展的教学方法，提供了研究的平台。开放教师每天以严谨的教学态度认真上好每一节课，认真写好课后反思，定期交流教学心得。同时，学校还设立了"教学开放反馈记录本"，积极听取前来听课的家长、社会各界人士的意见和看法。定期组织教师结合反馈意见分析教学中存在的问题，及时改进，有效提高了课堂的教学质量，为绿色课堂的深化找到了实践的沃土，成就了绿色课堂的发展。

我校学生在"开放日"向家长展示大课间活动

一位从中学教师岗位退休的老教师带着"如何提高孙女作文水平"的困惑，走进了首席教师赵老师的语文课堂。课上，他和孩子们一道听课，在学生讨论环节和学生共同参与。课下，他和老师进行了亲切交谈，就怎样写好作文和老师进行了深入的探讨。在听课留言本上，他写道：

今天听了赵老师的习作课，让我得到了启发，受益颇多。这节作文课上得有滋有味，课堂上学生学习的兴趣很高。在老师的引导下，学生们学会了描写景物的多种方法，并且明白了恰当的抒情会让读者置身于景物描写之中，犹如身临其境。在和老师的交流中，我知道了提高孩子的作文水平不仅要有习作方法的指导，更要注重孩子生活的积累，多动笔、多练写，才能克服作文难的问题。所以，我要感谢西五小学的教学开放活动，为我提供了学习的机会。今后我还会深入课堂听课，得到更大的帮助。

还有一位一年级的家长，一个月之内四次深入班级课堂听课。她说：

我的孩子年龄小，在家坐不住板凳，非常不放心。但是，深入课堂听课后，我发现语文和数学老师很有方法，他们创设了不少教学游戏，让孩子在游戏中一边玩、一边学，符合低年级孩子好动的特点，在玩中学会了知识。我希望学校的教学开放活动要坚持下去，让我和孩子在课堂上一起学习、成长。

像这样的留言还有很多很多，不一一列举。

"教学日日开放"活动让教师的教学水平和业务素质在开放中不断提高。有的老师说：

为了迎接外界听课，虽然每天我备课到很晚，但是自己的教学能力日益增长，累得值得。

没想到会有人走进我的课堂，作为一名骨干教师，自己的课堂教学如果能经得起别人的检验，得到别人的认可，我感到十分安慰，教师最大的成功莫过于自己课堂的成功。

2003年3月，《家长周刊》以《无限春风无限情》报道了我校的绿色教育和"绿色课堂日日开放"的设想和做法，以"一骑绝尘——绿色教育新鲜出炉""一片丹心——为学生设计教学"和"一路春风——绿色课堂故事多"为标题进行了宣传，得到了家长和社会各界的认可。

那么，应该如何营造绿色课堂呢？

绿色课堂是"生本的课堂"，课堂教学以学生为主体，以学生活动为中心，教师是学习的组织者、引导者，是学生的合作伙伴，是学生充分展示自我的导演；绿色课堂是"情智的课堂"，它突破单纯的知识传授和智力培养，把培养健全的人格放在首位，教师热情地赞扬、欣赏学生，真诚地肯定、鼓励学生，课堂温馨宜人，学生情绪昂扬；绿色课堂是"高效的课堂"，教学方法灵活多样，教学设计别具匠心，每一个教学环节、每一次课堂提问、每项教学内容的安排，都直面每个学生的个性发展、全面发展；绿色课堂是"生命的课堂"，教师着眼于学生的生命成长，教学中给予每个孩子一份真爱、一份关注、一份尊重、一份赏识、一份等待、一份宽容；绿色课堂是"可持续发展的课堂"，积极构建能持久、连续发展的课堂教学模式，寻求科学的发展方式，大胆进行教学创新，注重学生思维能力的训练和良好的学习兴趣、态度、方法、习惯的养成，推进学生道德品质、意志情感、知识能力、心理情操等全面协调和可持续发展。

怎样的课堂才算是绿色课堂呢？随着课程改革的深入，我们清楚地意识到：要努力构建一种与"新课标"最为合拍的课堂，对传统课堂教学汲取精华，去其糟粕，是传统与现代有机结合的新型课堂。绿色课堂是一种美，更是一种境界。它是有生命活力、探究发展的课堂，是师生互动、心灵对话的舞台，是预设与生成相得益彰的课堂。创建绿色课堂，体验的是创造奇迹，是向未知方向挺进，并随时都可能邂逅意外通道和美丽图景的旅程。

创建绿色物质景观，体现课堂的舒适与美。课堂是学生生活与学习的场所，我们为学生创设空气流通、光线充足、温度适中的学习环境，净化、美化、雅化每个教室的文化布置，给学生提供一个自由、清新的学习环境，使之能在最小的压力和最大的效率中进行学习。在此基础上，注重创建绿色班风。教育学生从小事做起，培养文明习惯，树立向上风气，用有形带动无形，在班级形成一股强大的精神动力，推动学生自觉行动起来建设自己的"家园"。绿色课堂不局限于教室有限的空间，它可以是学生在更广阔的时空中，更为个性化的学习与生活的方式。因此，还要积极建立学生体验生活的大课堂。

在老师的带领下，学生走上街头，广泛地感悟社会生活，体验社会生活，把工人、交警、记者、营业员等作为扮演角色，开展"一日小交警""我是小记者"等活动，让他们亲身体验各种社会角色所应具备的职业道德规范和社会责任义务，为今后走上社会打下良好的基础。一个名叫于泽禹的学生跟着妈妈来到银行，当一天"小会计"，她激动而紧张地坐在计算机前，随着显示屏上菜单的不断变化，她灵活操作，觉得会计工作也不过如此，没有什么了不起。不经意间，在账单上多加了个"0"……后来幸亏妈妈检查出来，要不然……她深深地体验到了什么是认真负责、一丝不苟，体验到了什么是责任感，她下定决心，总有一天她会成为一个认真负责的会计！

每学期各班结合特定的节日和活动，办黑板报，设计学习园地、个人风采栏、道德银行财富榜评比栏，确定班风、班训，为学生构建静态的学习文化氛围。同时举办有益的班级活动，如演讲比赛、读书汇报会、羽毛球比赛、联欢会等。有的教师让学生课下收集"孝敬父母"的格言警句，积累背诵，并内化为自己的行为指导，以此来丰富学生动态的学习文化，为学生展示个人才华、怡情养性、建立和谐人际关系创造了有益的学习空间。

创建绿色信息通道，重在营造良好的对话情境。"千教万教教人求真"，我们要求从教师做起，为学生传递正确的信息、积极的言语。师生对话、生生对话，都要说真话、吐真情、表真心、做真人。其次，信息通道要教人创造，要努力开拓学生的思维空间，用大信息量丰富学生的视野。学校通过坚持不懈地开展师生读书活动、召开读书汇报会、举行大型读书节，建设现代化网络教室，添置电子白板、实物投影、背投电视等现代教学设施，为师生创设获取信息的便捷途径。

一位语文教师在讲《月亮的心愿》一文时，问孩子们的心愿是什么？课堂一下子热闹起来，孩子们争着表达自己的心愿，还有的孩子跑到讲台上搂着老师的脖子悄悄地告诉老师。孩子们由月亮想到太阳，于是产生这样一个对话——一个孩子问另一个孩子："太阳为什么会落山？"答曰："当然会落山了！你想想，要是落在马路上就让汽车压碎了，我们的天不总是黑的了么？"一个问得合情合理，一个答得理直气壮。课堂上，老师就是这样小心呵护着孩子们一颗颗晶莹剔透的童心，用孩子们的目光去解读他们的内心。

教学"循环小数"时，教材例题是这样的：计算 $1÷3$、$58.6÷11$，通过让学生计算使学生发现商和余数的关系，从而引出循环小数的概念。如果这样教学，学生会感到枯燥无味，对概念的理解也只能是死记硬背。为了使学生更好地理解"循环小数"这一抽象的概念，教师首先让学生谈一谈什么是循环？在日常生活中你见过哪些循环现象？随着学生的回答，多媒体显示出：水是循环的，春、夏、秋、冬是循环的，周一至周日是循环的，等等。学生众说纷纭，在愉快的气氛中理解了循环的意义。接着，教师抓住时机，画龙点睛地质疑："在数学的王国中有没有这样的循环现象呢？"在学生充分理解了循环的意义后，巧妙地把"循环小数"这一抽象的概念形象、生动化了。

创建绿色轻松、和谐的人际交往关系。 我们要求教师在教学实践中逐步树立四种意识：民主平等的意识、引领互动的意识、群体合作的意识、理解宽容的意识。通过班队会活动、校内外活动，让师生建立起人与人、人与自然、人与社会的紧密联系、和谐交往。语文教师王老师在收作业时，有两个孩子因为贪玩忘了写。收完作业后，老师为学生讲关于河马的传说故事：河马原来生活在陆地，夏季天气酷热，庞大的身躯由于皮肤太薄而导致干裂，于是它下水避暑降温。但是管理江河的水神不许它下河，唯恐它伤害水族鱼类。河马再三恳求，最终水神提出让河马必须终生吃草，每次吃完食物必须张开大嘴让所有的人看到它的嘴里没有鱼类的残骸。河马答应了，并将这种习性一直坚持至今。所以，每到酷暑就可以怡然自得地在水中消暑降温，是河马信守诺言，它才会这样快活。动物都讲信用，更何况我们人类呢？故事讲完了，那两个没有完成作业的孩子听出故事的寓意，很快补完作业交了上来，老师适时地对他俩说："讲信用的孩子一定会天天写作业，因为你们要比河马聪明得多。"

为了激励学生学习的积极性，老师们采用了不同的评价方式，把学生日常评价落到了实处。根据低年级儿童的年龄特点，用盖印章的方式来代替文字上的激励，每天给表现好的学生盖上米老鼠、唐老鸭等感兴趣的图案；给做得不够好的学生盖上"加油啊"图案。学生们表现非常雀跃，有的还把自己喜欢的图案从家里带来，让老师给自己盖上去。针对中高年级学生的特点，用不同的言语评价不同的表现，如表现特别好的同学用"你是老师的骄傲"，表现比较好的用"你真棒"，表现一般用"有进步了，还需努力"，表现不够好的用"加油啊！你可以做得更好"等。通过激励性评价，让学生产生"我要学，我要进步"的学习动机，引发学生的学习内驱力。

创建以学生学习活动为中心的高效策略。 我们提出课堂要精心设计并巧妙实施教学活动，使学生的每一个单位时间都能得到充分地利用。课堂教学设计包括教学内容的选择、教学目标和教学重难点的确定、教学方法和教学手段的选择、教学内容的安排、教学环节的设计等。要以学生为主体，以学生课堂练习为主线，以培养学生能力为目标，以学法设计教法，精心设计课堂教学活动，使学生的时间得到合理的利用，能力得到切实的发展。

一位语文教师教学《桂林山水》一课时，让学生轻轻闭上眼睛，边听配乐范读边想象漓江的景色。听完之后问："闭上眼睛，你的脑海里浮现了怎样的景色？漓江的水美不美？美在哪里？对这么美的水能用哪些词句来表达你的感受？"然后，再指名学生有感情地朗读，再现漓江的水美，看谁读得好。又如在讲"三线八角"时，为了加深学生的记忆，教师用大拇指和食指构造"三线八角"（大拇指代表被截线，食指代表截线），让学生思索：根据同位角、内错角、同旁内角的各种特征，每类角分别附以什么英文字母，来描述三类角中两个角的位置关系。学生的好奇之火点燃了，思维的闸门打开了，争先恐后地举手回答——同位角呈"F"型，内错角呈"Z"型，同旁内角呈"U"型，课堂上学生学习趣味盎然、情绪高涨、效率大增。当教学完百分数应用题后，教师设计了如下一题："老师想买一台长虹彩电，可发现了这样一个现象，百货大楼标着'彩电九折大酬宾'，家电专卖店标着'彩电一律八折优惠'。你说老师应该上哪家商店去购买？"此时，课堂气氛活跃，学生各抒己见。最后在学生的争论声中达成一致：先摸清商店彩电的原价，然后计算彩电卖出的现价，看哪家便宜就到哪家去买。这一教学环节的设计，使学生既巩固了百分数应用题的数量关系知识，又受到了优化思想的熏陶，体验了数学对生活的价值，为新课程背景下的数学课堂增添了生命的绿色。

二、唱响绿色课堂奏鸣曲

绿色课堂为新课程的实施提供了广阔的空间，我们看到课堂出现了可喜的变化，教师在努力转变角色，营造宽松自由的学习环境，学生自主性得到有效发挥。但我们也发现了一些令人担忧的问题。有些教师简单地用新的教学方法全盘"覆盖"其他的教学方式，如用合作讨论取代独立自学，小组合作放任自流，忽视学生的个性差异与兴趣等。如果任其发展下去，必然导致课程改革走向极端，使教学走入"摆架子""走过场"的误区。

美国心理学家加德纳教授的多元智能理论，为绿色课堂的发展提供了理论支撑。加德纳认为人类的智力是多种多样的，每个学生由于他们各自的智能结构不同，就造成了每个学生都有适合自己的不同的学习方式。而在对情境化教学的研究中，我们发现，原有情境化教学的功能比较单一，主要以"激情、激趣"来调动学生的学习积极性。多元智能理论在此基础上又增加了两个新功能：其一，使每个学生都成为有效的学习者；其二，促使教学达到深刻理解的目的。我们把这一理论应用到课堂教学中，认为多元智能情境化教学是指在可能的范围内创造条件，采用多元情境化的方法，使每个学生都能有效地进行学习。经过一段时间的实践，总结出了多元情境化教学的新方法、新策略。

教学要点"多元切入"。 多元智能理论承认不同的学科拥有不同的知识体系和独特的表达本学科知识的符号体系，但是这种符号体系是可以互相转变的，每一个值得理解的概念，都可以用许多方法来下定义，用多种方式来表达和讲解，例如：姚娜老师在进行"分类与整理"数学课教学中，巧妙地采用了到超市参观、到学生家录像、设置自选超市等方式，使数学课堂形成了多元的情境，使学生的多项智能得到了发展。

知识教学情境。 多元智能理论强调智能的社会性，认为所学知识要转化为能力，必须在一定的社会文化情境之中才能够实现。脱离生活情境的教学便是"死"教学，多元智能情境化的教学设计就打破了原来教学"死气沉沉"的局面。我校教师采用全新的视野改革课堂教学，他们突破了课堂教学"语言说教"或"思维训练"等统一模式，创建了"多元情境化"的教学设计，收到了很好的效果。

教学主体"多元互动"。 新课程理念强调师生角色的转变，多元智能理论同样强调教学活动的"多元互动"性。不仅认为学生应该是学习的主体，而且倡导多元主体，如教师、周边的人和家长都可以成为指导学生的主体，学生在与各类主体的互动过程中获得知识，发展智力，例如学习《只有一个地球》一课时，学生可以自己查找资料，也可以借助家长、老师及其他人的帮助，广泛获取材料，使他们智能发展的途径更为广阔。

以上三种教学方法的采用不能简单地理解运用，要取决于教学的实际需要，将各种教学方法进行多元组合，服务于因材施教，形成"以扬长教育为主，以补短教育为辅"的教学策略，使学生的潜能得到开发，不同智能得到发展，实现为每一位学生服务的新理念，这才是多元智能情境化教学的真谛。

（一）"多元情境化"的绿色课堂

在"实施绿色教育，建构绿色课堂"的过程中，我们以多元智能理论为支撑，

　　将多元智能应用于新课程学科教学，根据教学内容和学生的智能倾向的不同，采用多元化的教学方法，使每个学生都能得到发展。下面，以语文课堂教学为例加以阐述。

　　语文学科重在发展学生的语言智能。阅读教学以读为本，让学生在充分地朗读过程中，加深理解和体验。读的方法有很多，如在教学《春雨的色彩》第一自然段时，先让学生自由读通，要求读正确，再引导学生读出感悟，"读着读着，你觉得春雨怎么样？"有的学生说："春雨是细细的、轻轻的、柔柔的。"有的说："春雨像线、像丝。"有的说："春雨的声音很美，沙沙沙，沙沙沙。"在课堂教学中，教师一味地讲解会使学生感到枯燥乏味，而适时地穿插一些音乐如《小小的船》《歌唱二小放牛郎》《快乐的节日》等歌曲，创设一种充满韵律的课堂节奏，可以使学生学得轻松、有趣。针对学生活泼好动的特点，教师让学生动起来，精彩的课本剧表演、肢体语言学习拼音字母、动手做做课文中的小实验等，把抽象的文字直观形象化，使学生语言智能得到发展。同时，教师还应注重培养学生的视觉空间智能，课文的插图、多媒体教学课件、补白续写故事等，都可以有效地提高教学效果。在教学过程中，为使学生的人际交往智能得到发展，可以采用小组合作学习，教师与学生一起分角色朗读，或共同完成某项练习，或共同进行比赛（如查字典、找别字、速读、写字等），在共同的学习活动中增进师生感情，增强合作学习效果。

　　多元智能为新课程下的课堂教学开辟了宽广的途径，为深入探索绿色课堂提供了契机。创设多元化的教学情境，采用灵活多样的教学手段，让各种类型的学生在课堂上有所学、有所得，相信"人人有才，人无全才，扬长避短，人人成才"的教育理念一定会成为现实。

　　2004 年 4 月 9 日，学校举行了"构建绿色课堂，实施多元情境化教学"开放活动，通过各教学研究会的经验介绍、不同学科的课例展示、专家的点评培训等形式，全面展示学校开展"多元情境化教学，激发绿色课堂活力"的研究成果，加快了学校科研教改的步伐。2004 年 4 月 16 日，《吉林日报》第五版报道了此次教学开放活动。

【附：2004年4月16日《吉林日报》新闻报道】

学校需要这种教育——感受西五小学"多元情境化教学"

"好！的确是好！"

4月9日，长春市南关区西五小学举行了"多元情境化教学"开放活动，课堂气氛之活跃，学生的表现欲望之强、参与热情之高，使许多外校教师在课堂上发出啧啧称赞。

当天的西五小学，人流涌动，激情荡漾。教育系统的专家来了，区属学校的校长、教师等同行来了，学生家长也来了。一楼的多功能教室，三楼、四楼的两个多媒体教室，还有电子琴房均挤满了前来听课的人。一楼的多功能教室里，不时传出琅琅的读书声。这里，一年级的小同学正在上语文课《王二小》。同学们正在认真地朗读课文，老师在学生中间来回走着，面带微笑，看着每一位可爱的小同学，不时为他们纠正发音等方面的错误。

"停！"老师的话音刚落。同学们齐刷刷地抬起头望着她。

"现在，老师想请一位同学帮忙朗读课文，其他同学仔细听，然后指出朗读中的错误。谁先来？""老师，我来读。"老师的话音刚落，同学们争先恐后举起手，用急切的眼神看着老师，每个人都希望叫到自己……"好，谢谢！请坐。"当一位小同学朗读后，老师这样说道。

来到二楼的多功能教室，记者眼前一亮。宽敞的教室内是一处处环形的电脑桌，四五个同学坐在周围，每人一台电脑。教室的前面挂着一个大屏幕，正在播放春、夏、秋、冬四季情境特点的教学片，伴着轻松愉快的音乐，同学们认真地看着，有的还随着音乐，有节奏地摇着头。

"谁能说说，你最喜欢哪个季节？"

"秋季。"

"为什么？"

"因为秋天是收获的季节，农民伯伯又要到田间收割，他们很辛苦，我们吃的粮食都是他们种植的，我想向他们说一声谢谢……"

每走进一个课堂，不论是语文、英语、数学，还是音乐、美术等，记者看到的都是这样轻松、快乐的场景。期间，记者注意到这样一个细节，老师始终面带微笑，把每个问题与生活实际结合起来，创设多种教学情境，采用多种方式来提问，话语中时常带有"请、帮忙、谢谢"等字样，老师与学生之间快乐、平等与和谐地交往，就像是朋友。

西五小学的"多元智能化教学"，为学生营造了宽松自主的学习环境，提高了学生的积极性，激发了学生的潜能，为他们的终身学习打下了良好的基础。一堂好课就应该是这样，在师生平等和谐的基础上，经过师生互动，让所有学生全身心投入，让全体学生的积极性得到调动，让每个学生的情感和个性得到充分发挥，让他们在快乐中获取知识。

提起"多元智能情境化教学"，校长丁国君的脸上露出了自豪的喜悦。她说："近几年，我校一直实施'绿色教育'，构建'绿色课堂'，并在校本教研中开发出'多元智能情境化教学'方式，通过在课堂上创设适合每一个学生发展的多元的教学情境，为学生提供丰富多样的学习资源，让学生的心灵得以放飞、情感得到宣泄、知识得到更新、能力得到提升。"

2005年3月15日，学校又一次召开了"长春市小学语文教学改革研讨会暨西五小学多元智能语文教学展示会"。会上，展示了《荷叶圆圆》《闻官军收河南河北》两节语文课，汇报了学校运用多元智能理论丰富语文教学的具体做法。长春市教育教学研究室的语文教研员白树民老师做了教学点评，并面向全市语文教师进行了"多元智能情境化语文教学"的专业引领，得到了长春市语文同行的一致认可。

教育改革最终发生在课堂上。伴随着课程改革的深入，我们开始了绿色课堂文化的思考与构建，让文化充盈于课堂之内、渗透于师生之间，成为课堂的重要养分。在推进课堂文化的建设中，我们确立了依托"质疑文化"推动"思维型教学"，依托"对话文化"实现多元互动，依托"团队文化"促进和谐发展。经过实践和探索，我们确立了绿色课堂的"五字"发展目标（新、活、实、精、准，即教学理念新、教学方法活、教学过程实、教学训练精、教学评价准）；提炼了"五重五精"教学原则（重问题精创设、重自学精合作、重过程精训练、重引导精点拨、重拓展精评价）；归纳了"五环节"基本范式（问题呈现——对话互动——情境强化——有效指导——反馈评价）；六步基本教学模式（情境导入、激发兴趣→揭示目标、认知导航

→自主学习、解惑质疑→互动探究、拓展提升→成果展示、共享快乐→检测评价、激励发展），使学生在学习中感受到求知的愉悦、创造的欣喜，教学过程成为师生共享的幸福旅程。

【附：课例《青蛙写诗》】

青蛙写诗

这首诗歌生动地描绘了青蛙在下雨天高兴地"呱呱"作诗，得到了小蝌蚪、水泡泡、小水珠的帮助。教材图文并茂，活泼形象，富于童趣，富于想象，是一篇不可多得的儿童喜爱的好课文。教学时从阅读入手，随文识字，激发了学生学习的兴趣，受到了帮助别人快乐自己的思想教育。

上课伊始，教师用优美的语言创设了这样一个学习情境。

师：请同学们边听老师讲述边欣赏画面。炎热的夏天到了，天气闷热。突然下雨了，真凉快呀！小雨点儿落在池塘里，水面上漾起一圈一圈的波纹，可美啦！小雨点儿落在绿绿的荷叶上，小水珠滚来滚去，好舒服呀！这时，一只小青蛙跳到荷叶上，高兴地说："我要作诗啦！"

教师播放轻快的背景音乐，转身在黑板上边讲述边画简笔画。

学生边听老师讲述边欣赏画面。

师：请同学们一起美美地读读课题——

生：（欢快地）青蛙写诗。

接着师生一同美美地朗读课文。

师：小青蛙写出了一首怎样的诗，它又是如何写成的呢？现在让我们快速打开课文，听老师给你们读一读。注意听清字音，尤其是那些你不认识的字。

学生端好书，感知课文内容，听准字音。

师：喜欢吗？那就请你也来读一读。

学生自由读文。

在随文识字环节，学生以其独特的方式，放飞想象，呈现出了缤纷的画面。

师：琅琅的读书声真好听！你们看，趁你们刚才读的时候，老师把小青蛙的诗记录下来了（出示没有标点的诗），借助拼音试着读一读。

生：呱呱呱呱呱呱呱呱呱呱呱呱……

师：有问题吗？

生1：一口气读完可真累。

生2：乱乱的，不好听。

生3：根本就不像诗，都没有停顿。

……

师：别着急，小青蛙不用请，不用求，小伙伴主动来帮忙。赶快看看课文，都有谁来帮助小青蛙了？找到后动笔圈一圈。

学生自由读，动笔圈小动物的名字。

生：（举手汇报）有小蝌蚪、水泡泡和一串水珠。

师：找得很准，能把话说得更完整些吗？

生：帮助小青蛙的伙伴有小蝌蚪、水泡泡和一串水珠。

师：真好，我们一起来读读这三个伙伴的名字（出示词卡）。

学生大声认读词语。

师：先来看看第一个帮忙的小蝌蚪是怎么做、怎么说的？

学生读句子。

师：你们看，他读得不多一个字，不少一个字，还注意节奏，这就叫正确、流利。

教师指导学习"给"，交流识字方法，练习说话。

师：大家看这句话中的"给"，拼读一下，你有什么好办法记住它？

生1：我用加一加的办法，"合作"的"合"加上绞丝旁，就是"给"。

生2：我用换偏旁的方法，哈哈笑的"哈"换成绞丝旁。

生3：我用组词法记住它，送给、交给、还给。

师：你们的办法都很好，一下子就能记住它。老师也有一个办法——做动作。看清楚老师的动作（做给同学一支铅笔的动作），谁能用上"给"字说一句话？

生1：王老师"递给"汤梓鑫一支铅笔。

生2：王老师"送给"汤梓鑫一支铅笔。

生3：王老师"借给"汤梓鑫一支铅笔。

生4：王老师"还给"汤梓鑫一支铅笔。

师：同一个字组成不同的词语，就能表示不同的含义，中国的汉字就是这么有意思！你们想过，小蝌蚪为什么要当小逗号吗？我们一起书写一个"，"。

生：因为逗号就像小蝌蚪。

师：多可爱的小逗号，多热心的小蝌蚪哇！谁愿意当个热心的小蝌蚪读读这句话？

学生1读句子。

师：这只小蝌蚪有点羞涩。

学生2读句子。

师：这只小蝌蚪有点不情愿。你想：小蝌蚪是第一个游来帮忙的，它的声音肯定最大。再试试。

学生2又读了一遍。

师：这回小蝌蚪多热情呀！看来，帮助别人，自己也很开心！大家一起读读。

学生一起朗读。

师：第二个伙伴水泡泡是怎么帮助小青蛙的？

学生学习"泡"，交流识字方法。认识"包字头"，书写一个"句"字。知道水泡泡和句号的关系。读出水泡泡的高兴和自豪。

师：小青蛙的诗还没写成，还需要水珠的帮忙，咱们下节课继续学习。

板书设计：

青蛙写诗		给
小蝌蚪	逗号 　，	号
水泡泡	句号 　。	泡
水　珠	省略号 ……	句

（二）构建学科基本教学模式

在推进课堂文化的建设中，我们依托"质疑文化"推动"思维型教学"，依托"对话文化"实现多元互动，依托"团队文化"促进和谐发展。经过实践和探索，我们确立了绿色课堂的"五字"发展目标：新、活、实、精、准（教学理念新、教学方法活、教学过程实、教学训练精、教学评价准）；提炼了"五重五精"教学原则（重问题精创设、重自学精合作、重过程精训练、重引导精点拨，重拓展精评价）；归纳了全学科"六步"基本教学模式（情境导入、激发兴趣→揭示目标、认知导航→自主学习、解感质疑→互动探究、拓展提升→成果展示、共享快乐→监测评价、激励发展）。各学科教师在学校绿色课堂总体模式的创建下，结合自己的学科特点，总结提炼出了自己的教学模式，通过多元化教学模式的探索，促进了绿色课堂多元文化的创建，更加符合时代的发展、学生的需求，更具鲜活的生命力。

语文学科基本教学模式

低年级识字教学模式：低年级语文经过实践，以"感知——领悟——拓展"的课堂结构为核心，形成了识字教学基本模式：激趣导入、创设情境→自主学习、自读自悟→小组合作、协商互学→共同探究、练习反馈→学以致用、拓展延伸。在教学《小小的船》一课时，授课伊始，老师以问题导入，激发学习兴趣。"这节课老师给你们带来了一件礼物，猜猜是什么？"教师演示课件出示一艘精致的小小的船。"看它来了，同学们，生活中你都见过哪些船？"让学生自由表达。老师在板书"船"的前面加上了"小小的"，"读一读，看这时你的感觉是什么？想知道课文是怎样写的吗？"老师开始范读课文，让学生听清字音。然后，老师请同学们打开书，用笔画出文中的生字，借助拼音读一读，同桌互助认一认，充分发挥学生的积极性和主动性，让学生自己在读中自主识字。接下来，在学生汇报这一环节中，教师鼓励学生用各种各样巧妙的办法进行识字，能有效培养学生独立识字的能力，使课堂充满了趣味和快乐。最后，小组合作玩摘苹果的游戏，加强生字的巩固和复习，同学们争先恐后地做游戏，下课铃响了，还意犹未尽。

高年级语文有效阅读教学模式：高年级阅读教学是学生、教师、文本之间对话的过程。在教学中探索有效的语文课堂教学模式，使语文教学成为生动、活泼、自主、快乐的学习活动。具体操作流程如下。

创设情境，激发兴趣：教师在上课伊始，引导学生进入课文所描绘的情境之中，使学生由一个旁观者变为一个当局者，切实体验。可利用信息手段创设生动的画面，通过故事引入、谜语揭题等形式，将学生带入情境，以抓住学生的心。

引导点拨，自主体验：把读书、思考的时间还原给学生，先让学生认真地读课文，给学生充分的时间，让学生通过眼前所读到的文字自己去体会，去领悟，而老师只要退至后台充当学生"学习的促进者、指导者"。

精读领悟，深入文本：教师要引导学生细心咀嚼课文中的语言，通过阅读和思考语言文字的内涵，去咀嚼语言文字的滋味，去体验语言文字的感情。教师应该根据学生掌握的情况，有重点、有目的地给予点拨、引导。引导他们细细品味好词佳句的绝妙之处，揣摩布局谋篇、立意构思的独到之处，深入探究领悟作者所表达的思想感情。教师的"点"在关键之处，"拨"在疑难之处。

拓展延伸，升华文本：将课内知识和课外知识结合起来，使知识向能力迁移，阅读向社会延伸，课内向课外延伸。在教学时可以根据不同的课型用不同的拓展方式，从培养学生善写作、善读书、善观察、善交流等方面入手。

在教学六年级《中国茶》一课时，教师设计了四个教学环节。一是回顾内容，引发思考。上课伊始，教师引导学生回顾课文内容，课文围绕中国茶讲了哪几个方面的内容，来厘清课文的写作脉络。接着在屏幕上出示一段话："写了什么，人人都能看得见；怎么写的，对多数人来说却是个秘密。"引发学生探究作者遣词造句、布局谋篇、情感抒发等方面的精妙之处。二是自读评点，品读感悟。教师和学生一起转换角色，成为品评者，在《一盅冷茶在早春》轻松、舒缓的音乐中开始了发现的旅程，边默读边批注边写感受。三是交流汇报，提升感悟。在这一环节中，学生把自己深入字里行间的理解和体验与大家进行交流，教师带领学生展开对课文内容由浅入深的点评，或品评作者在行文中遣词造句的精当，或品评作者布局谋篇的考究，或品评作者介绍事物纵横交错的叙述风格。教师及时针对学生的评点再度评点，能将学生的思维指向另一个深度和广度，从而形成独特的见解，闪现创造的火花。四是总结深化，整理反思。总结本节课的学习，学生明确了只有品评、感悟、诵读，才能走进文本、体会文情，才能真正读出文章的内涵来。

数学学科教学模式

数学课堂教学以学生为主体，通过一定的问题激发学生的学习动机，在小组学习、组间交流等形式下进行自主学习与合作探究，达到"内化知识、形成能力、掌握方法、注重过程"的目的。在实践中我们探索出了两种教学模式。

一是"探究学习"教学模式。"探究学习"是指儿童通过自主地参与获得知识的过程，掌握研究问题所必需的探究能力，有效地形成认识问题的基础——科学概念，培养探索未知世界的积极态度。

$$\underset{(什么)}{\underline{出示内容}} \rightarrow \underset{(为什么)}{\underline{提出问题}} \rightarrow \underset{(怎么样)}{\underline{分析研究}} \rightarrow \underset{(是什么)}{\underline{得出结论}}$$

进而可以将这一模式具化为：

$$\underset{(原始内容)}{\underline{书本知识}} \rightarrow \underset{(设计问题)}{\underline{行为目标}} \rightarrow \underset{(分析研究)}{\underline{收集信息}} \rightarrow \underset{(揭示规律)}{\underline{归纳总结}}$$

二是"发现学习"教学模式。"发现学习"是以培养探究性思维的方法为目标，以基本教材为内容，使学生通过再发现的步骤来进行学习。"发现学习"的教学步骤是：出示内容→联系旧知识→提出假设→验证→知识迁移→运用。在教学一些运算性质或运算定律时，可以让学生通过算一算、看一看、比一比来发现规律。例如教学"分数的基本性质"时，设计以下教学环节：

第一步，出示内容：比较 1/4 和 2/8 两个分数。

第二步，联系旧知识，分数的比较大小。

第三步，提出假设：两个分数相等吗？

第四步，验证。

第一步，可以从分数的含义中迁移。学生以小组为单位，拿出大小相同的两张纸，一张平均分成 4 份，取其中的 1 份涂上阴影，用分数 1/4 表示，另一张平均分成 8 份，取其中的 2 份涂上阴影，用分数 2/8 表示。两张纸平均分的份数不同，取的份数也不同，但阴影表示的部分相同，说明这两个分数虽然不同，但大小一样，说明两个分数相等。

第二步，选出两组这样的分数，如 1/3 和 3/9，2/5 和 4/10，再让学生进行比较。

第三步，通过三组分数的比较，让学生观察，每组数的分子和分母有什么特点？联系商不变的性质，让学生讨论汇报规律。

最后总结分数的基本性质：分数的分子和分母同时乘上或除以相同的数（0 除外），分数的大小不变。

通过以上教学，学生能主动地探索新知识，同时思维的创造性也得到了发展。

进而，我们将"发现学习"教学模式概括为：

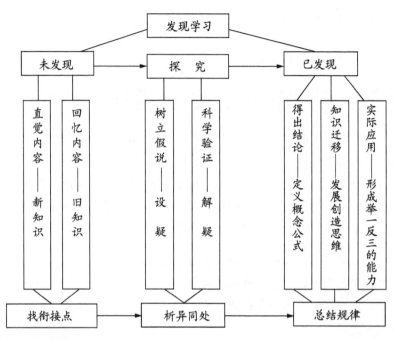

体育学科教学模式

体育课重视情境的创设，在每节课中营造良好的氛围，让学生体验上体育课的乐趣。我们构建了"情境式"教学模式，通过创编适合学生年龄特点的各种故事，并巧妙地把教学内容融入故事的情节之中，完成教学任务，达到预定目标。教学流程为：情境导入——创编故事——扮演角色——进入角色——尾声。

"情境式"教学模式根据学生年龄特点分为低、高两段。低年级的"情境"主要采用童话形式，把学生非常熟识和喜爱的小猫、小兔、小狗、小猴、小鸡、小蜜蜂、小青蛙、小鸭子、小蝴蝶等编成故事内容进行教学。高年级的"情境"需充分挖掘故事的内涵。例如，进行三年级身体基本活动和武术教学时，教师将一组过花桩、独木桥、爬竿、过软梯等活动形式和武术中的拳术、棍术组合起来，编成"小猴上花果山"的故事情节，让学生边学边练，边唱边模仿，在想象中既学会了动作，又提升了克服困难的勇气，师生关系和睦，使教学充满了乐趣。

美术学科教学模式

美术分层教学通过绘画、泥塑、手工等形象、生动、多维互动的形式，精心地为学生创设交互学习与创造的空间，展示美术教学的内在规律。教学流程为情境教学、引出主题——感受生活、走进艺术——激发兴趣、发散思维——大胆创作、综合评价四个环节，引导学生观察——发现——探究——联想——创造。

在教学《生活中的花》一课时，来自同一年级三个不同班级的学生坐到了一起，由三名美术教师共同上课。三名教师由硬币上的图案讲起，你一句我一句，相得益彰，向学生们介绍不同的花所代表的不同含义。接下来是学生们自己动手制作的时候了，教师们结合自己的特长组织了中国画、手工制作和儿童画三个小组，学生们根据兴趣、爱好自由选择，用自己喜欢的方法来表现花朵的美丽，并将自己的作品展示给其他小组的同学。这样的分层教学，教师积极为学生创设想象、创造的空间，满足了不同学生的发展需求，使学生们在课堂上兴趣盎然，在最适合自己的教育情境中体验到了成功。

美术组三位教师经过精心构思，呈现了一节精彩的三人互动分层大课《优美的茶具》。为了让课堂再现生活的情境，让教学走进学生的生活，课前，三位教师去了长春市博艺茶馆，拍摄了教学片段。上课伊始，教师先播放了拍摄的茶馆画面，学生在观看中不仅感受到了茶馆中悠闲自得的氛围和千姿百态的茶客形象，更进一步了解到了具有中国特色的民俗——茶馆文化。尤其是看见三位教师出现在大屏幕上时，学生们异常激动，一下和教师建立起亲近、友好的情感。接下来，三位教师扮演不同的角色——导游、茶艺师、茶客，引导学生了解茶具造型、颜色、用料、制作技法。例如，中国画技法、儿童画技法及陶艺的制作方法。之后，学生分小组研讨，成员协同互助开发思维，运用准备好的制作材料进行创作。在创作过程中，在民俗音乐的感染下，学生灵感突发，运用绘画、撕纸、泥塑的形式表现出来，完成了自己喜欢的茶具。在汇报展示这一环节，每个同学骄傲地到讲台前介绍自己的茶具，收获了成功的喜悦，同时也增强了学生的自豪感和传承中国文化的意识。本节课学生在浓郁的民俗文化氛围中，轻松地学习、愉快地创作，审美情趣、动手能力、协作精神都得到了培养。这节课先后在全国教学研讨会、吉林省美术学科研讨会上进行了教学观摩，得到了一致好评。

……

此外，还有音乐学科生活体验模式、思品学科"三思两动"模式等，都丰富了课堂内容，提高了课堂教学的质量。各学科改革全面铺开。

在绿色课堂上，教师要为学生创设主动学习、大胆参与、展示自我风采的舞台，使学生不再把学习活动看作是一种负担，而看作是一种享受。

在绿色课堂上，教师尊重学生的个性差异，满足不同学生的需求，珍视学生的独特感悟，保护学生的创新精神，努力实现教师角色的转变。

在绿色课堂上，教师不再以知识为本位，而是着眼于学生的学，注重以学生为主体，重视"人"的和谐发展，使教学过程真正成为学生自我探索、观察、体会、发现和创新的过程。

为了更好地体现绿色课堂本质——阳光、温暖、健康，学校组织教师开展了"为学生而设计教学""多元智能情境教学""经历·反思·成长"等合作论坛，开展了以绿色教育为主题的"课堂教学日日开放"活动，让教师感受到绿色课堂是一种境界，是一种文化，是师生心灵对话的舞台，是体验创造奇迹的天地。

在实践与探索中，我们认识到：绿色课堂是还原生命本真的课堂，是减负高效的课堂，是阳光快乐的课堂，是生命和谐的课堂。

三、以校本教研深化绿色课堂文化

校本教研作为一种学习、工作和研究三位一体的教学活动和教师行为，已经成为教师专业发展、学校长足发展的有效途径。近年来，我校一直在探索一种基于教学常态下的有效研究方式，通过创设立体多元的教学实践场景和多彩平台，让校本教研文化无声地流动在校园的每一个角落，滋润着教师的教学心灵和智慧。

（一）小型研讨让绿色课堂充满活力

我校立足校情，因地制宜，结合学校校区较为分散、不易统一的特点集中开展校本教研，但又具备各教学研究会建设相对完整的特点，使骨干教师能够发挥专业引领、实现同伴互助的师资优势，确立了以"小型研讨"为切入口的校本教研方式，通过构建多样化小型研讨模式，激活教师自发研究意识，将教研重心置于具体的教学研究活动，促进了教师的实践反思和专业成长。

首先，抓好"集备"小型研讨。集备是小型研讨的一种最常见、最主要的形式。

为了真正提高备课的实效，我校实行了"集备中心发言人制"，通过个备与集备交融，引领与交流共进，实现了课程资源与智慧资源共享，使集备成为提升教学质量的有效途径。

集备做到"三固定"。一是固定两个校区的集备时间，在课程安排上为学科备课让路，避免备课与上课撞车。二是固定两个校区的备课地点，保证了研讨的集中性。三是固定集备中心发言人，各学年各学科确定了四位备课组长作为每周集备的中心发言人进行备课引领。备课组长由教学经验丰富、教学能力较强、富有感召力的各级骨干教师担任，既突出了备课的专业性，又历练了骨干，促进了学科的建设和发展。

集备流程设计科学、合理。备课组长首先要提前做好准备，对下一周的教学内容从教材分析、设计意图、教学流程设计、教学方法采用、课后练习处理、层次性作业布置等方面进行整体的解读和引领。着力备好五点：教学的起点、重点、难点、交点、疑点。其次，要选取一至两课进行典型课例剖析，形成一份完整的详案，发到每个成员的手中，共同研究这一课。组内教师针对备课组长的发言进行补充研讨，提出自己的看法，增加改进意见，在书上及时标注，形成共识。最后，结合典型课例的详案，充分利用自己教案的复备栏，根据班级学生的学情，进行教案再创造，做个性化的修改，突出教案的创新性、实用性、个性化。

针对实际问题开展专题研讨。这一环节主要是针对上周教学进行答疑解难，由组员一一提出教学中遇到的问题和困惑，组内成员进行交流和解决。如出现共性问题，备课组长带领组员确立下周共同的研讨主题，通过改进课堂教学、书写教后反思、组内小型研讨等方式，解决问题，完善教学。学校制定了集体备课制度和考核指标，每周集体备课，两名教学校长分别深入到各个学年，听取备课组长的中心发言，积极参与组内研讨，及时提出指导性意见。同时对各组的备课质量进行跟踪评价，做好记录。学期末，对集备突出的学年组和备课组长进行相应的奖励，以此促进集备质量的再提高。

（二）"快乐作业"增强绿色课堂实效性

为提高绿色课堂的教学质量，减轻学生课业负担，学校以优化作业设计为突破口，开展了校内"快乐作业"的小专题研究。"快乐作业"的出发点是让学生成为作业的主人，让兴趣成为作业的源头，让动手实践贯穿于整个作业中。在实施过程中，我们采取了"三分制"原则，通过设计自主作业、兴趣作业、生活作业、创新作业，让作业活起来，让学生动起来，达到减负增效、促进学生健康成长的目的。

全面落实作业布置"三分制"。作业布置"三分制"，即层次分级、内容分层、差异分评。

层次分级：每周在作业布置上，要从基础性作业、拓展性作业、实践性作业三个维度进行精心设计。基础性作业布置要少而精，坚决杜绝机械、重复的训练，以达到巩固的目的为主。如为了让学生掌握学过的生字、新词，教师布置了做"生字活页卡片""你听我写""生字自选超市"等多种形式，让学生在动手制作中就掌握了应会写的生字。拓展性作业以知识积累为主，分课内和课外拓展。如语文学科设计的小小资料库、大话西游、信息快讯、快乐读书卡、生活日记，数学学科设计的快乐学吧、解题秘籍、数学日记，英语学科的活页词典、单词卡片等，让学习不再枯燥，每个学生乐在其中。实践性作业每月布置一次，以学生动手实践和参与社会实践、调查为主，如办语文、数学单元归类手抄报，保护环境小调查、姓氏家族、成语故事集、班级作文集。作业的设计与生活紧密联系，把学习的触角延伸到学生的生活中，让学生成为作业的小主人。

内容分层：主要是从学生发展的需要出发，承认差异、尊重差异，让不同的学生在学习上得到不同的发展。每天布置的作业，教师都要分层设计，学生自主选择。教师还要通过校讯通平台，把当天的作业传给家长，让家长和学生一起选择适合自己的作业。如，布置一年级课堂作业"20以内加减法"时，教师会依据学生的接受能力分三个层次布置：第一层，10以内的加减法各十道题；第二层，20以内的进位加法和退位减法各五道题；第三层，20以内的加减混合计算各五道题。又如，学完除法内容后，教师布置了分层作业。第一层，复习两位数除以一位数的速算题十道，如$28 \div 4$；第二层，完成五道除法计算题，如$280 \div 5$；第三层，根据除法是乘法的逆运算完成乘法计算题五道，如$5 \times (\quad) = 230$。当每个孩子都能顺利完成属于自己的作业时，他们对学习充满了乐趣，成功的喜悦挂在脸上。最为可贵的是，有的班级设立了"作业超市"，学生成为作业布置的主角，根据所学内容自己设计作业，放到作业专柜里供其他学生自由选择，充分发挥了学生的主体性和创造性。

差异分评：重视作业评价的环节，变单一的教师评价为多元激励性评价。学生自主独立完成的作业，由学生自己评价；需要教师批阅的，批阅后由教师评价；家长合作完成的由家长评价；同学互助完成的，由同学共同评价。评价的语言要以"激励性语言"为主，对于不同学习水平的学生，评价的语言要有针对性、差异性，做到因人而评。评价等级除了等级分制外，教师还创造性地采用了"星级制""红花制""奖章制"，优秀作业得 3 颗星、3 朵花、3 个小印章，良好作业得 2 颗星、2 朵花、2 个小印章，合格作业得 1 颗星、1 朵花、1 个小印章，极大地调动了学生完成作业的积极性。

作业管理有效跟进。学校层面：严格控制学生作业总量，减轻学生过重的学业负担。一、二年级不留书面作业；三、四年级作业总量不超过半小时；五、六年级单科不超过 20 分钟。要求课堂作业尽量在课堂上完成。把"快乐作业"研究纳入学校微型科研课题研究行列，每位教师制订研究方案、形成研究档案。

学科组层面：以学年、学科为单位统一制订周作业设计方案，课后习题的选择、编制、布置学年要统一，各班结合实际情况进行微调，学期末形成《学年快乐作业设计集锦》。一至六年结合学生年龄特点、发展所需，设计实践性作业，可每月一个主题，也可一学期一个大主题，注重学生自主探究、勇于创新能力的培养。周考小卷、月测试卷习题的编制要精心设计、形式灵活、启发思维、拓宽视野。

教师层面：针对学生的个体差异，设计层次性和多样性的作业，给每一个学生提供思考、创造、表现和成功的机会，让学生具有选择性，最大限度地激发和调动全体学生完成作业的兴趣和积极性。同时，要注重学生书写习惯的培养，卷面评分为 2 分。要注重优秀作品的积累和展示。

作业批改有法可循。在作业批改上，每位教师做到"四有四必"：有发必收、有收必批、有批必评、有评必改。作业批改要及时、仔细、正确，给后进学生写激励性评语。建立"作业完成情况反馈卡"，及时取得家长的支持。明确作业批改时间，课堂作业当天完成，课外作业最多隔一天完成，大作文不得隔周，试卷必须在两天内完成批改、讲评。批改作业做到不错批、不漏批，要有复批。批改符号正确，实行等级制，多以激励性评价为主。学生设立纠错本，教师建立错题档案，以便积累作业设计经验，并有针对性地给予学生辅导或复习。

作业讲评与展示及时。各班设立作业讲评本簿，对于学生作业中所暴露出来的错误要及时进行讲评，并做好书面记录。共性问题的解决采取课堂讲练的方法，个性问题的解决采用个别辅导的方法。注重作业讲评、辅导后的效果反馈，凡学生做错的作业必须改正，进行二度批改，跟踪指导。每次测试后，学生和家长都要填写"质量反馈卡"，通过自我反思、评价，不断提高学习成绩。比如，某个学生在单元测验拿到了不够理想的成绩，他在"学生自评"一栏中写道："这次测验我主要是计算不过关，有些数字看马虎了，有的题如果进行验算就好了。我以后要与细心做朋友，认真检查，争取把成绩赶上去！"在"家长评价"一栏中，家长是这样写的："从哪里跌倒，就从哪里爬起来，希望你吸取教训，争取进步！爸爸妈妈永远支持你！"为了深化作业研究，推广优秀作业成果，学校每月进行优秀作业展评，学期末召开"快乐作业"经验交流会，在相互学习和借鉴中提高作业设计的实效性。

"快乐作业"让我校的学生远离了学习负担，作业在他们面前不再是一座山，而是一条通向自由、快乐、发展的高速公路，他们将会这条路上越走越远。

【附：作业设计案例】

给作业加上评语

数学教师　马晓萍

给作业加上评语，这是我曾经做过的一点尝试。有一阶段，在每天的作业批改后面，我都要写几句话，写得好的，我就写"你真棒，继续努力！"写得稍微需要改进的，我就写"只要你认真写，你会写得更好！"每天的作业都是如此，一学期来，孩子们的作业都发生了翻天覆地的变化。写得好的，看到这些鼓励性的评语，在继续地努力；写得马虎点的，看到老师这些鼓励性的话语，也变得更加努力了，作业也在不断地进步。几个月下来，家长看到孩子发生的变化，纷纷打电话或写信来说这学期孩子的进步真大，回家也知道写作业了，过去要家长督促或看管的现象不见了。于是作业本成了我和家长沟通的纽带，我在作业后面写一些鼓励性的评语，家长也写一些感谢的话语，有的家长写："谢谢你，老师，你让孩子知道了写作业和学习的乐趣，孩子现在回来第一件事就是写作业。"有的家长写："老师，你每天都在作业后面写上评语，太辛苦了，但对孩子的作用太大了。过去，只见老师在作文时写评语，没想到你每天的作业都写评语，谢谢你。"没想到我的一点尝试有这么大的力量，我的眼睛湿润了，我陷入了深深的沉思。

实践中让学生体验作业的快乐

数学教师　张锐影

在学习了混合运算之后我设计了这样的作业：陪爸爸妈妈购物，并负责记账，算出总支出，并写一篇数学日记。这是我们班一个不爱完成作业的同学写的数学日记《去超市买东西》：

今天，我和妈妈去超市买东西。超市里人山人海，商品琳琅满目，妈妈赶紧带我去买家里需要的东西。我们先买了个西瓜，这个西瓜 3 元一斤，重 4 斤。接着我们又来到卖肉的地方，肉卖 8 元一斤，我们买了 3 斤。后来我们又买了一箱牛奶，一箱牛奶有 16 盒，每盒 3 元。最后，我们还去买了饼干，花了 15 元。结账排队的时候，妈妈对我说："你先算算我们要付多少钱吧。"我想了想，西瓜 $3 \times 4 = 12$ 元，肉 $8 \times 3 = 24$ 元，牛奶 $16 \times 3 = 48$ 元，先拿 12 加 48，正好是 60 元，再加上 24 元等于 84 元，哦，对了，还有饼干，$84 + 15 = 99$ 元。我让妈妈准备好一张 100 元付钱。等到我们结账的时候，营业员阿姨一算，果然是 99 元，和我算的一样。妈妈夸我真聪明。我对妈妈说："那你下次买东西还要叫上我哦！"

这次买东西的收获还真不小。我不仅知道了一些生活用品的价格，还用到了平时学的数学知识。原来数学就在我们身边。

看了他的作业后，在和他的交谈中我了解到，他对这样的作业非常感兴趣，和妈妈从超市回来就马上完成了这篇日记。

在学习了组合图形的面积一课之后，我就让学生课后去完成这样的作业：找一片你喜欢的树叶粘到作业纸上，然后算出这片树叶的面积大约是多少？或者用学过的基本图形拼成一个自己喜欢的图形并计算这个图形的面积。还可以把自己的手印画在作业纸上，再算出手印的面积大约是多少。有的同学不仅计算了手印的大小，还赋诗一首赞美自己的手：

童年，就像一阵风，

记忆，就像一棵柳，

当风吹过柳的时候，

柳，高然耸立着，

当我用小手去抚摸这棵柳时，

忽然觉得它越长越高了。

以往，我们常常埋怨学生不爱写作业，经常对作业完成不好的学生发火。看来，密切联系学生的生活，设计生动活泼、充满智慧与情趣的实践性作业，让作业不再成为学生的负担，让作业也快乐，是教师义不容辞的责任。

（三）多样化研讨主导绿色课堂

"主题攻关式研讨"，使教学向研究型、创新性发展。学校充分发挥各教学研究会和教研组的职能，每个月以学年学科为单位以研讨课的形式开展主题研讨。研讨主题由研究会会长和学科组长结合教学中的问题共同研究制定，主题力求小而精，易于操作和攻破。通过课前集中研讨——课上集体观摩——课后反思评议，达到了解决问题、改进教学的目的。研讨的形式依学科特点和问题解决的有效方式而定，可以是同课研讨，即围绕问题，组内教师同上一节课，通过上课议课——反思重构——再上再议——反思推进的循环往复的模式，群策群力，达到解决问题的目的；也可以是同课异构，通过不同的教学设计的处理，寻求最佳的解决方法和途径，充分发挥同伴互助的作用，促进教师创新课堂教学模式，改进教学方法，提升教学能力。

"名师引领式研讨"，使教学向学习型、精品化深入。充分发挥"西五名师工作室"二十余名省、市、区级骨干教师的引领和示范作用，通过教学观摩为其他教师树立学习和研究的范例。每周五，由两名不同学科的骨干教师展示两节高水平的观摩课，采取先说课、再授课、后评课的形式，组织同学科的教师进行学习和研讨。骨干教师独特的教学风格和精妙的教学设计，让老师们大开眼界，在学习中不断丰富自己的教学经验，也使学校的课堂教学提升到了一个更高的层次。

"抽签规范式研讨"，使教学向规范化、有效性迈进。为了向常规课要质量，检验集体备课效果，学校开展了"每日抽签课"研讨活动。每天早自习由校长抽签确定听课的教师，领导班子带领同学年教师集中深入课堂听课，课后及时进行反馈交流。以此达到"规范一节课，引领上好全组课"的教研目的。一开始，有的教师不太适应，觉得很被动。经过一段时间的开展，每位教师在精心准备听课的过程中，发现自己备课更加深入了，课堂教学更加生动了，才领会到学校领导的良苦用心，很多年轻教师由被动听课改为主动邀请领导听课，从思想上和行为上有了全新的改变,教学质量也得到了提高。

"争鸣式大学区研讨",使教学向优质化、均衡性前行。我校作为大学区的龙头校,充分发挥学校优质资源的引领作用,在大学区教研活动中做出了积极尝试。每个月,在开展大学区集备引领活动的基础上,开展了"大学区争鸣课"活动,即由大学区内的同年级教师围绕同一教研主题,开展同题异构、同课异构教学研讨,通过横向比较、互动研讨,达到取长补短、求优摒劣、促进提高、螺旋上升的功效。

"随机漫谈式研讨",使教学更具人文化、个性化。在小型研讨活动的基础上,学校提倡微型研讨,即每天上完课后,同年组、同学科教师在一起交流教后感。有发现,相互启示;有收获,相互分享;有困惑,共同排解;有异议,一起探讨。不定时间、场合恰当,随时交流,畅所欲言,成为西五一道独特的教研风景。

【附:教学叙事交流案例】

格子不够了,怎么办

数学教师　臧　治

这一节课我要和孩子们去多媒体教室学习统计,也许是因为喜欢在多媒体教室上课,也可能是对统计这个知识十分感兴趣,孩子们的积极性都非常高。在学完了当格子不够时,可以用一格表示2个单位后,我设计了一个活动,调查本班学生喜欢的体育运动,并要求孩子们完成书上的统计图。我本来是想对新学的知识进行一个巩固练习,但是令人没想到的是学生在完成统计图时遇到了新的问题——喜欢游泳的人太多(有25人),而书上的统计图用一个格子表示2个单位只到20人,用一个表示2个仍然不够,这时孩子们犯愁了"该怎么办呢?"教室里一下安静了下来。突然,小机灵蒋鑫诺得意地说:"那还不容易,再往上加3个格子,涂2格半就可以了。"这时,班长彭珂昕提出了反对意见:"这个办法不行,上面已经没有地方了,不能加。""那有没有更好的办法呢?"我对他们说。孩子们开始思索……"我知道了,既然可以用一个格子表示2个单位,我也可以用一个格子表示3个单位。"彭炳虹站起来说。有一个同学接着站起来说:"我觉得也可以用一个格子表示4个。"龙俊霖急得跳起来:"不好,不好。""为什么不好呢?"我问他。他说:"喜欢跑步的有5个人怎么涂呀？太麻烦了。"这时，小博士刘一涵站起来了，他慢条斯理地说："我觉得最好用一个格子表示5个人，因为这些数都是5个5个的，如喜欢跑步的有5人，是一个5；喜欢跳绳的有10人，是2个5；喜欢游泳的有25人，是5个5。用一格表示5个很容易也很方便。"孩子们都点头表示赞成。我肯定了他们的想法，然后顺势引导他们说："请你想一想在制作统计图时怎样确定一个格子表示几个呢？"孩子们开始讨论，不一会儿，很多孩子举起了他们的小手。

"我觉得跟统计的个数有关，如果不是很多，就用一个格子表示一个。"

"我想要先观察统计的个数的特点，再确定一个格子表示几个。"

"对！我觉得还应该观察最大的数和最小的数，来确定格子的数量。"

"是的，我想，要确定一个格子表示几个，应该先观察数的特点和统计数量的多少，还要想到涂的时候怎样比较方便。"

"你们想得真好，你们愿意自己设计一个统计图吗？请你们自己从下面的几个统计表中选择一个，和小伙伴一起来设计一个统计图。"我趁机布置了下一个环节学习的内容。

教学反思：

孩子们在这堂课中表现出的创造力与思维能力，让我为之惊讶和感动。在数学学习中，孩子们会遇到各种各样的问题，老师不应该扫清孩子们学习中所有的"障碍"，而是要让孩子自己学会思考，找到解决问题的方法。我们在平时的教学中也应该多为孩子提供机会，创造条件，当孩子遇到困难时老师有意识地少说一些，将时间与课堂留给孩子，让孩子多发言多思考，让他们通过自己的努力解决生活中的数学问题。

兴趣是最好的老师

英语教师　张慧心

事件回顾：

开学第一天上班，走进四年级四班上第一节课，看着一张张可爱的笑脸，我的心情好极了。一个假期没有和孩子们见面了，还真是有些想念。说了几点新学期的期望和学习上的要求后，我就开始上课了。

一开始他们还饶有兴趣地听讲，可25分钟后就坐不住了：说话的、打闹的、做其他事情的，教室里乱作一团。没办法，又得停下来讲纪律，就这样说说停停，一节课下来，整个人像虚脱了一样。完全打消了我原先想的，老师在上面讲，学生在下面听，那多轻松！哪像今天，开学第一天就当头给了我一棒。

我的反思：

回到家，坐在桌子前细细地回想今天的课："为什么会上成这样？"想着想着，脑子里突然闪出一位前辈在开学前对我说的话："小学课堂与中学课堂有着千差万别。小学生不像中学生有自制力，小学课堂也必须符合小学生的特点。最关键的就是培养兴趣，记住：兴趣是最好的老师！"

"听君一席话，胜读十年书"，第二天，我带着事先准备好的卡片踏进了教室。起立——我不要了。摆摆手，对他们说了声："Hello！"很多学生一听到这个熟悉的单词，都争着向我说 Hello。于是我趁势伸出手和学生一一握手，面带微笑向他们问候着："How are you？Nice to meet you！"一下子，在我面前伸出了许多小手，争着和我握一握，课堂气氛一下子就活跃起来了。接着我又让他们来了一次英文歌对唱，看着学生们渐渐融入英语环境中，我拿出做好的图片、卡片开始上新课。为了让每个学生都有发言机会，我采用击鼓传花的方式，让卡片在学生手中传递，当我说："stop！"时，手中有卡片的学生必须站起来，大声念出手中的单词，学生都非常喜欢这个游戏，不知不觉几个单词就在看似玩耍的游戏中深深印在了学生的脑子里，我也舒展了眉心，开心极了。

从此以后，我每节课都创造出适当的游戏来激发学生兴趣，有分组竞赛、学生表演、互换角色等。孩子们在蹦蹦跳跳中学会了知识，也让我知道孩子们好动的天性真的是上天赐予的礼物，如何利用好这个礼物，对于每一个教育者来说都是十分重要的。

神奇的红五星

数学教师　姚娜

和孩子们在一起的日子是幸福的，时不时地就有一些小故事发生在我们周围，我经常会使出几个"小手段"，我将此称为"老师的计谋"。在这些美丽的计谋中，孩子们毫不知情地向我敞开了心扉，我们融洽地生活在这个大集体中。我觉得和他们在一起的日子是幸福的，是美丽的……

事件回眸：

那是新学期第一节数学课，我最先记住的就是他——小张。你看他：上课没有一分钟是坐在凳子上好好听的，一会儿站起来，一会儿转过去朝着后门张望，而当你发现教室里突然太平了一些的时候，你就会发现找不到他的人影了。哪儿去了？正当你四下张望的时候，他从课桌底下钻出来了，看来是在下面有了什么新发现，鼓捣了半天。结果这一堂课下来，我点了他 N 次名，也没有看出有什么成效。

然后，接下来的几天，每天都像是在打仗。要让这些刚刚从幼儿园升上来的娃娃懂得上了小学后的不同，要让他们学习各种各样在小学里必须要遵守的常规，我费尽心思，尽力"周旋"。可是，小张还是第一天的样子，没有多大的改变，几乎没有一节课是听满五分钟的，数学课是这样，其他课也是这样，真让人头疼！

这小家伙大概以为小学跟幼儿园一样：上课就是玩！但幼儿园有玩具，而小学里没有！看来我得想办法让他知道上小学绝对不是来玩的，让他知道他现在的表现有多么错误，更重要的是我还得让他知道他接下来应该怎么做！于是，我开始经常跟他"聊天"（为了不伤害他上学的积极性，我只能用这种方式）。我也经常跟他的家长联系，商量怎样有针对性地对他进行教育。我还请班级里表现特别好的小朋友来帮助他、提醒他。反正能用的办法我都用过了，可是，小张的表现还是不太稳定，经常有反复，简直让我有技穷之感。怎么办呢？

我的思考：

就在我手足无措的时候，我突然间想起去年到北京光明小学学习时候的情景。来到光明小学，孩子们良好的行为习惯，"我能行"的教育特色给我留下了深刻的印象。还记得我听了一节一年级下学期第二单元的整理复习课。在课上，教师变换着不同的鼓励方式，如激励性语言、表扬卡、红苹果粘贴、红花印章，各种手段的运用，使学生们积极性高涨，课堂教学秩序井然。整节课上，学生们始终身子正直，姿势标准，而且都听得特别认真，没有溜号的。这位老师不是用了什么"灵丹妙药"，而是在培养学生的每个环节上都十分细致。多给学生鼓励，多给学生上进的动力与"肯定"。

对！我不妨也尝试一下这种"鼓励"的方式！

我的再设计：

不久，"五星本"开始使用。只要哪个小朋友在某一方面有了突出的表现，就可以得到老师奖的一颗红五星，红五星积攒到一定的数量就可以换成小红花上墙贴在自己照片旁边，期末大家来比一比，小红花最多的要进行奖励。随着这一奖励制度的实施，红五星深入人心，得红五星成了所有小朋友的最大愿望和荣耀，而令我意想不到的是，小张几乎成了班里得星愿望最强烈的孩子。红五星正在发挥它神奇的作用！瞧他：上课坐得越来越神气了，发言别提有多积极（当然有时是嘴巴太快成了插嘴），读书还读得摇头晃脑非常投入，出操时他总是踏步最神气的一个，写字时会提醒自己注意写字姿势，而这所有的一切，就是为了得到老师给他的一颗红五星！在他的努力下，他"五星本"上的红五星越来越多，墙上他得的小红花也越来越多了，毫无疑问，他已经成了班级里表现相当不错的一个！

我的再思考：

现在想想，其实孩子需要的哪里是你那长篇大论的道理，他们想要的很简单，就是那一颗颗红五星后所包含的对他的肯定和鼓励，而那就可以进一步成为孩子成长和进步的不竭动力！看，那边小张又在朝我跑过来了，手里拿了一把什么东西。跑近了一看，是一些落叶和小纸屑，小张的眼睛里满是兴奋："老师，这是我在操场上捡的！"我也故作惊讶地说："是吗？捡了这么多，真是个讲卫生的孩子！走，去拿五星本，老师奖你一颗红五星！"

意外也许会成为"闪光点"

体育教师　吕涛

在一次篮球课中，我在组织学生进行游戏"运球接力"比赛时，秩序井然，气氛热烈。不料，半路杀出"程咬金"，B组一男生运球时将球拍得很高，并在拍球间隙快步跑几步，不一会便领先别人几米，该组其他同学效仿，接连几人用同样的方法运球，结果以较大优势获胜，该组学生欢呼雀跃、兴奋不已。这时，我认为该组学生没有按照规则进行比赛，于是宣布，该组犯规，判为失败。这一招果然见效，以后的比赛无人敢再犯规。

但是，我发现刚才被罚的那一组一蹶不振、名落孙山，尤其是犯规的那几位，明显没有了积极性，我也不由得有些后悔。于是又一轮比赛前，我小结了一下前两轮比赛，并提出："谁知道为什么第一轮B组会比其他组快那么多，有那么大的优势？是因为他们中有几名同学比别人提前掌握了高运球的技术，高运球比低运球动作幅度大，行进方向直接，所以速度快，虽然他们犯规，但是老师要对他们运用的技术给予肯定。下面一轮比赛，我们不规定运球方式，看哪种方式更适合快速前进。"

那几个学生听到我的点评，眼睛明显又亮了起来，在接下来的比赛中，他们组获得了胜利。

思考：

体育课中存在着大量不可预测的因素，很多事情是大大出乎我们的预料的，因为突然性，所以得到的处理方式也大不相同。在我第一次宣布B组犯规失败的时候，大大打击了学生的积极性和信心，而第二次对于他们的肯定对他们却是一种鼓励。

学生的"越轨"行为，如果合理利用，被看成一种教育资源和时机，成为一种闪光点，那我们得到的结果和回报，一定比我们武断批判后得到的结果要好。一节好的课，不是要发现和纠正多少错误，而是要让学生发现更多的乐趣，学到更多的知识，创造出更新的灵感。

四、开发绿色校本课程，深化教学改革

(一) 体音美分层教学

绿色课堂的生命活力来自课程，学校本着"一切为了每一位学生的发展"这一思想，开展了多学科、多形式、多类型的校本课程研究，不断丰富绿色课堂的内涵，让每个生命的个体得以点化、润泽、延展。从1998年至今，我们从未停止过课程改革的探索，以积极的研究态度，开发了体音美分层教学、网络环境下主题信息课、"3A＋1"特色课、多媒体英语互动教学及"Happy英语"外教团辅助英语教学，构筑了全新的绿色课堂文化，为学生的全面发展提供了广阔的学习空间。

新课程改革提出了"以学生的发展为本"的课程理念，就是让我们的课程适合每一个学生的发展。体音美三个学科是特别强调学生的先天素质和兴趣爱好的，重视学生的差异性。为了充分发现和挖掘学生的潜能，培养学习兴趣，创造条件让学生的多元智能得到充分地释放和发展，1999年开始，我校在3～6年级进行了体音美分层次教学的尝试。

分层教学不仅仅是一种模式，而是一种思想，不能简单地认为分层教学就是分班、分类教学。我们进行的分层教学是根据学生兴趣、爱好将学生各分为 A、B、C 三组，上课时打破班级的界限，以学年为单位，以同一类型组为集体，实行全方位分层教学，达到因材施教，使每个学生在各自原有素质的基础上得到充分、自由、和谐地发展。具体经历了四个阶段的探索和实践。

1995 年 10 月 15 日—18 日，《吉林日报》《城市晚报》以《为这样的教学喝彩——西五小学的教师真了不起》为题进行专题报道；学校出版了体音美教学改革的书籍《求索——西五小学体音美分层教学改革新篇》。一位北师大的教授说："这是全国第一本体音美分层教学成果书，你们很超前。"我校体音美教师在研究、探索中快速成长着。那一年，我校体音美 15 名教师中已有省级骨干 3 人、市级骨干 4 人、区级骨干 6 人。

【附：2003 年 9 月 18 日《家长周刊》对我校体音美分层教学的报道】

分层教学的快乐

1999 年，长春市西五小学开始了体音美分层教学的实验，在省、市、区教育科研部门的关心和支持下，经过教师的自身努力，到 2003 年分层教学结出了硕果。

所谓体音美分层教学，就是根据学生在体音美方面的接受程度及兴趣爱好，把同一班级学生分成几个小组，然后再把同一年级相同组学生组成新的教学班进行分层次授课，使学生都能得到应有的发展。

对于分层教学，校长丁国君是这样解释的："尽管在同一心理发展阶段的学生也有着大体相同的心理特点，但同中有异。每个学生的个别差异既是教育的结果，也是教育的条件。承认学生的个体差异，重视差异，针对学生不同的特点采取不同的措施因材施教，使每个学生都能得到应有的发展和最佳的教学方式，这就是我理解的分层教学。"

而任课教师的话语更为直接："我认为分层教学的教学思路应该是从学生的兴趣出发，以个性发展促进学生全面发展，以个人发展促进整体发展。教材中有的内容滞后生活的发展，学生的学习形式变了，教材不可能不考虑学生的个体需求。"

作为分层教学的直接受益者——学生，他们的话语中充满了高兴与快乐："这学期的体育课可以上三个组，这可比只有一个班好多了。如果只有一个组，不论你喜不喜欢这方面的体育（项目），都得在这个组，并且人多，老师不能手把手地教会所有人，要全教了，至少得两节课呢！""那一节的体育课真是新颖、好玩。我们可以选择自己的爱好，喜欢体操的就去体操组，喜欢足球的就去足球组……"

（二）校本教材的二度创作

在现有体音美校本教材《求索——西五小学体音美分层教学改革新篇》的基础上，我校又组织学科教师，结合学生现有的学科能力水平和教学改革的深入，进行了体音美分层教学校本教材的二度编写，使之更加符合学生的需求和时代的发展。

《音乐分层教材》：1999 年是新课程刚刚实施的开始阶段，为了促进学生的全面发展，我校引进了中澳电子琴实验项目，打破了音乐教学的传统模式，以兴趣教学为指导思想，进行高、中、低三层的教学以促进学生个性化教学。如今，我们已经将这种先进的理念熟练地运用到了音乐课堂中，进行了分层教学，分别以活动、综合、合唱三种形式来进行授课，并根据学生的个性发展来进行选材。在教材的编写中，三年级以"动画城"为主题，为了满足学生在家里看不到电视的愿望，投其所好来进行教材的选择；四年级以"快乐阳光"为题材，让学生在绿色教育的引领下，把音乐的阳光洒进学生心灵；五年级的教材编写以"同伴互助，走进青春课堂"为主题，采用多种形式鼓励学生积极参与课堂创作，为学生创设交流的平台和融洽、开放的学习氛围；六年级以"校园童谣"为基准，让学生回忆小学美好时光，激发对校园和师生的热爱之情。

《体育分层教材》：体育学科根据学生个体身体素质、运动水平、兴趣爱好的差异，三至六年级每周开设了一节分层课，分层的内容为足球、篮球、武术三个运动项目。在同一学年常规分层课上，三位教师同时授课，分别进行足球、篮球、武术项目的教学，学生根据自己兴趣自主选择学习内容。在此基础上，教师根据学生之间的差异，从学生对知识的掌握程度，进行每个项目的专项分组教学，教师为学生设定不同的学习目标，设计了 A、B、C 三组形成性练习，由学生按照自己的学习基础、学习兴趣来选择适合自己水平的练习，巩固所学知识，充分发挥主观能动性和创造性，从而达到全体学生共同发展与提高。

如，在武术课专项分组教学时，三位教师同时授课，虽是相同内容，但教师要根据教材的难易程度，将教学内容分为 A、B、C 三个不同层次，让学生根据自己能力选择适合的内容来学习。A 组以武术基本功训练为主，适合于身体素质较差、接受能力比较慢的学生；B 组以武术的各种动作、步法学习为主，适合身体素质一般，但有一定武术基础的学生；C 组以武术组合技术动作为主，在课程标准的基础上有所提高，适用于身体素质比较好、接受能力较强、武术基础相对好的学生。这样分层教学的调控和指导，可以随时检查学生掌握动作的情况，解决学生学习过程中的疑难问题，对学生进行个别化辅导，保证了同步教学中分层施教的教学进程，使教学活动真正建立在学生自主参与、主动探索的基础上，学生的主体精神、创新意识、创新能力、运动能力以及多元智力水平得以提升，师生的生命价值也得到了最完美的体现。

《美术分层教材》：关注生命的教学是绿色课堂永恒的追求。为了让每个学生在童真时期得到美的熏陶和感染，得到艺术思维的开发，得到审美发展的满足，我校在三至六年级进行了美术分层教学，并结合地域特点、学生个体差异，进行了美术分层校本教材的编写。首先在教学内容上进行了拓展丰富。三至六年级循序渐进地开设了中国画、刮刮画、儿童版画、手工制作、砂纸画、雕刻、素描、速写、东北民间绘画等学习内容，以此来满足学生的兴趣爱好和特长发展。在课时分配上，每学期安排小分层课（三位教师围绕同一教学内容，在三个班级通过不同的表现形式进行教学）14 节，大课（三位教师围绕同一教学内容，在同一个班级上三人互动式大课）3 节。例如，教学《美丽的花》一课时，为了让学生了解硬币的图案和造型，三位美术教师分别采用绘画的形式让学生画花，用泥塑的形式捏花，用纸工的形式雕花，通过多样的表现形式，使学生的兴趣爱好、艺术素养得到培养。同时根据东北地区的地方特点，把树皮、杂草、黄土、玉米棒等，作为课堂教学的原材料，实现了课程资源的有效开发和利用。

【附：美术三人互动式分层课例《巧手设计绿色奥运》】

巧手设计绿色奥运

一、课前导入

谭老师：这节课，老师为大家准备了一段录像，同学们边看边思考，从片中你都能了解到哪些知识？（放关于奥运的录像片）这节课我们就用自己的巧手来设计绿色奥运。

徐老师：我是巧手剪贴绿色奥运组，谁愿意参加我的小组？

谭老师：我是巧手绘画绿色奥运组，老师欢迎你们来到我的课堂上。

孔老师：参加巧手泥塑绿色奥运组的同学请到这边来。

二、绿色奥运信息发布会

谭老师：课前同学们搜集了许多关于奥运的图片、文字资料，下面以小组为单位进行汇报展示。

徐老师：巧手剪贴组的同学先来汇报一下……

三、分组讨论设计方案

孔老师：看了这么多有关于奥运的图片和资料，同学们一定开阔了眼界，对奥运有了更深的了解，那你有什么样的感受吗？你能用泥塑、手工、绘画的形式表达你对奥运的畅想吗？

徐老师：请绘画、剪贴、泥塑三组同学按照自己的意愿，讨论设计方案。

学生讨论、汇报。

生1设计标志、吉祥物。

生2绘画设计场景。

生3泥塑表现奖杯。

四、学生创作，教师分组巡视指导

五、作品展示，互评、自评、点评

泥塑组展示了大型的雕塑，有运动员的泥雕，有形式多样的奖杯。手工组展示给大家的是漂亮的建筑，一看是各个体育场馆。绘画小组展示的是申办成功的欢庆场景。真是漂亮极了。

六、总结

老师会把同学们对奥运申办成功的喜悦心情和作品邮寄给北京奥委会。让这美好的日子我们共同铭记在心。

（三）"主题信息新模式课"

为了更好地落实"教育必须面向现代化发展"这一教育思想，我们将主题信息教育作为探索网络环境下教学改革的主要形式，对教学内容进行重组、合并、压缩、创编，摆脱以往教学中的条条框框，依据自己所教学科的特点，结合信息技术教育的开放性，找到较好的学科教学结合点，创编出贴近学生生活的教学内容。学校将根据学生的能力、兴趣、需要的不同，主题信息课设置成"必修课"和"选修课"两种类型，在必修课中，设置了"必授必修"和"选授必修"两种形式；在选修课中，设置了"选授选修"和"选授特修"两种形式。

在这四种教学模式中，"双向选择"性最强的选授选修课特别受学生欢迎，教师挂牌上课，学生自由选择。教师们为了让自己的主题信息课得到学生们的喜爱，吸引更多的学生选择自己的课，纷纷设计了"诱人"的题目来吸引学生，如"你好，世界杯""今天我当家""广而告之""明星档案""心与心的沟通""我的西五小学""由标题想到的"……许多教师还通过问卷调查来了解学生的"口味"，还经常更新教学软件设计突出课程的新鲜感。在"市场需求"的"调节"下，教师们都努力把主题信息教育的课程内容与日常生活紧密地联系起来，赋予课程以浓郁的时代气息，课堂气氛也随之更为活跃、轻松。

在探索和实践中，我们充分感受到主题信息课在课堂教学改革中所显示出的优势：①它使授课内容突破了知识本身的限制，留给了学生思考、实践空间，使学生能够围绕学习内容在课外自觉加以延伸。②学生知识结构得到了逐步地改善，各学科间的内容得以交叉、渗透，提高了学生的学习质量。

2002 年 6 月 14 日，长春市信息教育现场会在我校召开，吉林省电教馆副馆长韩树华对我校主题信息课给予了充分肯定，他说："这在全省还是首例，这不仅有利于教师水平的整体提高，而且还创造了信息技术与各学科之间的天然联系，是一种高水平的整合。"

2001 年 9 月，在国际信息教育研讨会上，我国信息教育专家李克东教授听了我校选修课后给予了高度评价，他说："这在全国开了先河。这种主题信息教育模式的改革，是信息技术与课堂教学整合的进一步深入，体现了开放性、实践性、灵活性、趣味性。"

由于我校主题信息课突破了常规，有独特性，所以在李克东教授的支持和推荐下，中央教科所破例将教育部"十五"规划重点课题"网络环境下信息技术教育新方式的研究"交给我校，这标志着我校在信息技术科研教改方面迈向了更高的层次。

在深化主题信息教育新模式的研究过程中，我校承担的国家级课题"基于网络环境下，信息教育新模式课的实证研究"于 2005 年 6 月圆满结题，共取得了 30 余项科研成果。我校于 2006 年和 2007 年连续两年被评为"全国信息技术创新管理示范校"。2006 年 5 月，我校被中央电教馆选为长春市首批参加中央电教馆"Think.com 平台"研究的实验校。一名老师作为全省中小学层层选拔出的五位代表之一，到北京参加"Think.com 平台"的培训。2007 年 3 月 14 日，北京师范大学李芒教授及各级电教馆领导光临西五小学，进行了为期一天的项目调研。李芒教授观看了教师设计的《快餐》《天台花卉》《快乐英语大串烧》《我的相框——DIY》《向往奥运》《爱在点滴责任中》等主题活动案例，进行了有效的指导，并给予了这样的评价："来到西五小学，最多的感受就是感动。这种感动来自西五小学丁校长的专家治校，来自西五小学教师的钻研精神，来自学生的和谐自主，来自对信息技术教育应用的追求。"2007 年 8 月，我校四位教师参加了"Think.com 平台"的夏令营活动，荣获 2007 年度中央电教馆和甲骨文教育基金会共同举办的"Think.com 项目活动优秀组织奖"，三位老师的课例获奖，三个学生的作文获奖，娄颖老师被评为国家级优秀骨干教师。我校承担的省级课题"三题共作"课题的研究，深化了远程教育的开展，我校为农远协作校创建了科普学习网站，积极开展了"双教一课"活动，发挥了名校的优质资源，促进了科研成果向应用层面的推进。

（四）"3A＋1"特色教学

绿色教育的终极目的是为孩子的未来做主。我们秉承着"关爱生命·注重发展·彰显内涵"的绿色教育理念，推出了"3A＋1"特色教学。"3A"即将语文、数学、英语三个主要学科的课堂打造成精品的 A 级课堂，如：

（1）语文 A，侧重文学积累和实践操作，教材内容深入浅出，体现渐进与发展。

①经典同行、快乐成长 { 古诗词、弟子规、千字文
论语、古典名著

②生活实践、社会考察 {
生活体验课：包饺子、水果拼盘、做汤圆……
手工制作课：干花、笔筒、十字绣……
模拟生活课：警察、医生、军人……
社会考察课：超市、军营、社区……
趣味游戏课：追兔子、老鹰抓小鸡、吹鸡毛比赛……

（2）数学 A，侧重拓展思维的广度和灵活度，培养兴趣，开发潜能。通过教材与 A 项开发，为学生架设由已知、经可知、达未知的桥梁，有效实现思维的整合与拓展。

{
数学生活课（探索·发现·感悟）
思维训练课（延伸·拓展·推理）
珠心算技能课（双手拨珠·心脑合一）

（3）英语 A，侧重"HAPPY 英语"为主题的新的英语学习方式的训练，让学生进入语境，产生激情，轻松完成语言交际。

{
创设英语选修课
校园英语角
英语多媒体互动课
外教团辅助英语教学
} 引入小故事、歌曲、歌谣、诗歌……

（4）"＋1"，侧重特色化、多元性、可持续，让学生独具特色、个性张扬。

{
文学类：童话、古典文学……
生活类：主持、演讲、表演、模特、外教团辅助英语教学、珠脑……
艺术类：书法、绘画、舞蹈、拉丁舞、二胡……
体育类：轮滑、足球、篮球、田径……
科技类：航天模型、网络机器人……

（五）"HAPPY 英语"外教团辅助英语教学活动

有哲人说，孩子的天性是在游戏中学习。当我真正融入孩子们的天地里，就产生了一种深深的感动。阳光下，随着外教一声令下，学生们立即伴随着动感十足的音乐舞动起来，开始了大型英语韵律操表演。每个队伍的旁边都有一个不同国度、不同肤色的外教，他们同孩子们一起，释放着无限的童心。"One，two，three，Let's go！"（一、二、三，大家一起来！）戴着精心绘制的狮子、狐狸、猴子、小兔的头饰，学生们个个神采飞扬，一边带劲儿地耸耸肩、伸伸手、扭扭腰、跳跳脚，一边大声唱着英文歌，"兔子，兔子，一、二、三，我们快乐在动物园，驾车飞去阳光课堂。""老虎，老虎，勇敢乐观，不怕艰难，生活在我们中间……"一位手里拿着玩具车，跟在妈妈身旁的小朋友也大声地跟着唱，胖嘟嘟的小脸上是兴奋与好奇的交织。一问，他叫高铭辰，他说他唱的是《五只鸭子》。他被这生动活泼的场面所鼓舞，显然，在西五小学开始他的人生之旅，成为他心目中的最好选择。

阳光下的操场，仿佛是一个多功能的社区服务中心，袖珍的肯德基餐厅、学校校园、医院、水果超市、图书馆、体育馆、文具店、玩具店、百货大楼、邮局等主题场景，重演着生活中的故事：超市的人头攒动、水果超市的客流如云……我在小小的"图书馆"驻足下来，在这里有中国古典名著《三国演义》、有外国名著《人世间》、有《唐诗三百首》的简装本，还有孩子们心仪的《英语新起点》等，"读者"认真地选择，"工作人员"热情地服务。他们用的是英语，我则像听天书一样跟着他们的表情猜。热闹的"肯德基"门口，挤满了同学，"我想要一袋薯条。""我想要一杯可乐，加冰的。""请问您还需要什么食品？"孩子们用自己最喜欢的方式，用英语进行着真实而新奇的交流。在"医院"的"问询处"，我见到了一位正在与"护士"交流的老外，这是个很年轻的小伙子，我用中文问他："您懂中文吗？"他很善意地瞧了我一下，"不会"，用中文回答。我莞尔一笑，找到了一位英语女教师。借着女教师的帮助，我完成了一次很圆满的采访——"你叫什么名字？""我叫猫（中文名）。""哪个国家的？""美国。""您对今天的这种教学形式有什么看法？""形式多种多样，非常好！""在美国有这种形式吗？""不太多。""这是有中国特色的教育吧？""是的，这个对于练习（英语）是个非常好的方式。"我们交流得很流畅，像多年的老朋友。

　　这是个很好的教学模式，这种交流情境的创设，打破了传统英语教学中书本化、应试化的模式，为学生们提供了活学活用的广阔空间与氛围，使学生们不再只是游走于"哑巴"英语的尴尬中，而是将英语交流成为学生们的一种乐趣，让学生们不仅会说、敢说，更乐于说，体验到了学习的成就感，形成了英语学习的良性循环。

我校开展的"外教团辅助英语教学"活动，提高了学生的口语表达能力

（六）开发国际理解教育课程

　　为了让学生能真正享受到"面向世界、面向未来、面向现代化"的优质教育，学校与日本、新西兰、新加坡、加拿大、澳大利亚、美国等国家的学校建立了友好关系，深入开展外教团辅助英语教学活动，并组织师生到友好国家去访问、考察、交流，让学生走出国门，真正感受到异域国家的风土人情与发展变化。

　　从 2002 年至今，日本教育考察团多次到学校进行办学内涵的考察和交流，并参加了西五小学百年校庆，对学校的办学理念及学校的跨越式发展深感惊叹。2004 年至今，学校三次应邀赴日本进行学前教育、基础教育考察，受到了日本众议院副议长和喜多方市市长的亲切接见，并有两名教师应教育部委派到日本学习和培训，为我们带回了先进的教育思想和办学经验，促进了学校办学品质的发展。通过深入考察日本、美国、澳大利亚的教育模式，为学校绿色教育的发展提供了值得借鉴的宝贵经验。

　　2010 年，学校 7 名师生赴新加坡进行文化教育友好交流；2011 年，赴美国考察感受异域文化的教育特色，为学校教育与国际教育接轨积累了宝贵财富。

在澳大利亚，与孩子们在一起

在新加坡，与孩子们在一起

台湾地区文化教育考察团来我校考察、交流

香港教育学院考察团来我校考察、交流

赴日本进行教育文化友好交流

赴美国考察

肯尼亚教育专家来我校进行"国际理解教育"专访

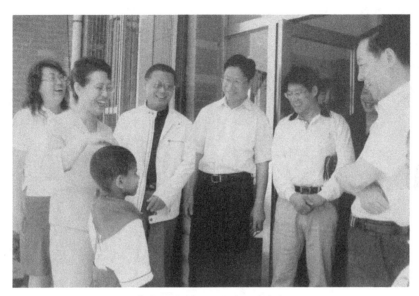

来自伊拉克的小哈兹就读我校

我校师生在日本福岛山都町实验中学观看学生表演太和鼓

赴澳大利亚进行文化教育考察

五、孩子眼中的绿色课堂

对于什么样的课是"好课"？可谓是仁者见仁，智者见智。我们更多的是从师者的角度去评判和构建成人心目中的好课，很少有人去关注学生的感受和体验。课堂生活是孩子们经历最多、体验最深的一种学习生活，他们的感觉是最真的，他们的表达也是最直接、最能引发我们思考的。在绿色课堂向纵深发展的过程中，我们蹲下身来走进孩子中间，倾听他们的心声，积极构建他们心中的绿色课堂。

为了倾听孩子的心声，了解孩子的需求，深化绿色课堂的文化内涵，我们组建了由教学校长和 10 名学科骨干教师组成的"绿色课堂走访团"，通过下发调查问卷、深度采访，对全校 2000 多名学生，分三个阶段进行了调查，得到了最宝贵的研究资料。同时，也欣喜地看到绿色课堂的实质变化。

（一）孩子喜欢的教学方式

在这个维度上，孩子针对我们的提问："你喜欢老师用什么样的方式来上课呢？"

他们通过描述一个个生动的课堂例子，表达了自己的感受。

"课堂上我们喜欢做游戏、听老师讲故事、和老师一起动手做。"这是孩子们的感受。三年级的一个小女生兴致勃勃地讲道："我们英语老师在课堂上最喜欢让我们玩游戏了，学习句型时总是让我们分组做抢红旗、摘桃子、小猴爬藤的游戏，同学们学得可高兴了。有一节课，学习水果单词 banana、grapes、oranges、watermelons、apple 时，王老师还让我们结合语文课上的'小猴子下山'的故事，把这几个单词创编成故事让同学来表演，我第一个走到前面给同学们讲故事。'一只可爱的小猴子下山去摘东西吃，走着走着，他看到了一个又红又大的（watermelon）西瓜，于是抱起（watermelon）就向前走去。走着走着，又看见了黄灿灿的（banana）香蕉，于是他扔掉（watermelon），捡起（banana）香蕉又向前走去。就这样，小猴子一路走，一路丢，最后什么都没有得到。'下课了，同学们还争先恐后地要讲故事……"

说到英语课，旁边的一个五年级的小男孩也抢着说："刘老师在课堂上经常领我们玩拼图游戏，让我们一边玩一边学。在讲实物单词时，先将一幅图片剪成几小块，让大家动手去拼，当我们对拼出的图片感兴趣时，老师再教单词，我们就会记得很深刻。在学习句型时也玩拼图的游戏，老师让几个学生拿不同的单词去组合几种不同形式的句型，亲身去体验句型的特点。先让四个学生拿着 it，is，a，dog 的单词卡片，当老师出示句号时，同学们自己排列顺序为'It is a dog.'是陈述句；当老师出示问号时，同学们调换顺序变为'Is it a dog?'是一般疑问句。这样，同学们很快区分开了两种句型。"

一年级奥数班的一个学生说："我喜欢姚老师领我们做的'手指游戏'，学习'奇数＋奇数＝偶数'时，老师和我们一起伸手做游戏。大家一起说'伸出左手和右手，5 和 5 是奇数，两两朋友去散步，大拇哥是一对，手挽手来一起走，没有剩余是偶数。"有了这样的手指游戏，对于一年级的学生来说犹如"天书"的奥数题就掌握了。另一个孩子说："最喜欢可以做游戏的课。我上过一堂课，老师让我们充当建筑物，让我们扮演司机去辨别方位，同学们学会了怎么看物体。"

除了游戏之外，同学们还喜欢老师给他们讲故事。一个五年级的女生说："我特别喜欢分析课文时，老师给我们讲相关的故事。学习《马背上的小红军》后，老师又给我们讲了草地夜行、金色的鱼钩的故事，非常感人。学习了《赤壁之战》后，老师让我们看《三国演义》，每天找一名同学到前面讲故事，让我们学到了书本外的很多知识。"

　　通过学生的回答，可以看出，孩子们所谓的游戏并非是单纯的娱乐，是老师们基于学生的天性，精心设计的教学环节，让孩子们在绿色课堂上"学习并快乐着"。下面一个精彩的教学片段，是我校教师参加全国数学大赛《复式条形统计图》一课的游戏导入，趣味十足而又不失思维的活跃，为新授学习打下了良好的基础。

　　课前教师目测身高相近的两名学生（一男一女）。

　　师：同学们，你们好！课前咱们一起来做个游戏，好吗？

　　生：好！

　　师：首先请两名同学上前来配合一下，学生争先恐后地举手。

　　教师指着预先挑好的两名同学。

　　师：请男同学站在最右边，女同学站在最左边。现在请同学们仔细观察，比一比这两个同学谁的个子高？

　　生1：男同学。

　　生2：女同学。

　　师：大家再好好观察一下！

　　学生再次观察。

　　师：同学们，你们有没有什么好办法能够马上就比较出两个人的身高呢？

　　学生们积极思考。

　　生1：可以让两个人靠得近一些。

　　师：两位同学向中间各走五步，靠近一些，再比一比。

　　学生们观察后，摇头还是不好比较。

　　师：有没有更好的办法呢？

　　生2：让两个人背靠背挨在一起。

　　师：两位同学背靠背挨在一起。

　　两位同学刚站好，学生们就异口同声地喊出：女生高。

　　师：这是一个非常好的办法，两个人背靠背紧紧挨在一起，就能很快地比较出两个人的身高。好，游戏玩到这儿，今天咱们就来学习《复式条形统计图》一课。

（二）孩子喜欢的学习方式

在这个维度上，孩子针对我们的提问："你喜欢什么样的学习？在你喜欢的课堂上，你是怎样学习的？"孩子们的回答如下。

"课堂上我们喜欢亲自体验、小组讨论、在做中学。"

"体验"这个词出自一个四年级孩子之口。当老师问他"什么样的学习给他最深刻的印象时"，他想了一会儿说："应该实际去体验一下，有一次科学课，老师让我们学种豆子，因为我的豆子迟迟没有发芽，我想让它早点发芽，所以每天去给它浇水，结果把它浇死了，后来我明白种子发芽并不是水越多越好，而是要恰到好处，这个学习过程让我印象很深刻。"他的同桌也说："我喜欢上科学课，因为可以做实验，而且还可以让我们在大自然中学习，比方说上花那一课，就可以到操场上观察花朵。"

一年级的小同学说："我最喜欢数学课上老师让我们'吃饼干'，老师说用你们白白的小牙齿把手里不同形状的饼干，加工成我们今天学过的图形，音乐响了，同学们就笑着开始咬饼干，一会儿，将长方形咬成正方形、三角形，将正方形咬成长方形……让我们一边玩，一边学，很开心。"

在交流中，我们发现很多孩子喜欢在课堂上参加讨论，如"我喜欢上课的时候分成几个小组，讨论学习，然后请一个代表回答，这样如果其中一个人不会的话，其他同学可以帮助他，老师也不会批评他"。"课堂上，老师给我们思考的时间，有什么不懂的问题先提出来，然后小组一起讨论，不会的老师再讲给我们听。学习《电脑'管家'》一课时，老师利用实物投影向我们展示了一台电脑，问大家有什么疑问，有的说，在我的印象中管家是人，我想知道电脑怎么当管家呢？它是怎样管家的？有的说，我想知道电脑有哪些功能？有的说我想知道为什么说电脑是忠实可靠的管家？同学们积极性很高。老师说，下面请大家带着疑问，以小组为单位进行讨论学习，于是，我们就在一起七嘴八舌地讨论起来。"

以上谈到的是孩子们喜欢的学习方式，我们看到，尊重孩子的兴趣、爱好，让学生在做中学、玩中学，是绿色课堂学习方式的变革，这一变革让孩子成为课堂的主人，成为学习的主体。

（三）孩子喜欢的课堂氛围

当问到在课堂上，你和老师是一种什么样的关系时，大多数同学毫不犹豫地说是"朋友、平等、尊重"，更有的同学说"课堂就像家一样，亲切、温暖、和谐"。

交流是从问题开始的。在学习《找规律》一课时：

教师先在屏幕上展现一幅图画。商店门口挂了很多灯笼，红、黄、蓝三种颜色有规律地排列着，其中一部分被一辆停在商店门口的汽车给遮住了。

师：你能知道被汽车挡住的灯笼，分别是什么颜色吗？

生：只要把汽车开走就知道了。

师：（笑了笑）你很聪明。对啊！只要把汽车开走，不就都清楚了吗？但在汽车还没开走之前，我们也能看出来吗？大家互相说一说。

学生开始小声讨论起来。

课上，教师和学生真心交流，教师尊重学生，保护学生的童真，在对话中启迪了学生的思维，激发了学生学习的欲望。这样的课堂，学生怎能不喜欢呢？

在调查中，有这样一节课，听后叫人非常感动。在一年级的美术课上，孩子们正在聚精会神地画着小鱼和大海，突然有个小朋友叫了起来："老师，你看他的大海是黑色的。"老师走过去一看，果然看到那位同学的画纸上一片漆黑。老师刚想批评他，忽然想到可能有他自己的想法，于是心平气和地问道："小明同学，海洋应该是蓝色的，你怎么涂成黑色的了？"他小心翼翼地说："老师，我上次看到电视里的鱼碰到敌人的时候会把海水变成黑色来保护自己，他们也遇到敌人了呀，所以……""哦，原来是这样啊，那是乌贼碰到敌人的时候才会喷墨来保护自己，你的想法很好。"看到孩子们认真地听着，老师首先表扬了他，然后跟他们讲了乌贼的故事，让他们在画画的同时也学到了关于乌贼的一些常识。

课堂上教师对于有创造性想法的孩子，应采取鼓励和表扬的方式，使学生的艺术思维逐渐发展起来。我们相信，这个孩子在绘画上肯定会有所成绩。绿色课堂就是这样为每个个性不同的孩子提供广阔的天地。

（四）孩子喜欢的学习内容

在这一方面，很多孩子表示，他们喜欢在课堂上学习一些课外知识，喜欢学习和平时自己的生活相联系的内容，许多学生纷纷发表了自己的见解。

一个孩子说："学习认识人民币时，老师让我们带来真实的人民币，在课堂上通过表演公交车上买票、超市买东西兑换人民币，就像生活中的那样，来让我们每个人都充分认识人民币，体验人民币的用处，知道了数学就在我们的生活之中。"

"我特别喜欢雪，但是写雪的作文却是我很头疼的事情。有一次，在张老师的作文课上，老师带领我们到操场上观察雪，一起堆雪人、打雪仗，一起回忆打雪仗时小伙伴的面目表情、动作方式、语言表达，这样一句句地理顺了，说清了，作文写起来就非常得心应手了，我也不再觉得写雪的作文有多难了。"

六年级的一位同学说："在学习《北京》这篇课文时，老师事先让我们搜集大量与北京有关的风景名胜图片，在课堂上进行交流展示。有的还找到了 DVD 光碟，在电脑上把北京自然的、人文的景观加以放映，当时很多同学都情不自禁地说：'哇，北京真美！我们的祖国首都真了不起！'"

在教学"分数的初步认识"一课时，一位老师从孩子们熟悉的生活中单刀直入地开始了知识的学习：

师：有 4 个桃子，平均分 2 个人，每人得到几个？

生：（用两下整齐的掌声回答了问题）啪——啪。

师：有 2 个桃子，平均分 2 个人，每人得到几个？

生：啪（一下）。

师：（不快不慢地）只有一个桃子，平均分 2 个人，每人得到几个？

生：（你看看我，我看看你，面面相觑。突然有几个同学用右手尖点了一下右手心）半个。

还有的同学两手心相对并不合上，表示"半个"。

熟悉的生活一下子吸引了孩子们的注意力，有的同学不由自主地说："半个"。

师：对，半个。半个该怎么写呢？小朋友们，能用你喜欢的方法来表示一个桃子的一半吗？

教室里立刻热闹起来，有的同学接过老师手中的粉笔，跑到黑板前画图、写汉字。老师认真地看着同学们的板书，孩子们用不同的方式表达着自己心中的"一半"。

在这里，老师借助孩子们熟悉的生活引出分数知识，化抽象为具体、予枯燥以趣味，使学生体会到分数来源于生活。新颖的设计，一下子激发了学生的学习兴趣，调动了学生们已有的知识经验，学习新的数学知识。

【附：学生对绿色课堂的认识】

我是"小老师"

四年级三班　许　峥

在绿色课堂上，我们班的每个同学都很兴奋。因为，课堂上老师把学习的主动权交给了我们，让我们每个人都有了当"小老师"的机会。

新学期的第一天，我走上讲台，当了一回名副其实的小老师。偶尔当回老师，站在讲台上真的有些害怕，心里像揣了一只小兔子似的，七上八下的。首先，我以老师的身份对同学们说："好，现在开始上课，今天来学习第三课《和时间赛跑》。"边说边往黑板上写题目，接着让同学们读课文，然后领着大家划分段落。可是，一到分析课文的时候还总是悄悄地问问雷老师……就这样，紧张的一节课过去了。

虽然这节课讲得不怎么好，但是让我真正体会到了当老师的快乐。只要我一想起这节课，我就想笑。我非常感谢老师给了我这次机会，让我对语文产生了浓厚的兴趣，我暗自下决心，长大了我一定要当一名光荣的人民教师。

绿色课堂伴我成长

六年级二班　刘佳宇

绿色课堂是以绿色教育为中心的开放式课堂，学生的家长可以在绿色课堂上看到自己孩子的风采，而学生在绿色课堂上可以大胆地展示自己，而且还有教育局的叔叔、阿姨来我校听课，可以说我校开展的绿色课堂的知名度还是很大的。

绿色课堂的好处可是不少的，在上课时，没有弄懂的问题可以当堂解决，学生们可以快快乐乐地上课，没有任何压力。绿色课堂的科目包括语文、数学、英语、科学、体育……无论你学什么科目，都会让你满载而归。

　　绿色课堂是一个理想的学习天地，像一列永不停止的知识火车，不断给我输送新的知识。

　　绿色课堂是我们永恒的追求。理想的绿色课堂，是一首诗歌，用师生情感的流动变化奏出这首歌美妙的旋律；理想的绿色课堂，是一片云，用行云流水般的自由去构建语文课堂张扬的人文精神。它拥有的是"蓦然回首，那人却在灯火阑珊处"的发现，拥有的是"山重水复疑无路，柳暗花明又一村"的意外收获，拥有的是"心有灵犀一点通"的和谐共鸣，拥有的是"此时无声胜有声"的心灵释放，拥有的是"精骛八极，神游四方"的思想流淌……

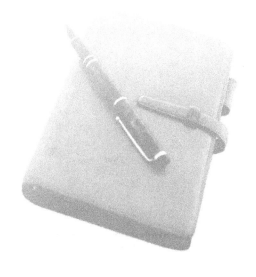

绿色教育与教师
专业发展

学校教师文化是学校文化体系的灵魂，教师文化的生成是潜移默化的。我校坚持用绿色教育的理念来指导学校的教育教学工作。绿色教育理念的核心价值就是尊重生命，从1999年开始至今，学校一直在进行教育教学实验。我们深知发展教师，才能发展教学，才能发展学校和发展学生。为此，我校始终把握着学校和教师的专业发展方向，经过十多年的探索，我校逐渐形成了自己独具特色的教师文化——太阳鸟向着太阳飞翔。

一、唤醒教师心灵和行为的自觉

十几年来，我校一直将师德师风建设作为师资队伍建设的一项重点工作来抓。学校以"热爱学生、教书育人"为核心，以"德为人先、学为人师、行为世范"为标准，以"言传身教、为人师表"为准则，强化师德教育，优化制度环境，不断提高师德水平，充分调动了广大教职工教书育人、管理育人、服务育人的积极性，使师德师风建设成为推动学校内涵发展的重要保障。如今，学校的师德建设工作取得了良好的效果，绿色教育形成了文化体系，教师发展态势已具"黄金团队"模式，专家治校、名师执教、特色兴校的办学方略已化为教育行为，凸显了教育实效。

（一）汇集智慧，规范行为

做校长就要致力于构建一个共同学习的场域，将教师们的智慧汇集成团队的共同智慧。要让每个人有想法，让大家有着共同的理想追求，这样，一定会创生出教育的感动。在成就教师的过程中实现校长的理想和追求，在发展学生的过程中造就学校的卓越，在服务社会的过程中积淀长久的文化力。

为了提高教师的师德素养，我校采取了集中学习和自我学习相结合的学习形式，重点加强了两方面的学习：一方面积极组织全体教师学习《中华人民共和国宪法》《中华人民共和国义务教育法》《中华人民共和国教师法》《中华人民共和国未成年人保护法》《学生伤害事故处理办法》《中小学教师职业道德规范》和《公民道德建设实施纲要》等师德建设及法规政策方面的材料；另一方面针对教师的自身素养进行了学习教育，学校经常开展师德讲座、"践行陶行知思想，做新型人民教师"的师德论坛等活动，增强了教师的职业素养。通过学习进一步更新了教师观念，规范了教师言行。

为增强教师爱岗敬业、教书育人、为人师表的使命感和责任感，我们积极组织教师开展师德建设大讨论活动。利用政治学习时间，紧紧围绕"端正教育思想，更新教育观念，规范教育教学行为，塑造教师良好形象"等主题，开展师德建设大讨论。组织教师开展了《让爱在绿色教育中升华》《大爱无疆，真情无价》《精彩一刻钟——我的师德观》演讲活动。并对照市教育局下发的"五条禁令"展开师德师风自查活动，深刻反思，查摆自己有无违规、违纪、违背师德的现象。通过民主讨论取得共识：即每一位教师时刻做好表率，在学生面前树立"严师慈母"的形象，在家长面前树立"最可信赖的人"形象，在社会上树立"最文明群体形象"，展示坦诚向上、积极进取的精神风貌。始终让教师以"传道、授业、奉献"为己任，视"正己、爱生、敬业"为天职。

多年来，我校始终把师德建设作为学校工作的头等大事来抓，高度重视教师队伍建设，注重西五小学的形象塑造，切实做到了工作"三落实"，即制度落实、组织落实、任务落实。每年在制订工作规划和年度计划时都把师德建设放在突出位置。每学期学校都本着体现育人为本、德育为首、注重实效的宗旨，制订切实可行的师德建设实施方案。一学期一个工作重点，长期坚持抓紧抓好。同时成立了师德建设工作领导小组，强化了师德建设工作的组织领导。学校全面贯彻落实了市教育局《教师从教五条禁令》、教师师德行为"十不准"、教师用语"十提倡"，制订了《西五小学师德师风建设实施方案》《西五小学教师一日常规》《师德师风检查方案》等相关规定，从而在全校范围内形成浓厚的育人意识、服务意识。

党组织在师德建设工作中，充分发挥政治核心和监督作用，党员教师充分发挥先锋模范作用，用自己的言行影响带动广大教师，树立党员先进形象。工会、共青团、教代会等也充分发挥积极作用，整个学校形成了一个统一领导齐抓共管师德建设工作的良好局面。

逐步建立了师德规范和师德考核监督新机制。经学校领导班子多次研究，制定了《西五小学教师职业道德规范》和《西五小学师德师风奖惩制度》，通过制定、完善、落实师德规范奖惩制度，进一步规范了教师的教育教学活动，教育引导教师自觉履行《教师法》《教育法》等规定的职责和义务，严格遵守《中小学教师职业道德规范》。

　　同时，我们还建立了教师师德档案和师德考核制度，加强对教师师德的考核。学校为每位教师建立了师德档案。坚持实行教师宣誓与师德承诺制度，组织全体教师开学第一天宣誓，并且签订了《师德建设工作承诺书》《师德建设工作责任书》及《禁止乱办班、乱收费的保证书》。通过宣誓、承诺、签订责任书来约束教师的言行。在每个教师心中建立内化自律机制，教师在行动中遵循这些规范时，内心会感到欣慰和愉悦；如果违背了自己的承诺，就会内疚和自我谴责。

　　同时，我校还建立了学生、学生家长及社会的监督机制。一是成立家长管理委员会，建立了家校联系网，使他们成为沟通学校与学生家庭的桥梁。开设了校长信箱、校长公开电话、师德师风意见箱，及时了解家长的意见，接受他们的监督。对家长反映的问题，限期解决，并于最短时间内给予回复。二是成立师德监督小组，不定期对我校教师的师德进行查访，发现违纪问题，及时处理并在全校教师大会上批评。对在师德建设方面出现问题的教师，实施师德责任追究制，取消当年的评优晋级资格。学校还采取教师互评、学生评定、家长评定与学校综合评定相结合的方式，定期或不定期对教师师德、情况进行考评。我们曾多次就教师师德、师风问题对学生和家长及家长管理委员会成员进行问卷调查，征求他们对师德建设和学校管理方面的意见和建议。并将师德考评落实到学校师资管理的政策导向中，把师德状况作为教学工作考核及专业技术考评、晋级、评优、奖励的重要依据，实行师德师风问题报告制度和严重师德问题一票否决制。

（二）创新载体，丰富活动

　　宣传教育工作对做好师德建设起着至关重要的作用，为形成优良的师德风范和师德建设的良好氛围，我们在全校范围内开展了丰富多彩的宣传活动。

　　积极开展"三爱"（爱学校、爱事业、爱学生）系列教育活动，感悟教师的师表形象。

　　在学校的各项活动和大型迎检中，我们看到了西五教师乐于奉献的精神操守。在汶川、玉树地震和重大自然灾害中，全校教师慷慨捐款288000元。在无偿献血活动中，有107名教师报名，6位教师光荣献血，每位教师用实际行动诠释了师德的崇高。在学校校园文化建设中，无论是楼道墙体的粉刷、工艺美术作品的制作，还是美化校园的义务劳动……老师们都积极参与，不怕脏、不怕累；在各种大型迎检活动中，广大教师们都能主动地早来、晚走，积极贡献自己的一份力量。这无疑凝聚了全体西五人的智慧与汗水，体现了西五黄金团队的价值所在。

在学校的常规工作中，也时刻体现着西五人以爱西五为荣的高尚情感。在严寒的冬季，天冷雪大，为了及时清理操场上的积雪，避免安全隐患，王成、孔照满、尹蕾等数十名老师积极参加清雪劳动；跟班车的二十多名老师，为把学生平安接送回家，不辞辛苦，任劳任怨……从这些教师身上，我们看到了西五教师朴素无华的情怀，也感受到了他们爱西五如爱家的真挚情感。

十年来，我校积极组织开展了以"把爱心献给学生，把青春献给事业，把真诚献给同事"和"敬业爱生、教书育人"为主题的教育活动，组织教师聆听了王琪教授的师德演讲报告《天下良师的责任》；我亲自为全体教师作了师德专题讲座；组织开展了向师德模范人物学习、师德演讲、班主任经验交流、"双文明学年组"和"优秀共产党员""优秀班主任""优秀教师"评比、"我心目中的好老师"评选和"青年教师教学技能比赛"等活动。通过召开青年教师与骨干教师座谈会，交流工作体会和科研工作经验，增进相互之间的情谊；进一步规范了教师的教育教学行为，有效地提高了教师的师德水平和教书育人的自觉性。

我校通过师德培训等方式教育教师关爱学生和平等对待每一位学生。俗话说："良言一句三冬暖，恶语伤人六月寒。"当学生遇到困难时，就要用热情的话语鼓励他；当学生受窘时，不妨说句解围的话；当学生自卑时，别忘记用他的"闪光点"燃起他的自信心。对学生要有友善的态度，与学生交谈常要换位思考，使学生从心底里体会到，老师的所做是为了学生好，是为了学生的发展。只有坚持这样做，才能建立良好的师生关系，才能树起良好的师德形象。我们教育教师要公正、公平地对待每一个学生，满足他们求发展、求进步的需要，使学生从教师的行为中看到希望，受到鼓舞。即使是最差的学生也有他的闪光点，我们在教师思想中树立"没有最差的学生，只有需要完善的教育方式"育人意识，真正落实绿色教育中"以品行影响品行，以生命孵化生命，以博爱成就未来"的理念。

每年教师节学校都召开师德经验交流会、表彰会，对先进学年组和先进个人等各类先进教职工进行表彰。大力倡导先进人物为人师表、敬业奉献的精神，弘扬尊师重教、学习先进和争当先进的良好风尚。学校在面向全校教师征集师德事迹材料的基础上，整理出版了教师节"师德专刊"，并在《长春日报》和《长春晚报》上进行了整版宣传，进一步弘扬了我校教师的良好师德形象，提升了社会各界对学校的认可程度。

充分发挥校内宣传媒体的作用，大力宣传和弘扬师德典型，形成浓厚的师德建设氛围。

在师德建设中，我们推出了一批敬业爱生、清廉自守、矢志不移的师德形象。他们中有重修身、爱岗位、勤钻研并且持之以恒的师德模范；还有见贤思齐、后来居上的师德新秀；有忠于事业、积极进取的老教师；有用真诚的关怀、高尚的情操、正直的人格培育学生的班主任、辅导员；有诲人不倦、改革创新、不断攀登学术高峰的学科带头人；有默默无闻、任劳任怨、燃烧自己、照亮他人的中层干部。学校开设了榜样示范专栏，不定期地利用宣传板展示荣获教育系统道德模范的教师先进事迹，在教师队伍中大力弘扬正气。

"一切为了学生，为了一切学生，为了学生一切"的育人意识、服务意识在我校已蔚然成风，可以说我校具有一支素质高、修养好、讲学习、讲团结、讲水平、讲敬业、讲原则、讲奉献的教师队伍。

开展"情感暖心"系列活动，促进团队和谐，增强教师凝聚力，共筑教师间的情感线。

我校多年来十分注重建立制度下的人文关怀。在管理中不断发挥全体教职工民主管理、民主治校的作用，及时召开教代会，鼓励教工为学校发展献计献策，先后通过了"实行教师教育教学申诉制度""设立教师亲情假"及"成立名师工作站"等重大决定，进一步推进了校务公开，促进了学校和谐发展。学校还为广大教师创设了良好的学习环境。校领导积极带头参加学习，创设读书氛围，充分利用阅览室、图书角，引导教师们自觉学习，鼓励教师多读书、读好书，形成读书光荣、不读书可耻的良好学习风气。我们还采用多种形式，不定期给骨干教师、全体教师购买图书。为减轻教师压力，工会经常组织教师开展阳光健康俱乐部活动，竭诚为教师解决实际问题，让教师们快乐地学习、愉快地工作，真正做到我爱我家。学校领导经常关怀下属，及时了解教师的疾苦，及时为教师排忧解难。每年春节期间，校领导都亲自深入到每一位离退教师、特困教师家中走访慰问，把党的温暖送到教师心坎上；我校每位教师过生日时，学校工会都会送上精美的生日蛋糕和真诚的祝福；每逢"三八"妇女节、圣诞节、春节等节假日，学校都会给老师发放姜茶、奶粉、平安果、巧克力、咖啡等温馨小礼物。

每到教师节，别的学校往往会利用嘉奖、表彰或给教师提高点福利等方式来庆祝，2006年的第22个教师节，我校的庆祝方式却有点不同。9月5日，学校以开放28个课堂的形式拉开了"庆祝教师节主题活动周"序幕，向社会各界展现自己的教学成果，成为我校教师过节的"重头戏"，学校也把对教师素质的提升作为给教师的最大"福利"。五年级三班的语文课是学说明文《鲸》，在老师的启发下，几名同学巧妙地把课堂变成了"海底世界"，一名扮演须鲸的同学在海里"遨游"时，发现对面游过来的"小鱼小虾"，一口就"吞"了进去。随后，几名扮演凶猛齿鲸的同学则"围攻"过来，把须鲸变成了盘中餐。老师通过鼓励学生自主研究，不仅使学生们生动地了解了各种鲸的习性，更让第一次接触说明文的学生们学得津津有味。

让课堂充满生机和活力、让校园成为学生成长的乐园是我校一直坚持的"绿色教育"理念。因此，在学校的课堂上，师生们闪现出的这种智慧"火花"随处可见。为了让学生懂得珍爱生命，班主任李元兵老师让学生在思品与生活课上每人"当"一次小动物或植物，小蝴蝶、小鱼、小花、小树……课堂上，每个学生都戴起了自己的头饰。"有人捕鱼了，你作为小鱼心情会怎样？""有人正在乱砍滥伐，你是小树会有什么感觉？"随着学生们一个个情节的演绎，李老师也抛出了一个个问题，珍爱生命、人人有责的道理，自然印在了学生的心里。

下课后，李元兵老师对记者说，她已经过了近二十个教师节，但今年最特别。"今年学校的这种安排，让我觉得以后每过一个教师节就等于我们老师在教育教学上要再上一个新台阶了。"

2006年9月6日，《长春日报》记者以《打开学校"大门"，尽展教师"功力"——西五小学这样给教师办"福利"》为题，对学校别样的教师节进行了宣传报道。

开展"万名教师访万家"活动，突出家校合作育人成效。

老师要与家长密切配合，采取恰当的方法解决问题，如果家长的教育方法出现偏差，老师应该指导他们适时调整，提醒他们对于特殊问题，不能用一贯采取的方法去应对。民主的方式、朋友式的劝谕并不是时时都能起到作用的，应重症下猛药，否则，长期的神思恍惚，带来的必然是成绩的急剧下滑和心灵的失衡。我校每年寒、暑假都会开展"万名教师访万家"活动，此项活动的开展，加大了家校合作的力度，突出了全方位育人的实效性。老师家访的目的不是告状，不是把"皮球"踢给家长，而是充分了解情况，最后在教育过程中解决问题。在这过程中老师要采取主动，给学生创造改变自己的有利条件，并能抓住契机，促成学生的转变。学生的转变不是一两次家访就能完成的，这需要一个过程，有时还很漫长，老师与家长都需要有足够的耐心。

例如，一名班主任老师在家访后写下了这样的家访手记：

学生情况：张楠，男，进入高年级以来，学习虽不甚努力，但还跟得上班级同学，成绩一直居于中等。五年级下学期期末考试，成绩突然下降，位于班级后进层面。

老师观察的现象：自恃小聪明，上课不怎么听讲，作业多有不交或迟交现象，喜欢上网。

与家长交流的结果：家长都是下岗职工，都已外出打工，孩子与爷爷奶奶一起生活。孩子回家基本不做作业，业余时间一般都用来上网或与其他同学一起到处闲逛。

初步的对策：建议家长必须留一人在家，多关心他，可利用春节的时机与他做平等的交流，主要与他谈成绩退步的问题，利用迂回包抄的方法，达到纠正的目的。

初步的反应：本学期开始，上课认真，作业完成较好，在本学期的计划中，他的目标是争取考取年级前30名！家庭生活条件虽然不宽裕，但母亲坚持留在家中照顾儿子，孩子心中有了依靠，学习来劲了！

与家长的再次交流：家长说春节期间曾与他多次谈话，督促孩子完成好了各科寒假作业，除思想上教育外，重点落实了以下几件事：1. 在这一段时间，家长回家检查作业，老师讲到哪里，作业必须做到哪里；2. 严格控制业余时间，绝对不容许外出上网；3. 手机暂停使用；4. 为帮助其集中注意力，位置由后排调至前排。

收到的效果：作业基本上能完成了，由于位置的关系，上课注意力提高了，能安静地听讲了，精神振作，与以前相比大有好转。

教师感想：学生有了思想变化总会在种种现象中表现出来，老师要善于观察，要注意与家长联系，这样才能对学生的思想动态有个全面的把握，从而能对症下药。

在家访活动中，像这样的成功案例比比皆是，这充分说明了我校开展的"万名教师访万家"的活动并不是空穴来风，它的确有它的实效性。

（三）率先垂范，榜样引领

在教育路上行走几十年，我不停地追寻着自己的教育理想。我这样看待所肩负的使命："选择了教育就选择了责任，选择了校长就选择了更大的责任。"做校长 17 年，我最喜欢的两支歌是《常回家看看》和《隐形的翅膀》。

1998 年 12 月，从主持西五工作开始，我忙于学校的规划和建设，起早贪黑，有时彻夜不眠，很少有时间回去看望自己的母亲。直到大年三十的晚上，我和爱人去姐姐家看望母亲时，春节联欢晚会已经开始，当《常回家看看》的音乐响起的时候，我再也控制不住自己，眼泪夺眶而出，我觉得自己没尽到做女儿的义务，可母亲总是很理解地说："你忙吧，我没事！"每当工作忙得没有时间回家看望母亲时，我就会轻轻地哼唱这一首歌。这首歌，成了我生命的"主题曲"。

"每一次都在徘徊孤单中坚强，每一次就算是受伤也不闪泪光，我知道我一直有双隐形的翅膀，带我飞，飞过绝望！"这首《隐形的翅膀》带给了我无穷的力量。业界人士评论我，说："真是一只喜欢和习惯了飞翔的朱雀，她在自己的流年里忘记了疲倦。"2008 年，我荣获"长春市模范教育工作者"称号，长春市教育局在我的颁奖词中这样写道："作为绿色教育的旗手，她的贡献不仅在于缔造了一个教育品牌的凤凰涅槃；她用执着和爱解读了选择付出的关键词：一生一次，一次一生。"

在我的感召下，西五小学的教师们都深知，一个选择教师职业的人，首先要热爱教育事业，更要有为教育事业奋斗终身的奉献精神。看，这几个事例让我难以忘记：

一句"我不后悔"说得多么轻松，可这背后又隐藏了多少催人泪下的故事呀！王岷老师不慎从楼梯摔下，造成腰部受伤，此时正值开学前夕，第二天还要召开新生入学家长会，为了不影响学校正常工作，她忍痛坚持布置、打扫教室直到晚上八点多。第二天又顺利地开完家长会，接着又迎接了一年级的新生入学。每天不能坐着，一站就是一整天，到了晚上，不但尾骨疼，就连腰腿也一起疼，根本无法入睡。这样坚持了一周，到医院检查时发现尾骨已骨折。可王老师还没等养好病，就回到

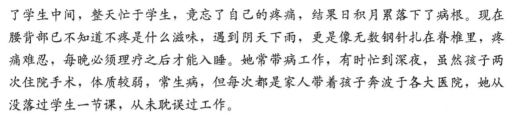

了学生中间，整天忙于学生，竟忘了自己的疼痛，结果日积月累落下了病根。现在腰背部已不知道不疼是什么滋味，遇到阴天下雨，更是像无数钢针扎在脊椎里，疼痛难忍，每晚必须理疗之后才能入睡。她常带病工作，有时忙到深夜，虽然孩子两次住院手术，体质较弱，常生病，但每次都是家人带着孩子奔波于各大医院，她从没落过学生一节课，从未耽误过工作。

爱生如子的付春萍老师的班级中有位同学叫李甜甜，父母为了能让她接受更好的教育来到长春开了一家烧烤店，但不幸的是父亲出了车祸，店里生意一直不好，母亲又得了腰椎间盘突出，没人接送孩子上学。付老师知道后，决定由自己接送孩子。那时自己也面临着很多困难，妹妹患了精神分裂症住进了医院，对于本就不富裕的家庭来说住院费成了大问题，为了节省路费，她每天早上六点骑着自行车，从南岭净水厂附近出发，先到建设街接上李甜甜，再到学校，大约需要1小时20分。晚上放学，还要先把她送回家去，才能踏上回家的路。

从小事做起，从细节做起，因材施教的李静宇老师的班级中也有个非常调皮的学生，常违反班级纪律。在他眼中流露出来的是调皮与固执，多次把班级墙上的纸条弄下来，对其说教也不见效，于是李老师就让他来管理班级的文化建设，发现破损就一定及时修补上。这个办法果然奏效，那个纸条再也没有掉下来过。可见，找到一个有效的途径，一个好的管理方法能起到事半功倍的效果。

担任体育教师工作已有二十余年的孙爱萍老师，在工作中一直严格要求自己，兢兢业业，教学中更是身正为范、做好表率。要求学生做到的，她会首先自己做到。她以身作则，给学生以榜样的力量，使学生在潜移默化中受到历练与教育。为了上好课，提高教学的实效性，她认真钻研教材，并根据新课标，结合学校的实际、学生的实际身体状况、气候条件和场地器材等，编好本堂课的实效教学工作计划。在教学中，她充分发挥教学的主导作用和学生的主体作用，给学生传授技术动作时，力求准确；讲解动作要领时，做到语言简练，通俗易懂。课堂上，她不断地鼓励学生多质疑，带着问题学习，做到有问必答；她还根据学生不同的个性特点和身体差异，因材施教，注意提高学生上课的兴趣，调动学生的积极性和主动性。在一次支教过程中，当她发现村小的孩子体育知识太贫乏时，她就思考，怎么能让孩子们在接受体育技能的同时也能掌握体育基础知识。为此，她准备了大量的资料和课件，利用大风和雨天时间在室内为他们介绍体育常识，让孩子们了解奥运，了解姚明、刘翔，让他们知道体育锻炼给他们带来的好处。为了让村小的孩子也能同样享受到西五的良好教育，她对器材进行了调整、灵活运用，有效地利用自己的条件，为学校和学生们做些力所能及的事情。

在班级管理中循循善诱的刘艺敏老师的班级中有位同学叫马树良，特别调皮，打架、贪玩、厌学。通过家访，刘老师了解到他母亲去世，父亲外出打工，跟着爷爷奶奶生活，一家人的生活来源就靠父亲每月寄的几百元钱，生活艰难。针对这些情况，刘老师采取了以下措施：首先指定了专人帮助他学习，然后再和他的家长沟通，让他爸爸常打电话回家，使他在家能感受到温暖。再抓住他头脑灵活的特点给他创造表现自己的机会，还利用放学时间为他补课。刘老师的付出终于有了回报，他的学习不但赶上了其他同学，而且在学习雷锋的活动中被评为先进个人，受到了学校的奖励，现在的他已经成为一名尖子生了。

……

一路耕耘，一路艰辛，一路欢笑。我校兢兢业业教书育人的教师还有许多，如善于注意从点滴之处教育学生的徐艳秋老师、因材施教的曹继云老师、心系学生的石媛老师……老师们用自己的人格魅力谱写了一曲曲爱的赞歌。

爱生活、爱家人、爱朋友、爱身边的一切，是西五人美好的品德与追求。爱是千里冰川上的一团火种，爱是茫茫暗夜里指航的灯塔，爱是历经风雨亘古不变的话题，爱是冥冥中心灵殷殷的期望。如果说"爱自己的孩子是人、爱别人的孩子是神"的话，那么西五的教师都是神的化身，因为他们用自己的真爱，用自己的人格魅力传承了人间的真爱，这份爱也将继续传承下去。

二、教师专业成长是学校发展之本

在教育改革和发展的新形势下，教师专业化发展走进了我们的教育视野，需要学校规划设计一条可持续发展的教师专业化成长道路，更新教师观念，提升教师能力，创建学校品牌。于是，学校先后提出并实施了"4691"和"4691——111"的名师强校工程，努力建设了一支高素质的教师队伍，提高了学校的办学品质。

2001 年，我校提出了培养骨干教师队伍的"4691"工程，即：三年培养 4 名思想素质高、业务能力强、有开拓精神的学校中层领导或后备干部；培养 6 名省、市、区骨干班主任；培养 9 名区级以上学科带头人；培养一支科研型骨干教师队伍。在实施"4691"工程的过程中，学校注重加强过程管理。一是加大对中层领导干部和后备干部的培养力度，使其成为学校发展的中坚力量。通过提出"三个掌握"（掌握大纲和教材、掌握现代教学理论、掌握科学的管理方法）、"三个转变"（工作由命令向协调转变、由随意向规范转变、由被动向主动转变）、"三个创新"（创新自工作思路、创新工作内容、创新工作方法），有效培养了中层干部的业务素质和工作转化力、执行力，成为学校的业务尖子和校级"首批学科带头人"。二是加大班主任的培训力度，提高队伍的整体素质。抓理论培训，提高班主任工作的艺术和技巧；抓班级评比，促进班级管理的规范化；抓责任意识的树立，实现了和谐师生关系的形成，开创了学校班主任工作的新局面。三是加强骨干教师队伍建设，努力培养区级以上学科带头人。学校严格规范落实"带教"制度，按照"严"（严格要求）、"活"（方法灵活）、"立"（树立典型）、"实"（追求实效）四字方针，把好"三关"（课前备课关、课堂教学关、课后辅导关），努力提高骨干教师的综合能力。其次，学校注重骨干教师的"三级管理"：常规管理，重在创新教学方式；活动管理，重在培养名师风范；特色管理，重在构建课程模式，努力缩短骨干教师与名师的差距。学校还制定了《科研培训制度》，极大调动了教师科研教改的积极性和钻研的热情，为后来"西五小学名师工作站"的建立，打下了坚实的基础。

在 2001—2003 年的三年间，学校已有 23 位教师在省、市、区各级教学大赛、业务评比中获奖；有 10 人成为区"优秀教师"或"教学新秀"；有 5 人成为市、区"优秀班主任"或"优秀中队辅导员"；有两名中层干部被提拔到副校级领导岗位，有 3 人成为区"后备干部"，学校骨干教师队伍已显"雏形"。"4691"工程的实施，让我们颇有收获。

在此基础上，2003 年，我校又提出了"4691——111"工程，旨在整体提高学校办学品质，快速实现学校的"建设一个现代化的、具有国际交流能力的品牌学校"。

"4691——111"工程的含义为：

$$4691\begin{cases} \text{"1"——（教师队伍）创新名师团队的培养模式，打造一支过硬的骨干教师队伍} \\ \text{"1"——（学生队伍）创新绿色教育的育人模式，培养一批高素质的合格人才} \\ \text{"1"——（现代学校）创新一体化的管理模式，实现"西五教育集团"又快又好发展} \\ \text{三年至少培养9名省、市、区级教育教学"名优"教师或师德先进个人} \\ \text{三年至少培养6名国家、省、市级骨干教师或学科带头人} \\ \text{三年至少培养4名省、市级"优秀班主任"或"优秀教师"} \end{cases}$$

"4691——111"工程的实施途径，是抓好"三个一"：

一是突出一个核心——抓师德、树师表。以"志存高远、敬业爱生、为人师表"为核心，全力进行师德建设，使全体教师真正成为绿色教育的使者，实现德育"全员管理、全面管理、全程管理"的新局面。二是咬住一个关键——抓培训、促成才。为了提高教师的综合素质，学校加强了"五个管理"，从而实现了"五个飞跃"，即：加强骨干教师的管理，实现专业引领的飞跃；加强教学尝试的管理，实现同伴互助的飞跃；加强积累学习的管理，实现校本案例研究的飞跃；加强教师培训的管理，实现自我反思的飞跃；加强教师行为管理，实现自我约束的飞跃。三是把握一个重点——抓科研、创品牌。

继我校承担的国家"十五"规划重点课题和省级重点课题"信息技术与学科教学整合的研究""基于网络环境下，构建现代教育新模式的实证研究"及"体音美分层教学的研究"等课题均圆满结题后，2006—2010年，学校又承担了"十一五"规划国家课题"实施绿色德育，构建学校、家庭、社会和谐德育管理体制的研究"和"实施绿色教育，加强未成年人思想道德建设的研究"等17项国家、省、市重点课题的研究，全校人人参与课题研究，撰写课题研究报告，搞科研、用科研在我校蔚然成风，为绿色教育的实施提供了科研保障。

从"4691"工程到"4691——111"工程，学校的目标发生了变化，培训教师的方式也发生了变化。如图示：

在这"梯形"培训方式中，我们注重了强化教师的成长要推动团队的发展，使每个教师都成为学者和专家，成长为研究者与反思者，成为教育行为的体现者和教育艺术的创造者，形成了永远向前的"太阳鸟向着太阳飞翔"的教师文化。两轮的"4691——111"工程的实施，学校培养了一批乐于奉献、善于合作、勤于研究、敬

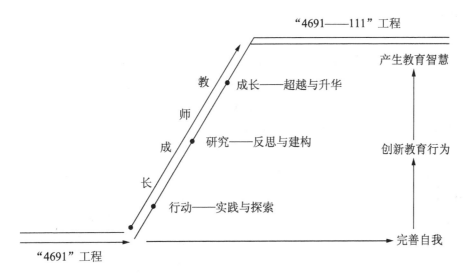

业爱生的骨干队伍，铸就了一支高素质、高水平的研究型教师队伍。到 2010 年时，学校已有省、市、区骨干教师 61 人，各级名优教师 58 人，在全国各级教学竞赛中共有 180 余人次获奖，为深化绿色教育奠定了人才基础。

2006 年 4 月 7 日，"长春市中小学教师叙事研究交流会"在我校召开，4 月 13 日《家长周刊》对此次活动进行了详细报道。

【附：2006 年 4 月 13 日《家长周刊》新闻报道】

西五小学"绿色教育"再度提温

随着基础教育课程改革的不断深入，"教师专业化""教育行动研究"等教育观念日益深入人心。如何使教师成为研究者，促进学校教育科研工作的深入开展，成为教育部门关心的问题和学校管理工作中的重要课题。4 月 7 日，"长春市中小学教师叙事研究交流会"在长春市西五小学召开，丁国君校长作了《在反思中成长，在研究中提高》的报告，受到与会者的好评。

自 2003 年 5 月份西五小学被确定为南关区教师专业发展型学校的试点以来，西五小学结合绿色教育理念下的"4691——111"工程，铸就了一支科研型骨干教师队伍。同时为了提高教师的专业化水平，西五小学还通过专家引领、合作论坛、外出培训活动为教师的发展搭建了平台。为教师的专业化发展开辟了广阔空间，大大提高了教师的科研水平。

西五小学丁国君校长说："在开展校本研究的过程中，我们深感有些内容无从落实，教师叙事研究的开展给我们提供了一个良好的平台，让我校的教育研究变得更加丰富、具体。我校的叙事研究工作主要经历了四个阶段：（一）集中培训，明确意义；（二）按照模式，学习撰写；（三）深入探索，反思提高；（四）尝试岗上论坛，实现纵向发展。"

西五小学在加强总结反思、提升研究水平的同时，实施教育叙事研究，实现了教堂相长。实施教师叙事研究，促进了教师育人观念的转变，促进了教师的专业成长。至今为止，西五小学已经实现了"五个提升"：通过教育叙事的深入研究，整体提升了学校教育科研的质量；通过叙事的交流与思考，迅速提升了学校科研型教师队伍的整体素质；通过科研课题的行动研究，全面提升了学校校本教研的开发和实践能力；通过叙事中深刻反思，逐步提升了教师的教育教堂研究水平；通过改进现有的教堂行为，有效提升了课堂的教学效果和育人质量。

教育叙事研究促进了学校文化的发展和教师专业素养的提高，对于提升学校的科研竞争力和教师专业素养也有着重要的作用，形成了一个新的教学研究平台。作为教育者，教育部门，应坚持实践探索，加强总结反思，提高研究水平，使教育叙事研究成为教师成长的新天地，成为促进学校发展的新动力。

到会的有长春市教育局副局长周国韬、长春市教育局师培处处长韩松、长春市教育局继教办主任汪涵、长春市教育局教学研究室副主任逯成文等领导和长春地区各中小学校长、负责人 300 余人。

三、读书给教师插上飞翔的翅膀

教育是一种深厚而灵动的影响。在教育场域里，教师的素养将直接而有力地影响学生的学习和成长。读书，是教育的根，根不朽，教育的干就苗壮，教育的枝叶就繁茂，健康可持续的教育永远需要不竭的、根本性的滋养——阅读。特别是社会飞速发展的今天，科技已把地球"凝聚"成村，终身教育正把学习演化为人们生活

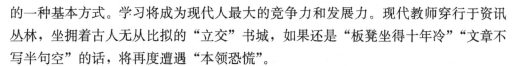

的一种基本方式。学习将成为现代人最大的竞争力和发展力。现代教师穿行于资讯丛林，坐拥着古人无从比拟的"立交"书城，如果还是"板凳坐得十年冷""文章不写半句空"的话，将再度遭遇"本领恐慌"。

为此，2008年3月，学校组织进行了"西五小学教师读书调查问卷"活动，了解教师读书的基本情况，以便于更好地开展工作。

调查问卷内容有五项：

自学校开展读书活动以来，你共读了几本书？请你写出书籍的名称。

哪本书给你留下的印象最深刻，为什么？

你都利用哪些时间读书？读书带给你最大的收获是什么？对你的教育教学工作产生了哪些影响？

请你用一两句话谈谈自己的读书感悟。

你还想阅读哪些书籍？对学校的读书活动你还有哪些好的建议？

通过调查，我们了解了教师读书的基本情况，这种现状，带给了我们更深层次的思考。记得苏霍姆林斯基说："只有当教师的知识视野比教学大纲宽广得无可比拟的时候，教师才能成为教育过程的真正能手、艺术家和诗人。"为此，关注教师的生存状态，强化教师的专业知识，确立教师职业的内在尊严，探求教师专业成长的途径尤为重要，这些都促使我们积极投身于倡导读书的行列。

几年来，我校始终坚持开展师生读书活动，使广大教师受益匪浅。特别是2008年9月以来，学校教师的读书活动进入了一个新的阶段：广泛阅读，重在读后感悟与反思。学校为教师购买了教育教学、企业管理等多种类别的书籍，开展了多种形式和主题的师生读书活动，促进了教师师德修养和人文素养的提高，更为教师的专业发展开辟了新的途径。

为了走在教师的前列，我提出：校长读书和班子读书。苏霍姆林斯基说过："校长的领导首先是思想的领导，其次才是行政领导。"校长的办学思想就像舵盘，决定着学校的走向。一个校长在学校、教师、学生的发展中发挥其决定性的、不可估量的作用。校长的办学思想应该具备前瞻性、可行性、持久性、发展性，应当令师生乐于接受，能最大限度地唤起师生的工作学习热情，这就要求校长不断学习。要想改变别人，首先得改变自己，因此读书学习从校长自身做起。校长读书，教师才会读书；教师读书，学生才会读书；校园读书，社会才会读书，这是一句很精彩的话。我曾多次想，目前中国社会读书的缺失，很大程度上是学校里真正的读书氛围还没有形成，而校长又处在这个读书"链"的起点上。

我在要求全校教师每天坚持课外阅读并及时撰写读书体会或教学反思的同时，自己也认真阅读，也坚持写读书感悟和读书心得。从 2008 年 9 月至今，我先后阅读了教育类、企业类、家庭生活类图书 30 余本，有《真北》《教育是一种大智慧》《赢在起点》《你要对谁负责》《与未来同行》《领导智慧》《快乐管理》《黑天鹅效应》等。其中，对我启发最大的就是美国比尔·乔治的著作——125 位全球顶尖领袖的领导力告白《真北》。书中有这样一段话："领导是一场旅程，而不是一个终点。它是一场马拉松，而不是一段冲刺跑。它是一个过程，而不是一个结果。""一个人一旦成为一名领导，你所面临的最大挑战就是要学会激励身边的人，培养他们，并帮助他们学会改变自己。"特别是在第 11 章"磨炼你的领导效力"这一节中，书中说："从某种程度上说，你必须找到属于自己的有效的领导风格，而不能只是一味地去模仿其他人。"读了这些书，我最大的感悟是："我们都有一种潜能，我们都能让自己变得更好。"

此外，还有胡萝卜原则、剥洋葱原则、"鞋理念"都给了我很大的影响和启发，在开会或学习或与教师闲谈时，我时常将自己读到的经典故事讲给我的老师们，让他们和我一同分享读书的快乐与幸福，更通过这样的读书交流促进和教师之间的情感沟通，深化对教师的精神培养。在阅读中，我撰写了五万余字的读书笔记，同时也领会了书的力量，享受了读书的喜悦，也相信在阅读中能使自己成长起来。

领导班子是学校的火车头，班子的学习直接影响着教师群体。

一要丰富读书内容。学校为班子成员统一购买和推荐了《庄严的工作》《工作就是解决问题》等书籍，要求班子成员利用课余时间认真阅读，为进一步拓展知识面，优化知识结构，还可以自选阅读政治、管理类书籍 2 至 3 本，并记好读书笔记，定期进行交流汇报。二要拓宽活动形式。为确保读书活动成效，学校制订了读书活动计划，明确学习进度和要求，在学习方式上，采用了自学、网上学、中心组集体学等方式；在学习形式上，采用撰写读书心得、交流学习体会、开展学习讨论、调查研究、实地考察等活动，进一步增强了学习的趣味性和实效性。此外，学校还指定课题，由班子成员在政治和业务学习时间为教师进行专题讲座，以此激发班子成员

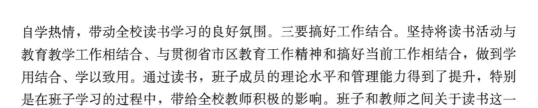

自学热情，带动全校读书学习的良好氛围。三要搞好工作结合。坚持将读书活动与教育教学工作相结合、与贯彻省市区教育工作精神和搞好当前工作相结合，做到学用结合、学以致用。通过读书，班子成员的理论水平和管理能力得到了提升，特别是在班子学习的过程中，带给全校教师积极的影响。班子和教师之间关于读书这一话题的讨论和交流，进一步激发了教师的读书热情。

　　读书，让广大教师受益无穷。学校先后开展了多种形式的读书活动。一是成立了主题读书活动领导小组，从思想上确立读书活动就是"一把手"工程。通过全校教师的读书动员大会，学校对教师读书提出了具体的规定，要求教师做好读书笔记，并把这项工作和教师的业务考核、年度考核结合起来，引领教师走上读书之路。我们的读书口号是："阅读不能改变人生的长度，但可以改变人生的宽度。阅读不能改变人生的起点，但可以改变人生的终点。""让我们的灵魂呼吸在书页里，让我们的生命浸润在书香中"等，并向全体教师发出了以"书香怡人，以书为友"为主题的倡议。二是制定和推荐书目，让教师在读书活动中有的放矢。学校为教师制订了长期读书活动计划，确定教师读书范围，推荐阅读书目，为教师挑选和购置了教育理念、课程改革、教育随笔和企业管理、家庭教育、人生感悟等多种类的书籍。为方便教师的阅读和交流，学校建立了学年读书轮流制和交流制，同时还加大了学校的图书经费的投入，为教师读书创造了良好的条件。三是开展读书交流活动，提高教师读书的幸福指数。2008年期末，学校开展了"读书汇报交流会""读书合作论坛"等活动，使读书成为教师的学习习惯，更使"读书"过程成为教师寻找教育问题和教育困惑这一解决方案的"设计"过程。学校还倡导教师将读书的感受发布到博客上，促进教师间的读书交流。在读书汇报会上，既有体现团队精神自由组合的学年组读书合作论坛和自由组合的跨学年、跨学科的老教师合作论坛，还有主题鲜明、风格各异的个人读书汇报。全校教师全员汇报，多角度展示，人人有特色，充分体现了教师对读书的深刻认识和感受。读书汇报活动，不仅促进着教师个人的专业成长，更推动着学校优秀教师队伍的建设，实现着学校发展的美好追求。四是强化读书的流程管理。我校倡导的绿色教育是"关爱生命·注重发展·彰显内涵"，为此，学校进一步加强提升教育理念，用教育理念的内涵促进教师"自尊·自重·自律·自强"，从而走向自觉，提升自我发展之路。学校的读书管理流程是：学校公布读书任务和读书要求——教师自我读书、自我管理——学校根据读书情况进行梳理、调整、总结、评价——教师对学校读书的评价进行反思——学校及时对教师的读书反思进行复评——学校定期表彰读书先进个人和优秀学年组。以人为本、规范有序的管理流程，既促进了实现教师的专业成长，又促进了实现学校的和谐发展，使学校的管理理念化为全员教师的集体行动。

王娜老师在她的读书反思中写道："教师人生如登山，每日学习莫等闲；胸中装有知识海，快乐幸福常相伴。"还有张耀辉老师在她读书反思中写道："读书就像蚂蚁啃苹果，刚开始果皮很厚硬，但只要啃破了皮，很快就会尝到甜头。"年轻教师在一起交流读书体会时说："读书真好，在课堂上时不时能用几句经典的话语，将一个复杂的问题讲得很清楚。"可见，读书带来的幸福与满足洋溢在教师们的脸上，底蕴的丰厚犹如精神的化妆，让每一名教师的身上都透出了一种大气、灵气。

自开展读书活动以来，我们感受到了教师的变化，更感受着读书促进了教师的发展。

读书助推着教师的精神成长。因为读书，让我们的教师有了书香气；因为读书，让我们的思想更深邃。

读书提升了教师的素质。"学能增智"，通过读书，教师的观念新了，方法活了，课堂生动了。读书活动使教师的价值取向、利益观念发生了深刻变化，竞争上岗必须以知识为后盾已经在教师中形成共识，越来越多的教师把抓紧时间读书学习，看作是维护自身权益和自我完善的行为，看作是自身生命历程的需要。

读书改变了教师的心态。在阅读中，透过一个个教育故事，教师们得出了更多的教育理念。因为读书活动，教师的购书、藏书、读书热情被激活点燃，一股爱读、乐读、共读的热流正在校园涌动。教师在读书中认识到读书不仅是为了寻找乐趣，而且是为了寻找真正属于自己的思考与创造。读书的好处在于不是躺在感知的温床上，而是走在智慧的跑道上。

读书唤醒了教师的教育智慧。现在，教师们懂得了运用自己学到的教育故事来处理教育问题。通过开展读书活动，我校领导与教师之间，教师与学生之间的关系更融洽、更和谐了，这一切都是读书带给我们的。

时代呼唤我们读书，肩负着教育重担的职业要求我们读书。我们应该积极倡导并努力践行教师读书，让教师时刻与书香为伴，以读书增智慧，以读书促涵养，以读书厚底蕴。渐行渐远书香路，幸福花开满园春，充满书香气的西五人，将走出属于自己的辉煌！

　　由于学校读书活动开展得卓有成效，2009年4月23日学校承担了"长春市建设教师专业发展型学校暨南关区西五小学读书活动现场会"活动。此次活动由长春市教育局师培处处长韩松主持。

　　整个现场会分为五个程序：校长读书报告《让阅读丰盈教师的精神世界》；教师读书个人汇报：英语学科教师刘双《读书真好》；信息技术学科教师刘忠良《别把工作当成一种负担》；教师读书合作论坛《读书·进步·成长》；长春市教育局副局长周国韬讲话；与会人员参观西五小学读书活动展室。

【附：教师读书汇报精选】

读书真好

英语学科教师　刘　双

　　通过阅读《好孩子的成长99%靠父母引导》这本书，我知道了：孩子淘气，多数表明他们聪明好动，求知欲强烈，但在多数父母眼里，这样的孩子却是不听话、好争斗、叫人头疼的。其实，从某种意义上讲，孩子的不听话恰恰反映他有主见，而所谓好争斗恰恰反映他有进取心。虽然这种主见多带有主观和无知的倾向，进取心也有些逞强和虚荣心的成分，但这并不能掩盖孩子在淘气中所表现出来的值得父母赏识和鼓励的闪光点。在一次课间休息，我班的淘小子们因为陀螺比赛在教室里吵闹。当我收回陀螺，正要训斥他们的时候，我发现有个同学的陀螺被改良了。原本很漂亮的陀螺被一块灰色的铁皮夹在了中间，女孩们七嘴八舌地告诉我：就是它不但在比赛中得了第一，而且还把其他同学的陀螺给撞坏了。这时我发现在我的学生们中有一双桀骜不驯的眼睛正在望着我，我没有责怪他，我对同学们说："来，咱们再进行一次陀螺比赛，让我猜猜哪个陀螺转的时间最长。"结果正如我所料，这个被加了铁片的陀螺自转时间最长。课后，我表扬他爱动脑筋，动手能力强，鼓励他继续研制出更厉害的陀螺，希望他长大能成为一个发明家。他拉着我的手许诺，如果再研制出更棒的陀螺第一个给我看。

别把工作当成一种负担

信息技术学科教师　刘忠良

翻开《工作就是解决问题》的第一章，首先映入我眼帘的是一小段话：工作的过程，就是不断发现问题、解决问题的过程。职场中，很多人都是为了保住工作，只是按部就班地做领导吩咐的事情，他们可能认为自己"正在工作"或者"已经工作了"，但实际上，问题却原封不动地留给了别人。我们必须明白的是，问题不可能因为我们的回避而自动消失，推卸责任也只能使问题更加严重。最好的办法，就是做个有心人，勇敢地承担起自己的责任，积极地寻找解决问题的有效途径。

从刚拿到书的腻烦心理，到现在真正喜欢上这本书，我最大的收获不是读了几页书，或者写了几篇读书笔记，我的最大收获是，我把工作当成一种负担的观念，得到了根本的转变。

我是一名信息教师，一次课上，有个调皮的小男孩屡教不改，当我想劈头盖脸狠狠地批评他一顿的时候，我忽然想起了书中的那个小故事，于是，我压了压心头的怒火，轻轻走到他跟前，给他讲了那个故事。这之后，我还是原谅了他，我并没有像故事中的上帝那么不近人情，因为我觉得只要教育效果达到就行了。课后，当我对这件事进行反思的时候，我才觉得，读书对我们真是太有益了。

绿色教育理念下的
学校管理

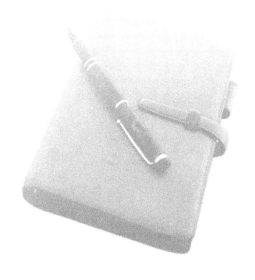

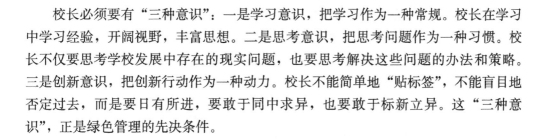

校长必须要有"三种意识"：一是学习意识，把学习作为一种常规。校长在学习中学习经验，开阔视野，丰富思想。二是思考意识，把思考问题作为一种习惯。校长不仅要思考学校发展中存在的现实问题，也要思考解决这些问题的办法和策略。三是创新意识，把创新行动作为一种动力。校长不能简单地"贴标签"，不能盲目地否定过去，而是要日有所进，要敢于同中求异，也要敢于标新立异。这"三种意识"，正是绿色管理的先决条件。

一、如何理解绿色管理

什么是管理？怎样才能实现无痕而又持续保持最富有生机的管理？多年来，我一直不断地学习和思考，在发展中寻求创新的管理方法。在思索中学习，在学习中完善，在完善中总结。渐渐地，"绿色教育"理念下的管理思想逐渐在脑中清晰可见，成为一个特有的名词——"绿色管理"。绿色管理就是采用积极有力的方式方法理顺各种职能部门，达到稳定、有序而充满活力的状态，使每个人都实现自我约束、自我提升、自我发展，使学校各项工作高质量地完成。绿色管理是人格和谐→人际和谐→校园和谐的建构过程。后一个层次的和谐总是要基于前一个层次的和谐。只有这样，管理才有基础，才能够稳定，才可以长久保持旺盛的生机与活力。

管理者的对象是人。那么管理之道，重在管人；管人之道，重在行为。行为就是发生在教师身上的，每时每刻所说和所做的。他们的表现反映了这一系列的行为必须有个正确的方向，也就是我们对行为的期望。我们的期望行为，一定是一种良好的行为表现，因为我们相信它们一定会导致期望成功的结局。我们说，遵循以人为本和人文关怀的卓越理念，建立在信任、创新、和谐等科学发展观基础上的行为表现的管理，并使之创造奇迹，这才能叫科学管理。

美国管理学家舒尔茨说："一个组织的管理就像一个乐队，只要管理好了，就可以上演一个完美的节目。"从某种意义上来说，这话有一定的道理。但是，出色的管理不等同于经过精心编排的乐队演奏或节目表演。因为管理是一个不断演进的过程，需要我们时刻保持警觉，持续努力，以满足不断变化和难以预料的需求。

我们不妨问一问自己：我为什么要管理？要改变怎样的情形和状态？想通过管

理达到什么目的？怎样才能让被管理者心悦诚服地接受管理？只有心中有问题，才会产生深层次思考管理行为的规范与自觉。

实际上，用最通俗的话说，管理就是发现问题——解决问题的过程，可以用"钻"形表示管理的轨迹：

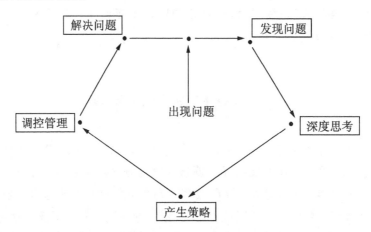

绿色管理就是追求改变人的思想意识，让每个小的群体活跃起来，让每个人的心理健康起来，让全校教职工凝聚起来。

曾经有一个故事叫"为什么把火腿切成两段"：

妈妈有个习惯性的举动，就是每次烤火腿前总是切成两段。

"你为什么这样做啊？"六岁的女儿问。

"我的母亲告诉我，这样烤起来容易。"妈妈说。

于是女儿又去问她的姥姥，也就是妈妈的母亲。

"你为什么这样做啊？"六岁的女儿又问。

"我这么做，是因为早年我们家没有足够的平锅来烤火腿。"年迈的外婆这样回答。原来她这么做的目的，仅仅是为了把火腿切短以便适合家里较小的平锅。

这个故事告诉我们，管理的环境发生变化了，管理方法也势必要变化，管理经验绝对代替不了管理。

一次，一名中层干部安排课题成果统计工作，她拿着统计结果来汇报工作。我见她手里的表格是简单得不能再简单的几项内容，就对她说："不要把成果统计想象

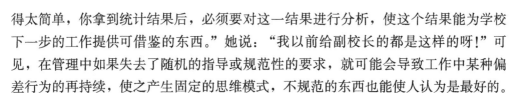

得太简单，你拿到统计结果后，必须要对这一结果进行分析，使这个结果能为学校下一步的工作提供可借鉴的东西。"她说："我以前给副校长的都是这样的呀！"可见，在管理中如果失去了随机的指导或规范性的要求，就可能会导致工作中某种偏差行为的再持续，使之产生固定的思维模式，不规范的东西也能使人认为是最好的。

还有一次，有一位老师因为学生问题与家长发生了冲突，最后家长愤愤不平地离去。经过调查，原来是这名学生打了另一名学生，老师在解决问题时，让这个打人的学生给被打的学生道歉。这名打人的学生家长知道后，来到学校，大声指责班主任老师："这次是我家孩子打人了，是不对，但也不该道歉呀。因为他只是打了那个孩子一次，可那个孩子已经连续打了我家孩子多少次了，他怎么没道歉呀？"任班主任怎么解释，家长也听不进去。知道这一情况后，我找到班主任询问详情，她很委屈，"以前这两名学生打架我真的不知道。"我说："那你仔细考虑一下，怎么处理更好呢？"她说："校长，您放心，我重新处理。"接着我再强调说："出现问题不可怕，可怕的是不细心调查、不耐心解决，这会导致新的问题的出现。"几天后，我们看到了那位家长满意的微笑。

作为领导者，我们单纯地靠自己去"管"是不行的，应该通过我们的管理，使被管理者从自我拘束转向自主寻求解决办法的工作状态，让"管"走向"不用管"，这才是最高级的管理。管理也是一种教育，管理过程就是教育行为产生的过程。在教师行为管理的过程中，如果正确引导，就会收获很好的教育成果。

每年的年末，区委宣传部和区教育局党办都要来到各学校，对校级领导进行考核，进行民意测验。有的干部压力很大，就怕在工作中得罪人，不敢大胆工作。的确，我们一方面希望每个干部都有一个较高的满意率；另一方面我们也不希望每个干部都缩手缩脚地工作以追求群众评价的百分之百的满意率。

面对这种情况，我在班子会议上与大家共同分析："如果放任管理，教师会不会支持？年末考核的满意率会不会百分百？"经过讨论分析，班子成员彻底明白了：如果认真管理，可能会导致极少数教师产生不满情绪；但如果管理不规范，会出现管理行为不公平，可能导致学校绝大多数教师产生不满情绪。孰轻孰重？我们豁然开朗。正常的工作，科学民主的管理，一定能赢得全校教师的满意。

什么是管理？管理就是用一定的手段约束人，使自己负责的工作能顺利进行；管理就是在规范过程中协调，使之成为行为动力，让工作凸显成效，让个人青春焕发。

二、学校如何实施绿色管理

绿色管理，是建立在信任、创新、和谐等科学发展观和以人为本的核心价值观理念基础之上的管理，是集感性认识和理性认识于一体的综合性行为态势的管理，是一种高效的"科学管理"。管理得好，问题可转化为价值。

毛主席曾说过："改造一个人的思想是最难的。"绿色管理就是追求改变人的思想意识，让每个人的心理健康起来，让每个小的群体活跃起来，让全校教工凝聚起来。

从1999年学校管理方式的改革，到2001年绿色教育的提出，再到2011年绿色教育形成文化体系，长春西五小学走过了一个艰苦奋斗的过程，走过了勇于开拓、大胆创新的过程，也走过了从"名不见经传"到发展抒写"西五品牌"辉煌校史的过程。

在实施绿色教育十年的过程中，学校的管理在不断发生着质的变化。绿色管理之路经历了"制度管理"——"民主管理"——"文化管理"——"一体化管理"等系列发展阶段。在这个发展过程中，我们也逐渐探索出适合学校发展的教育管理理念，使学校步入了特色办学、内涵办学的行列。

在学校内部管理体制改革中，我们注重提高班子及中层干部包括学年组长的管理能力、考核能力、评估能力，努力让学校每个环节、每个计划落到实处，并与奖惩挂钩，做到奖勤罚懒。

例如图示：

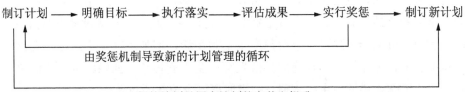

制订计划 —→ 明确目标 —→ 执行落实 —→ 评估成果 —→ 实行奖惩 —→ 制订新计划

由奖惩机制导致新的计划管理的循环

新的计划是原有计划的完善和提升

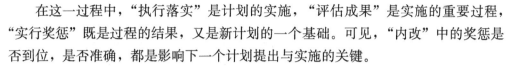

在这一过程中，"执行落实"是计划的实施，"评估成果"是实施的重要过程，"实行奖惩"既是过程的结果，又是新计划的一个基础。可见，"内改"中的奖惩是否到位，是否准确，都是影响下一个计划提出与实施的关键。

著名管理大师德鲁克曾说过："如果你不能评价，你就无法管理。"绩效考核作为评价教职员工绩效的一种方式，已经成为人力资源管理中不可缺少的重要环节。2009年1月，为进一步强化激励机制，调动广大教职工的积极性，促进学校各项工作的发展，学校根据《长春市事业单位分配制度改革的实施意见》，结合校本实际，制订了学校绩效工资实施方案。

【附：《西五小学绩效工资实施方案》】

西五小学绩效工资实施方案

一、指导思想

依据省、市、区有关人事制度改革的文件精神，充分体现按劳分配、优劳优酬的原则，重点向工作在教育教学一线岗位的教师倾斜，同时兼顾从事行政管理和后勤工作人员的工作分配问题，做到公正、公平、公开，真正体现绩效工作的二次分配的正向激励作用，从根本上做到干多干少不一样，干好干坏不一样，促进学校持续、稳定、高位发展。

二、基本原则

1. 贯彻多劳多得、优劳优酬、兼顾公平、效益优先的基本原则。力求体现做多做少不一样（量），做好做坏不一样（质）。

2. 坚持以岗定薪的原则，积累贡献大小的不同与岗位责任的轻重不同。

三、绩效考核的分类

绩效就是对教师的工作业绩、工作态度、工作技能等方面的综合考核评估，它以科学的绩效考核制度为基础，是上级和同事对自己工作状况的评定。所谓绩效考核就是用系统的方法、原理去评定、测量教师在职务上的工作行为和工作效果。由于大部分工作是由不同职责和相关任务组成的，所以对于从事不同工作、不同岗位的人来说，绩效可以是看得见的成果，也可以是分不太清楚的行为和能力。为此，结合学校实际，确定我校总的绩效包括以下十个方面：

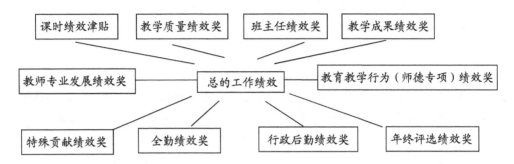

四、绩效考核的权重

权重是绩效考核指标在考核评估体系中的重要性或绩效考核指标在总分中所应占的比重，是每个绩效指标在整个指标体系中的重要性体现。

由于教师工作分工的不同，所以学校在发放绩效工资时分三个序列按细则规定进行发放。

【序列一】教学一线任课教师的岗位绩效序列；

【序列二】行政管理和后勤人员的岗位绩效序列；

【序列三】无学校编制教师岗位绩效序列。

上述三个序列在实施过程中，部分条款可跨序列交叉实施，其中侧重向"序列一"人员倾斜，对"序列一"人员的考核重在考察教师课堂教学技巧。

五、注重绩效考核中的五个关键环节，对绩效考核的有效性起着至关重要的作用

1. 落实培训——明白事理，掌握方法。通过培训，使管理者和教师明白五个方面的内容：

（1）认识绩效评估系统本身，也就是知道应该做什么和为什么这样做。

（2）培养责任感，这是有效实施绩效的必要条件。

（3）明确考核标准，掌握绩效评估的技巧和方法，即通过培训要制定出德育、教学等工作要项和工作目标，了解程序、标准、方法与技巧，便于更好地进行绩效考核与改进。我校绩效管理流程如下：

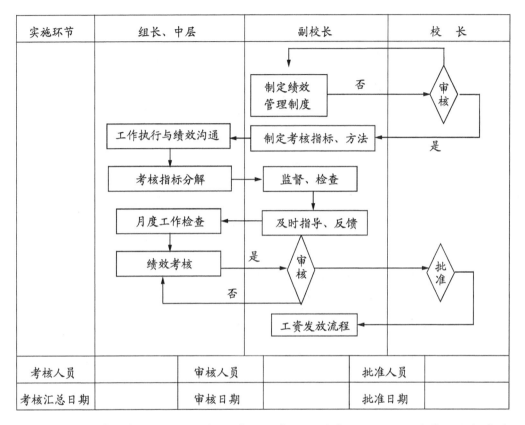

实施环节	组长、中层	副校长	校　长
考核人员		审核人员	批准人员
考核汇总日期		审核日期	批准日期

（4）做好管理者和教师的思想工作，使其认识到绩效评估的规范管理是提高绩效的最佳方法。

（5）提高考核人员的素质能力，使之具备"四心"，即考核工作了然于心、考核对象熟悉于心、实践经验汇聚于心、公正无私永存于心。

2. 持续沟通——增进理解，减少分歧。美国著名学府普林斯顿大学的一项调查显示：智慧、专业技术和经验只占成功因素的25%，其余75%取决于良好的人际沟通。因此，持续沟通有利于绩效工作的落实和推进。沟通程序如下：

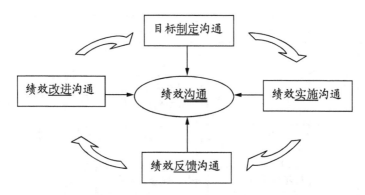

3. 建章建制——建立考核的公正保护机制,力争把问题带来的不良后果降到最低程度。

(1)及时纠正偏差。

(2)制定考核细则和相关制度。

(3)建立绩效评估申诉制度。在绩效公布之后,被考核人对自己的考核成绩有异议的,可以向主管领导进行投诉,被考核人要以书面形式正式提起投诉。

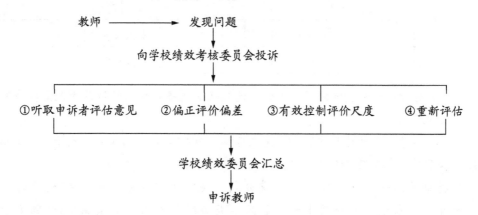

为此,学校设立了《西五小学教师申诉书》,学校要求教师必须认真填写申诉书,申诉书必须清楚列明:申诉人及确切的投诉理由和证据。如:

西五小学教师申诉书　　　　　　　　　年　月　日

申诉人		学　年		岗位	
申诉内容：			申诉理由：		
				申诉人签字：	
学年组长意见				签字：	
校区主管意见				签字：	
校长意见				签字：	

注：①在绩效公布之后，对自己的考核成绩有异议的可以进行业绩申诉，有意见的教师可以向校区主管领导进行申诉，接受申诉后学校会在一周内给予明确答复。

②申诉者可以查阅公开的量化指标统计结果，并允许重新复核，如有错误，可进行修改。

（4）建立考核评估保障机制（五级考核体系）

①校　　长——战略目标落实

↓

②副校长——总体目标落实

↓

③中　　层——部门目标落实

↓

④组　　长——基层目标落实

↓

⑤教　　师——个人目标落实

注：学校重视教师自评过程中"个人目标"的自我约束、自我管理，从而早日实现无人管理的最高管理境界。

2. 绩效汇总——考核结果的合理应用。绩效考核结果是绩效工资分配的主要依据。因此，学校必须合理地运用考核结果，发挥激励功能，提供制度保障。按照学校管理流程，考核结果包含了几个必要的程序。

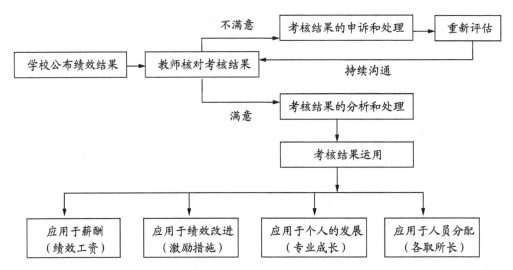

5. 实行面谈制度——注重绩效结果反馈，这是绩效考核过程中一个不容忽视的环节。因为绩效考评结果是拿来用的而不是拿来存档的，没有反馈就根本谈不上使用。当绩效考核纸面工作结束时，只完成了考核的部分工作，还需要通过面谈，使学校与教师达成共识，使教师既能看到自己身上的闪光点，又能认识到自己有需要完善和改进的地方等。

西五小学绩效工作面谈通知书存根

被通知人：＿＿＿＿＿＿＿＿＿

主　旨：绩效面谈——

时　间：＿＿＿＿＿年＿＿月＿＿日＿＿点＿＿分

地　点：＿＿＿＿＿＿＿＿＿

面谈负责人：＿＿＿＿＿＿＿＿＿

西五小学绩效工作面谈通知书

被通知人：＿＿＿＿＿＿＿＿＿

主　旨：绩效面谈——

时　间：＿＿＿＿＿年＿＿月＿＿日＿＿点＿＿分

地　点：＿＿＿＿＿＿＿＿＿

面谈负责人：＿＿＿＿＿＿＿＿＿

准备事项：

1. 填写自我评估表或管理流程反思表。　　　通知时间：＿＿＿＿＿年＿＿月＿＿日

2. 事先详细阅读相关制度与要求。　　　　　通知人：＿＿＿＿＿＿＿

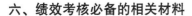

六、绩效考核必备的相关材料

1. 考勤记录表。

2. 中层以上领导综合考核表。

3. 教师月考核成绩指标体系。

七、附相关材料

1. 绩效工资现状。

2. 绩效工资预算。

3. 绩效工资发放细则。

八、西五小学绩效工资考核委员会（略）

三、学校绿色管理的流程

我校的绿色管理是一个"圆形"轨迹的"突破状态"，也就是说，它的最终目标是永远无法回到圆形状态的"原点"，永远处于"上升"趋势。如图示：

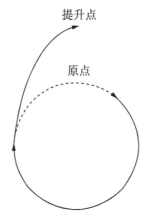

就在这一次次上升过程中，可以实现"管理突破"，也就是说，上升的定位点与原定位点之间是过程，其目的是实现发展和再发展。如图示：

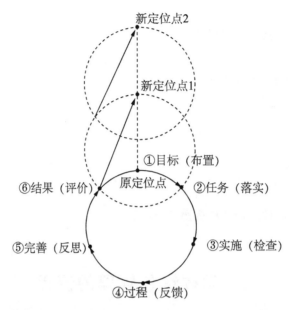

原定位点→新定位点 1→新定位点 2……这一过程，既能体现校长引领教师的发展方向，又能体现教师群体主观能动作用。实际上，这一过程也是校长办学理念转变为现实的过程。在这一过程中，校长要不断地教育教师、感召教师、引导教师，用自己的办学理念去统一教师的思想，在广大教职工之间形成对于学校发展的共同愿景。这一愿景，不仅仅是校长的事业，也成为校长领导下的所有师生员工的共同事业。

我们这样表示"上升"流程的具体内容（见下页图）。

可见，学校的管理流程：首先是学校公布工作任务和工作要求，然后教师通过自我约束自我管理，体现"自尊·自重"的生命意义。学校根据教师任务的完成情况来进行梳理、调整、完善，充分体现出制度约束下的"以人为本"，并对相关情况进行指导，理顺工作程序及工作内容。在此基础上教师对学校梳理、调控后的工作进行反思，从"别人能做到的事，经过努力，我能做得更好"的思想理念出发，调整工作思路和思维方式，创造性地完成调整工作，充分体现教师在发展中的"事业之美""形象之美"，最终达到"心情之美"。学校及时对教师的教育教学行为进行评价，努力为教师搭建学习发展的平台，促进教师的和谐发展。并且，学校定期表彰

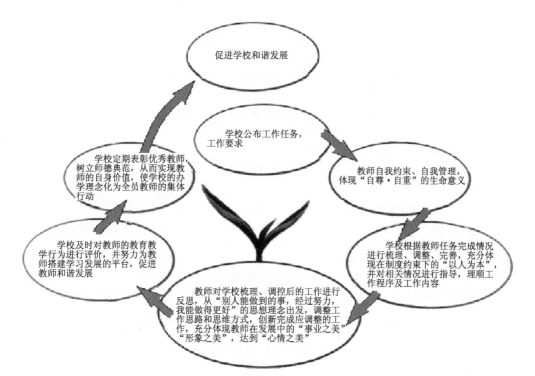

优秀教师，树立师德典范，从而实现教师的自身价值，使学校的办学理念化为全员教师的集体行动，促进学校和谐发展。

【附：《西五小学班主任常规管理"管理流程"之反思及评价》】

西五小学班主任常规管理"管理流程"之反思及评价

反思及评价时间：2011 年 4 月 2 日

姓名	高　鑫	所教学科及班级	四年级二班语文
三月份班级管理	（用"√"号表示） 第一周获：双红旗（√），卫生红旗（　），纪律红旗（　） 第二周获：双红旗（√），卫生红旗（　），纪律红旗（　） 第三周获：双红旗（　），卫生红旗（　），纪律红旗（√） 第四周获：双红旗（√），卫生红旗（　），纪律红旗（　）		总共获：双红旗　　（②） 　　　　卫生红旗（　） 　　　　纪律红旗（④） 选项：①4 次；②3 次； 　　　③2 次；④1 次

续表

姓名	高 鑫	所教学科及班级	四年级二班语文
存在的主要问题	1. 学生卫生清扫的力度还不够，学生的劳动分工还达不到科学统筹，对学生清扫的监管及指导还有待提高。 2. 个别学生的组织性、纪律性要加强。要针对中年级学生淘气、多动、劳动品质尚未形成等特点，采取有效的教育方法。		
个人认识及反思	班级既是个体，也是集体。如果只把班级看成个体的叠加，在操作上就容易失去整体性。学生相互之间所产生的影响是营造良好集体氛围的能力，也是优秀集体的保证。因此，首先，我要用制度去管理班级，教育犯错的学生时，一定要让学生明白，这个惩罚并非来自于教师，而是来自于制度。只有把卫生包干的制度坚持下去，才能让班级良好的卫生状态长久保持下去。其次，要树立典型和榜样的带动作用，营造良好的班级氛围。最后，要多组织活动，增强班级的凝聚力，激发学生的集体荣誉感，这样才能带领全体学生目标一致地稳步向前。		
校区责任人评价	你们班的卫生清扫任务繁重，但你不计较，能看出你个人觉悟高、有素质。存在的问题找得比较准，分析透彻，个人认识到位。希望你继续努力，科学管理，起到榜样的示范作用。		
评价等级	优		

【附：《西五小学教学开放"管理流程"之反思及评价》（一）、（二）】

西五小学教学开放"管理流程"之反思及评价（一）

反思及评价时间：2011 年 3 月 31 日

姓名	马晓萍	所教学科及班级	三年级六班数学
教学开放内容	我所使用的教材内容是北师大版三年数学下"分数的认识"。分数的概念是学生初次接触的重要基础知识，学生接受这个知识需要一个较长的过程，因此教师在教学时要创设情境，激活学生已有知识经验，利用实物操作、直观图形等手段让学生逐步构建对分数的理解。本节课的教学目标是结合具体操作理解分数的意义。因此充分准备学具来辅助教学，是达成本节课目标的重要环节。教师在教学时应充分给学生折、涂、讲的空间，以提升教学效果。		

续表

姓名	马晓萍	所教学科及班级	三年级六班数学
家长听课人数	(49) 人	家长听课状态（用"√"号表示）：满意（√）良好（　）一般（　）	
		学生听课状态（用"√"号表示）：满意（√）良好（　）一般（　）	

个人认识、看法及反思	家长开放是学校教育与家庭教育紧密联系的最有效途径。此活动可以让家长对孩子在校的学习状态有一个近距离的了解，也可以让我们把优秀的教学技能展现给家长，借此机会也得到了家长的认可。 　　首先，我们应该对自己严格要求，重视此次教学开放活动。个人认真备课，学年组互动研讨，教师们可通过交流与研讨，提升自己的专业技术水平。 　　其次，在活动结束后，教师应及时与家长沟通、交流，虚心采纳家长的意见，改进自己教学中的不足。 　　在本次活动中，我认真准备了这节课，但反思课堂效果时，发现还有不尽如人意之处。例如课堂教学中学生动手操作多，但忽视了对学生语言表述能力的培养，没能及时指导学生用完整的语言表述分数的意义。因此，我今后上课时还需注意放慢脚步，关注细节。
学校评价	教师在课前能够积极组织学年组教师进行集备、试讲，引领学年教师共同研究教学，提高教学效果。你的课堂教学效果很好，学生学习兴趣浓厚、思维活跃，注重学生学习习惯和能力的培养，家长很满意。

西五小学教学开放"管理流程"之反思及评价（二）

反思及评价时间：2011 年 3 月 31 日

姓名	谭　鹏	所教学科及班级	一年级二、三、四班美术
教学开放内容	《我画昆虫》 　　本节课的学习目标是：学生通过观察，学会抓住特点，了解自然界中昆虫的种类和特点，知道表现主题的方法。引导学生认识对称的基本特点，发现昆虫的对称性。运用现代化教学手段来丰富学生的认知，让学生体验参与学习，发现主动学习的快乐。培养学生观察自然、了解自然的好习惯。		
家长听课人数	(138) 人	家长听课状态（用"√"号表示）：满意（√）良好（　）一般（　）	
		学生听课状态（用"√"号表示）：满意（√）良好（　）一般（　）	

续表

姓名	谭 鹏	所教学科及班级	一年级二、三、四班美术
个人认识、看法及反思	《我画昆虫》这节课使学生认识了生活中常见的昆虫，及生活中没有见过的昆虫，还让学生认识了螳螂的生活习惯，知道了蜜蜂王国的故事，了解了世界上最漂亮的蝴蝶在台湾地区等，了解了自然界中的许多奥秘。总之，学生懂得了昆虫有成千上万种，它们是动物大军中很重要的组成部分，由于人类对自然界的破坏，我们身边已有许多小动物灭绝了。这节课不但培养了学生的绘画能力，还进行了热爱小动物的爱心教育。学生们不仅用自己的双手绘画了自己喜欢的昆虫，还能积极发表自己的独特见解，展现了浓厚的学习兴趣。在评价过程中，同学们积极自评、互评，学习效果很好，家长也很满意！		
学校评价	一年级多个班美术学科公开教学效果很好，课前教师对现代化教学课件等教学用具准备充分。课堂上调动学生动手操作的积极性，注重启发学生思维。家长对教师扎实的教学基本功表示赞赏，对教师评价较高。		

【附：《西五小学教师阅读"管理流程"之反思及评价》】

西五小学教师阅读"管理流程"之反思及评价

反思及评价时间：2008 年 12 月 3 日

自然情况	姓 名	高 明	所教学科：音 乐	
	阅读书籍名称	《是什么让教师不断进步》	阅读篇数：2	
检查结果	学校检查时间	2008-12-2	检查领导：丁国君	
	检查结果（用"√"）	(1) 优秀（√） (2) 优（ ） (3) 良好（ ） (4) 良（ ） (5) 没进入等次（ ） (6) 没交笔记（ ）	你对自己满意吗？	(1) 非常满意（ ） (2) 基本满意（√） (3) 不满意（ ）

续表

个人认识、看法及反思	通过一个多月的读书学习，从《优秀教师的课堂艺术》和《是什么让教师不断进步》这两本书中，我深刻感受到了美国作家带给我们的先进教育思想。在阅读中，我仿佛置身于美国的学校和课堂，我的教育理念得到了极大提升。 　　再次，感谢校领导给予我们这次学习的机会。学校为每位老师选择了这么多适于当代教师学习的优质内容，有效地促进了教师在工作之余养成读书的好习惯。我们在阅读过程中通过写读书笔记的形式，让学习内容记忆更加深刻，这成为一笔相当可贵的精神财富。 　　在学校开展的"优秀读书笔记展览"中，我看到了自己与那些特别认真阅读学习的老师还存在着差距。因此，我决定在今后的读书学习中，按照丁校长给我的批语继续努力，做到精致读书、深刻反思，使自己在读书中不断收获，不断成长，不辜负学校领导的希望，争做一名学习型教师！
学校评价	优秀 　　　　　　　　　　　　　　　　　　　　　　评价人：丁国君

　　这样的管理流程，能够全面落实学校的具体工作，促进事事有人干、人人有事做的良好氛围的形成，也使我校的教师素质提升到一个新的发展层次，使学校真正成为教师发展的田园、学生成长的乐园。在教师读书、班主任管理、教学管理等诸多方面，我们都采用了绿色教育的管理流程。反思评价的过程，促进了教师的自我发展，更促进了学校的科学、有效管理。

　　在管理中，我们注重"以人为本"，注重教师在成长过程中的心理健康。为此，我校建立了"教师校内申诉制度"。所谓"教师校内申诉制度"，即教师对学校各项工作及奖惩如有疑义，可随时填写申诉单，交由校领导进行申诉，学校领导确定申诉时间，及时进行解答、沟通、交流，直到双方达成共识。

【附：《西五小学教师申诉制度》】

西五小学教师申诉制度

　　1. 依据《中华人民共和国教师法》和《西五小学教师一日常规》，制定学校教师申诉制度。

2. 本办法适用于本校教师对下列情况提出的申诉：对学校违反《教师法》规定，侵犯其合法权益的；教师对学校做出处理决定不服的。

3. 教师对学校提出申诉的受理申诉部门是学校领导班子。

4. 教师提出申诉，首先应当以书面形式向学校递交申诉书，申诉书应该写明如下内容：

（1）申诉人基本情况；

（2）要求受理部门进行处理的具体要求；

（3）申诉有关事实依据和法律、政策依据及陈述理由等；

（4）写明或交付有关物证等。

5. 学校部门接到申诉书后，应对申诉人资格和申诉的条件进行审查，按照不同情况做出如下处理：

（1）对于符合申诉条件的应予以受理；

（2）对不符合申诉条件的，可以答复申诉人不予受理；

（3）对于申诉书未说清申诉理由和要求的，要求重新提交申诉书。

6. 学校部门自收到申诉书的次日起 3 日内对申诉做出处理决定，处理决定包括：

（1）维持原处理结果；

（2）变更原处理结果；

（3）撤销原处理结果；

（4）教师对申诉处理决定不服的，可向上一级教育行政机关提出申诉；属于行政复议、行政诉讼案范围的，可以依法申请行政复议或提出行政诉讼。

7. 本制度执行中具体问题，由主管校长负责解释。

记得"教师校内申诉制度"公布没多久，有一科任组的组长找到副校长，说组内有一名教师要填"申诉单"。原来，学校检查教案后，这名教师的教案被评为二等，她不服气。当副校长愁眉苦脸地向我反映这一情况时，我意识到教育的机会来了。于是，我在"通知单"上写清了申诉的时间、申诉的地点后，让副校长交给这名老师。申诉的时间到了，这名教师却没有来，我派人找到她，并让她拿着教案到校长室申诉。这名教师走进校长室后，不等我开口，就不好意思地说："校长，我取消申诉。我回去认真看了教案，感觉到教案重点部分不详细，确实不如一等的……"我对她说："以后遇事冷静点，先反思，再行动。但如果真是发现不公平，你可得申诉啊。"她笑了，我也笑了。这样，"申诉"变成了"自我反思"，变成了"自我发现"。

可见，我校的"教师校内申诉制度"，不仅仅能让老师倾诉心中的不解和困惑，更能让他们在填写"申诉单"和等待与校长约定的"申诉时间"中，去思考和判定自己到底对不对，能不能申诉成功，是否能得到校长对"申诉"的支持。往往在这一过程中，教师就找到了自己的差距。从这以后，学校再也没有出现教师向学校申诉的现象。每位教师都以主人翁的姿态对学校发展提出合理化的建议，达到了教师主动、自觉地实行自我管理的境界。在"管理流程"的实施中，需要特别注重"两个结合"：

一是制度管理与情感管理的结合。"管"，就是思想上的约束，建章立制，依法行政；"理"就是情感上的疏导，动之以情，晓之以理。学校切实落实未成年人的教育从成年人抓起，将之作为情感管理与制度管理的着力点，紧紧围绕全面育人的工作重点，切实落实抓师德、树新风、推典型的教师队伍管理，落实学校建立的《教师师德考评细则》《指纹考勤制度》《教师一日常规》和教师备、讲、批、辅细则，以及学年考评要求、教师行为规范要求等，将每日的考核与每月的评估和期末的总评挂钩。这样就实现了日常管理的科学化、精细化、制度化。我们特别注重教师教案、作业批改、师德等方面的考查，做到月月有检测，次次有总结。这既体现了常规制度的落实，又调动了教师工作的积极性，提高了教师的工作效率，促进了教师品质的提升。

几年来，学校办学规模的扩大，人员的增多，让我们越来越深刻地意识到只有增强学校凝聚力，才能让学校上下一心，开创新的工作局面。为此，我们不断为教师提供发展空间，经常进行榜样激励，不断增强教师的合作意识。在每个教师的生日时学校送去蛋糕和祝福卡，教师家里有困难时会有学校的问候和帮助，圣诞节我校为教师买了巧克力和平安果等。在2010年"三八"妇女节那天，学校中层领导早早就赶到学校，悄悄地在每个教师的办公桌上摆放好为每个教师赶制的个人笑脸镜框，并附赠温馨祝福卡。当第一个教师如往常一样来到办公室时，他不禁惊叹万分，深深地为学校领导的细腻、温情的工作作风所感动。学校努力使每个教师都感受到人文关怀和一家人的浓浓温情。

几年前的一个夏天，我校一名骨干教师为不耽搁暑假中校级领导仅有的几天休息时间，连父亲去世都没有告诉学校。我们得知这一情况后，觉得这个时刻的她最需要的就是来自领导的关怀。我第一时间给她打去了慰问电话，并表示要赶过去看她。她说什么都不同意，也不告诉她家居住的具体位置。后来，学校通过其他途径找到她家。当我亲手把抚慰金交给她时，她热泪盈眶。我知道，她接到的是一份沉甸甸的亲情和友情。

二是目标管理与过程管理的结合。为了实现动态、科学的管理，我们通过建立了《西五小学教师评估体系》，实施了多层次的网络化管理：校长→书记和副校长→中层领导和学年组长→班主任→教师的五级管理。学校定期组织各层次的管理者培训，强调学年组的整体评价和发展，将过程管理落实到细节当中。学校还特别加强了中层主任带班制，这既促进了中层干部的培养，更提高了校区的管理成效，成果明显。"布置——落实——检查——反馈——反思——评价"的过程，促进了教师的自我发展和学校的科学有效管理，在各个校区形成了事事有人干、人人有事做的良好氛围。

关于如何使规章制度落到实处，我校在操作上实行了民主管理，以人为本，把工作做细做实，努力做到"无情法律，有情操作"。例如，学校规定教师不允许坐着上课、监考，但对于身体不好的教师给予特殊照顾，由教师根据自身情况提出申请，经学校核实情况后做出书面批准。例如，我校一位老师，身患多种疾病，腿部常年浮肿，但她坚持上班，不愿因为自己身体的原因耽误学生上课。学校针对她的特殊情况特殊对待，给这位老师带来制度之外的人文关怀。

学校为了避免矛盾，要制定相应的规章制度，并加强制度的管理，使制度成为和谐管理的桥梁。这样，和谐就建立在科学管理和制度约束的基础上，这才是真正意义上的和谐。真正意义上的和谐是思想积极向上，行为自觉统一。

四、绿色管理的三个模式

校长必须要有"三种意识"：一是学习意识，把学习当成一种常规，在学习中丰

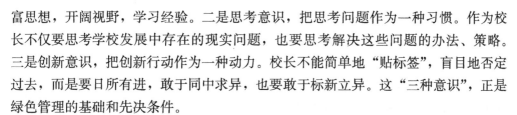

富思想，开阔视野，学习经验。二是思考意识，把思考问题作为一种习惯。作为校长不仅要思考学校发展中存在的现实问题，也要思考解决这些问题的办法、策略。三是创新意识，把创新行动作为一种动力。校长不能简单地"贴标签"，盲目地否定过去，而是要日所有进，敢于同中求异，也要敢于标新立异。这"三种意识"，正是绿色管理的基础和先决条件。

什么是管理？管理就是用一定的手段约束人，使自己负责的工作能顺利进行；管理就是在规范过程中理顺、协调，使之产生行为动力，让工作凸显成效，让个人青春焕发。

绿色管理，是学校管理中落实科学发展观的管理，是以人为本的管理，是全面、协调、可持续发展的管理，是和谐的管理。在绿色管理中，校长的作用至关重要，因为校长是学校工作的领导和管理者，直接影响着学校内所有因素和功能的发挥。校长影响着教师，教师影响着学生，学生表现的优劣又影响和决定了一所学校能否获得成功。这一"影响链"直接反映出校长的办学思想和学校管理模式。

绿色管理是求真务实的管理，是目标激励的管理，是凝聚人心的管理。绿色管理的目的是实现校园和谐，需要构建一支业务精湛、爱生如子、乐于奉献的"黄金团队"。

"黄金团队"就是优秀的团队，是和谐的集体，是友爱、健康、充满生机的集体。这就如同个人再完美也是一滴水，而一个优秀的团队则是大海。一个有高度竞争力的组织，不但需要有完美的个人，更需要有完美的团队。一个优秀的团队，能汇聚成一股坚不可摧的力量。这种变化及境界是个人孤军奋战所不能及的，这就是整体功能大于部分之和，"1＋1＞2"的效果。

"黄金团队"是团结的富有战斗力的集体，有进步的思想，热情、实干、创新、勇于奉献，并形成一定凝聚力的集体。

合作（意识）——每个成员寓自己的成功于团队之中；互助（行动）——成员之间互相支持，互相激励，互相帮助；奉献（品格）——成员以大爱为美，这是团队美的基础；超越（精神）——以创新思维，形成新的工作方式，不断获得新的成果；凝聚（内蕴）——只有人心所向，才能披荆斩棘。

一个成功的团队，一个优秀的团队，其成员的工作技巧能取长补短，互相支持，共同负责。成员有良好的工作状态，能整合所拥有的资源，能创造出很大的合力，产生协同效应，最大限度地发挥集体合作的能量，创造出最大的效益。

（一）"螺旋上升式定位"模式

校长是"黄金团队"的灵魂。这就是说，校长要赋予团队思想、精神，乃至文化引领，校长的决策关系着团队的发展。

我们西五小学在校长思想引领团队发展方面经历了：零定位→升级定位→阔越定位→跨越定位。

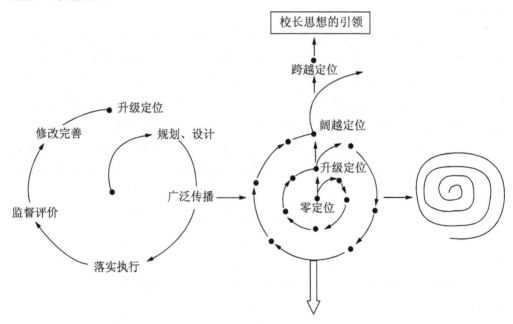

零定位时：一个校区

升级定位：创办了幼儿园（两个校区）

阔越定位：接收西长校区（三个校区）

跨越定位：
接收四十一中学（四个校区）
撤并四十一中学，成立了西五大学区（龙头学校）

这个过程，是以"0"为起点，不断扩大、拓展、螺旋上升的过程，我们给这种模式下个定义叫"螺旋上升式定位"。

"螺旋上升式定位"是：定位——规划——传播——执行——评价——提升——

再定位。这样循环反复，定位的目标逐渐上升，不断形成新的定位点。在一个新的定位中，团队会一次次地走到一个新的起点，步入阶梯式上升的台阶，这就是"螺旋上升式定位"带来的效应。

在这一系列的发展过程中，如果出现问题就需要调整和管理。调整过程面临选择，选择就是决策，管理就是决策。拿破仑说："做决策的能力最难获得，因此也最宝贵。"一个经得起历史考验的决策，可称为"黄金决策"。

A. 正确决策

决策面临风险，所以校长在决策前要分析形势，了解有利因素和发展前景，达到化"险"为夷。

例如 {
接收六马路小学：能有多少孩子入园？[幼小衔接新路——纵向]
接收西长春小学：发展到什么规划？[学校阔越化——横向]
学校"三位一体"能否实现"集团化"？[整体发展——整合]
}

可见，校长的决策不仅决定着"黄金团队"的形成，也决定着学校的发展方向。

B. 行动引领

校长的灵魂作用还体现在思想、业务等多方面的引领。这样不仅提升校长在教师中的形象和威信，而且校长也在这一过程中积累经验，完善自我。更重要的是，在校长引领的过程中，教师团队也在悄悄地发生变化，这就促进了优秀团队的形成。

1994 年 8 月，我担任教学校长工作。我是语文学科的教师，曾多次在省、市作观摩课，也曾在全国教学大赛中获一等奖。当我的语文学科引领水平受到肯定的同时，教师也在怀疑我其他学科的能力和水平。于是，我开始研究数学，努力用自己的钻研精神感染每一位教师。在整个南关区，我是第一个上微机辅助教学课的副校级领导。新的教学方法、新的研究模式，不仅丰富了自己，也引领了教学。功夫不负有心人，我的数学课在全国教学大赛中取得了一等奖第一名的好成绩。

当我在学校教师面前进行数学学科说课观摩、评课引领的时候，教师们向我投来的是赞许的目光。我想，这就是现代企业中最流行的一个理念，叫作"精益制造"。

在学校发展的过程中，校长的业务水平是一种引领，校长的办学思想也是一种引领。当我校的"绿色教育"新鲜出炉的时候，教师们困惑不解。我亲自带领教师学习、研究，分析"绿"意，分析"绿色"和"教育"相通共融之处。从绿色课堂抓起，延伸至绿色德育、绿色管理、绿色文化，并逐步形成绿色教育的文化体系，学校最终实现了教师自我约束、校园和谐发展的境界。

C. 创新

创新是思想提升、学校发展的动力和源泉。

有这样一个故事：许多人都争先恐后地到一个金矿去淘金，但是到金矿必须要经过一条大河。这条大河成了淘金者发展的阻碍。这时，我们是否会换个思维想一想，可不可以买条大船，用来运输淘金者过河，可以产生更大的价值，甚至超越淘金者的价值。

就是受这种思维的影响，我校开展了体音美分层教学、英语多媒体互动教学、信息技术新模式课的研究、"3A＋1"特色教学、外教团辅助英语教学等。在各学科开发校本课程的过程中，学校形成了积极进取、无私奉献的团队精神。

D. 规范管理

规范化管理重在提高思想觉悟。我始终这样认为，治校应该治思想，管理应该管行为。管理离不开三方面：①评价（看到成果）；②激励（产生动力）；③信任（创造奇迹）。

例如，《项链理论》：

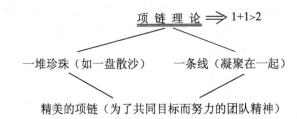

如果 10 粒珍珠的价值是 1000 元，那么 10 粒珍珠串起的项链可能超过 1000 元，甚至可达到 10000 元。这就是超越自身价值的价值，是"1＋1＞2"的理论。

在管理的过程中，我们一定要认识到人与人的合作不是人数的相加。合作得好，力量没有极限；合作得不好，合作的力量可以是零，甚至是负数。

在管理中，校长有两个形态：三角形和圆形。

A. 当学校处于起步期时，学校呈现出"三角形"的形态，校长就像站在顶端的将军，发号施令，呼风唤雨，强而有力地推动着学校向前发展。一句话，"三角形"时期，什么事都离不开校长。

B. 当学校走向成熟时，学校组织就形成了"同心圆"的形体，校长隐含在这个圆形体中，成为主心骨。这虽然弱化了自己，但是却突出了管理组织的强大。在西五小学，校长外出时，学校照样可以开展各种教学及文体活动，可以迎接省督导检查，可以迎接中华人民共和国司法部检查。一句话，"圆形"时期，每个人都能各尽其能，各负其责。

从 1998 年至今，我在 17 年校长历程中，真真正正地从"三角形"步入"圆形"中，在管理上也从"人治"走向"以人为本"的绿色管理。

（二）大雁式"V"型凝聚模式

所谓团队精神，简单来说就是大局意识、协作精神和服务精神的集中体现。团队精神的基础是尊重个人的兴趣和成就，其核心是协同合作，最高境界是全体成员具有较高的向心力、凝聚力，反映的是个人利益和集体利益的统一，并进而保证组织的高效率运转。挥洒个性、表现特长，保证了成员能共同完成任务目标，而明确的协作意愿和协作方式则产生了真正的内心动力。

在绿色教育取得初步成果的同时，我们也积极构建大雁式"V"型凝聚模式的一体化管理，积极构建高素质的"黄金团队"，使学校各项预定的目标通过个人努力与群体智慧相容，实现"走到一起是开始，融入到一起是进步，合作到一起是成功"的管理目标。

群体分析：

团队不是一个人，而是一群人——如何发挥群体合力；团队不是一个思想，而是有着丰富的思想——如何形成花园而不是杂草地；团队不是一个水平，是最具差异性的——如何认知相一，形成一致的工作作风；团队不是一个步伐，节奏快慢不一——如何步调一致，实现和谐统一。

这些，不由得让我们联想到了"V"形的雁群："V"形构成挡风墙，减少雁群总体花费的力气。领头雁正面迎风，而飞在它后面的雁受到的气流冲击将减弱，因此飞行起来更轻松。为了保证团队的前进，雁群频繁而有秩序地换位。换言之，每只雁都是雁阵中不可或缺的一部分。雁群用鸣叫声来鼓舞头雁，雁群的声音越持久洪亮，头雁就能够顶着迎面吹来的风越耐久地飞行，直到别的大雁来接替它的位置。

"V"型的含义：

"V" ｛用手势表示成功；

雁群南来北往的迁徙过程表示成功；

"V"所引发出来的深刻含义是：走到一起是开始，融入到一起是进步，合作到一起是成功。所以大雁式"V"型凝聚模式是教师团队的发展模式。

"V"型凝聚模式的特点：

A. 协调：预定目标的实现取决于个人努力与群体努力的结合程度。所谓"要让时针走得好，必须控制好秒针的运行"。

B. 和谐：来自同伴的引力，实现同伴互助。

C. 顺程：建立目标，重视过程管理。有一句话说得好："别把人梦想成某种人，而应把他们锤炼成某种人。"

构建优秀团队要做到三点：一要深入思考。工作目标大众化，被大多数人所接受。二要从点滴做起。从小事做起，以小见大；从低起点做起，逐步提高；从差的方面做起，精益求精；从谁都能做到的做起，开拓创新。三要持之以恒。常规是创新的基础，奇迹往往产生于常规之中。

构建优秀的团队不是一朝一夕的事情，也不是唾手可得的事情，它在于多方面的提升和打造。

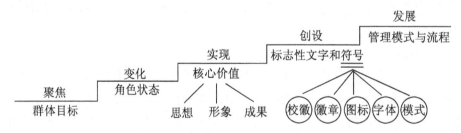

我们西五小学聚焦的第一个群体目标是音乐电子琴分层教学、体音美分层教学、英语多媒体互动教学、信息教育新模式课的探索等，角色状态整体发生变化。在变化中我们实施了绿色教育，实现了思想提升、形象提升、价值成果创造，最后形成具有团队象征意义的标志性、代表性的文字和符号。标志性符号有纪念徽章和校徽的符号、百年西五图标、学校字体、两个模式符号等。标志性的文字有绿色教育和绿色教育的理念、内涵、育人模式、文化体系等。如体现百年老校的口号：品牌穿超一百年，特色是："三位一体"的"西五教育集团"办学新格局。在聚焦群体目的——变化角色状态——实现核心价值——创设实质性文字和符号的基础上，我校又发展了绿色教育的管理模式与流程。

在构建优秀团队的过程中，我们特别注重教师、中层、副校级的学习培训。学年组长怎样开展年组工作，副校级领导怎样落实、创新本职工作，值周教师怎样切实可行抓好管理，包括每次我们承担各种现场会、上级检查，我们都会对全校老师进行培训和教育，让教师以西五为荣、为西五争光。自大学区组建以来，我给大学区中层领导也进行了"如何提高领导力和执行力"的培训，同样收到了很好的效果。

团队精神，是指团队的成员为了团队的利益和目标而相互协作，尽心尽力的意愿和作风。团队精神是团队的灵魂，是成功团队所体现出的难以琢磨的特质。没有人能准确透彻地描述团队的精神，但是每一个团队成员却能感受到团队精神的存在与好坏。

"V"型凝聚模式的价值取向：

经过几年的探索，大雁式"V"型凝聚模式使教师群体形成了很强的凝聚力和向心力。

学科教师融入一起，促进了教师专业成长。

学科教师共同参加教学活动，在思想的交流碰撞中收获了丰富的思想，也促进了教师的专业成长。在南关区教学能手、教学新秀的现场课比赛之前，我们组织了相同学科的骨干教师帮助参赛教师分析学情、剖析教材、设计教案、制作课件。为了不耽误学生上课，她们在下班后主动留下参与这项活动，当最后一个教师离开学校时，已经是繁星满天，明月当空。在这次活动中被评为"教学能手"的张越丽老师感激地说："如果没有这么多教师的共同帮助，我是评不上教学能手的。荣誉给了我，可帮助我的人却默默地付出了很多，我收获了除了荣誉之外更加宝贵的情谊。"

学年组教师融入一起，增强了学校的凝聚力。

每年的新年联欢会上，各学年组教师群策群力，自编自演精彩的文艺节目。虽然节目不如专业演员那般精彩，但却表现出了学年组教师的向心力和感召力，每位教师被那欢乐的气氛所感染。在欢乐的节奏声中，我们西五教师团队成了欢乐和谐的海洋！

学年组教师还"粘合"在一起，一起教研，一起读书，一起参与学校各项活动，一个个优秀的学年组如雨后春笋，不断涌现，增强了学校的凝聚力。

大学区教师融入一起，促进了教育均衡。

在长春市大学区教学研究展示现场会活动中，大学区各成员校都派出了教师积极参与此项活动。在活动准备过程中，我们不分学校，不分彼此，积极参与，共同谋划，取得了这次活动的圆满成功。在这次活动中，共有 14 位教师上了教学示范课，65 位教师参加了教学沙龙和教学论坛。这些活动均受到同行的一致好评。

（三）同心圆"INI"向心模式

同心圆"INI"是学校的黄金团队的管理模式，也叫"点面点"模式。俗话说，没有规矩不成方圆。只有按规矩办事，按规则行事，才能使管理真正落到实处。

"I"代表 1，"N"代表多数。

"INI"代表：一切的"一"和"一"的一切，也可以归结为万事不离其宗的"九九归一"。还可以这样理解：以一点为圆心，以无数个相同的半径确定无数个点，这些点的连线，形成了完整的圆。

"INI"特指：绿色教育和绿色教育所带来的多元的文化体系，从而形成学校、教师、学生等多方面的管理层面，这就形成了无数的同心圆。

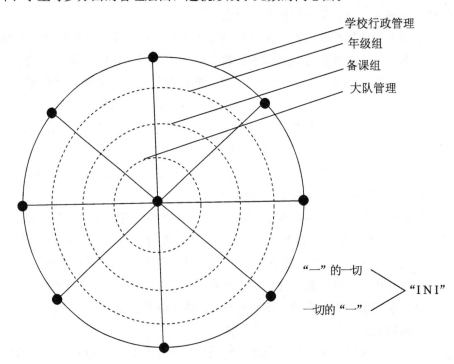

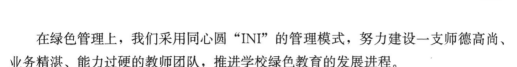

在绿色管理上，我们采用同心圆"INI"的管理模式，努力建设一支师德高尚、业务精湛、能力过硬的教师团队，推进学校绿色教育的发展进程。

什么是同心圆"INI"管理模式？

我校的绿色课堂异彩纷呈，其中信息技术教学、"3A＋1"特色教学、英语多媒体互动教学、扩展训练、思维训练和体音美分层教学等都形成了鲜明的特色，各学科教师均受过专业的教学训练。这些特色教学的开展，使学校课堂教学质量在一种良性的循环中不断提高，让我校学生享受到了优质的学科教育。

以"1361——我爱我家"德育工程为基点，近年来，我校的绿色德育取得了突破性成果，全校学生逐步形成了团结、友爱、助人、奉献的新时代少年儿童应具有的优良品质。如今，我校学生已经具备了较好的社会适应能力，在各项活动中，能够发扬团结、友爱、助人等各种精神，为了团队的成功，奉献自己的力量。

在绿色教育如火如荼的发展进程中，我校逐渐形成了校园文化生态化、学生学习自主化、身体健康意识化、读书成长习惯化的绿色文化体系。校园的每一个角落都散发着浓浓的绿意。这种健康、生态的绿色文化氛围，让孩子一走进学校，便仿佛走进了一个氧气充足的生态园，享受着绿色教育给他们带来的无限欢乐。

在绿色课堂、绿色德育、绿色文化的形成过程中，我们对教师的师德、岗位、教学、文化等方面都实施全方位的绿色管理，以人文化的管理，让教师感受到在西五工作就是一种快乐、一种享受。这样的绿色管理，让教师工作和生活的幸福指数不断增加，从而形成努力工作、快乐生活的积极向上的生存状态。

绿色课堂、绿色德育、绿色文化、绿色管理，归结起来，都是绿色教育的基本存在形式。在以绿色教育为圆心的同心圆上，各项工作有条不紊、互相促进、互相约束、共同进步。我们相信，有绿色教育这个坚实而有力的圆心做基点，这个同心圆一定会越来越大、越来越圆。

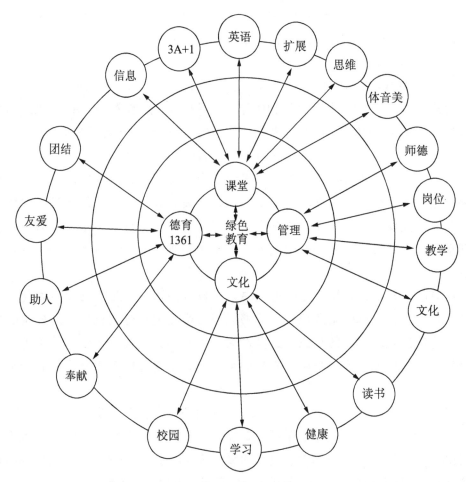

同心圆"INI"这一多元的文化体系在构建过程中，形成了诸多管理层面，也就是构成了无数的同心圆。可以说，绿色课堂促进了各学科教学的发展，绿色德育促进了学校"1361"工程的深入开展。学校管理内涵改变了教师的精神面貌，学校文化赋予了校园新的生命力。

反过来，各学科教学的发展也促进了绿色课堂的发展，学生品德的形成也促进了学校"1361"工程的推进，教师精神面貌的变化也提升了学校管理的内涵，假山、凉亭、养鱼池、高山流水、小桥人家等校园环境充实了学校的文化。

　　我们还可以这样想，由一点派生出一个面和无数个点，组成了一个圆。圆上的点又发散成无数个点，这些点又反作用于发散出的圆。同心圆、点面点、"INI"，这在管理上是发散思维的一种体现，反过来是多项思维的一种聚焦。这一模式，也许今天不被看好，但总有一天会让所有的人都认可。这也是我给这一模式定义为"成功模式"的原因：充满自信，追求成功。

　　永不言败的基础是教师一定要有一种意识，那就是——做最好的自己。

　　开展学科教学促进教师发展：

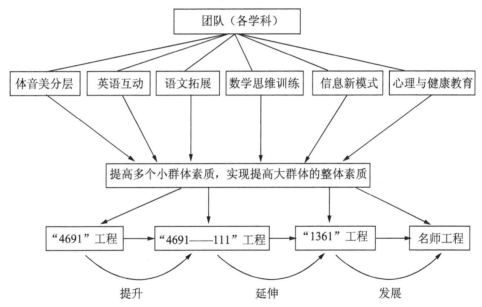

　　2010年，我校成立了由30名国家、省、市、区骨干教师组成的"西五小学名师工作室"，以名师的引领和辐射作用的发挥，感染老师、影响老师，从而形成"敢、帮、超"的团队意识。在今年市级骨干教师认证中，我校19名教师获得认定证书。在2012年南关区骨干教师认定中，我校29名教师被认定为区骨干教师。

　　提升学校品质促进教师发展：

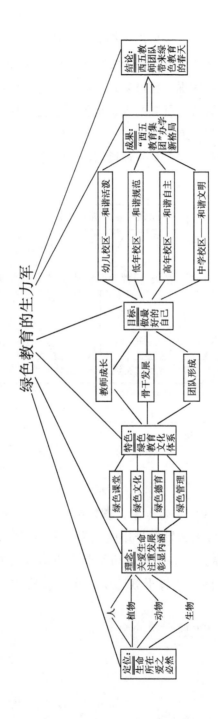

绿色教育的生力军

定位：
生命
所在
爱之
必然

人
植物
动物
生物

理念：
关爱生命
注重发展
彰显内涵

绿色课堂
绿色文化
绿色德育
绿色管理

特色：
绿色
教育
文化
体系

教师成长
骨干发展
团队形成

目标：
做最
好的
自己

幼儿校区——和谐活泼
低年校区——和谐规范
高年校区——和谐自主
中学校区——和谐文明

成果：
"西五集
团"小学
教育新格局

结论：
西五教
师团队
带来绿
色教育
的春天

　　在教师发展的过程中，我们注重抓好两方面内容：师——以生为本；校——以师为本。学校整体构建了以人为本的管理体制。

　　例如，在教代会上，经学校发展智囊团成员提议，我们制定了学校各项规章制度。一方面深入理解义务教育均衡发展的重大意义，以求在学校建设上达成共识；另一方面加速观念转变，胸怀大教育观，树立对社会教育发展的责任意识。形成一致的观念后，我们制定了各项工作配套的相关保障制度，建立了一个目标明确、制度完善、措施得当、分工合理的学校工作运转体系，并成为学校发展的指挥中心，确保学校各项工作的顺利开展。

　　同时，我们还加强了学校二级管理机构的组织和建设，即中层主任的职能建设，阶段性分层次开展了集中学习与培训活动。通过谈体会、说收获，他们不断地提高工作的领悟力、转化力和执行力，这使学校下达的各项指令畅通无阻，形成了思想统一、步调一致的工作作风，为开创学校良好的工作局面奠定了基础。

　　同心圆"INI"的价值取向：

　　A. 岗位——人人有才，人人有用；

　　B. 个体——同伴互助，共同提高；

　　C. 年组——大小群体，激情打拼；

　　D. 学校——改革创新，硕果累累。

　　记得我担任校长的第二年，学校要迎接国家级健康教育检查。为了使健康教育工作符合检查标准，我亲自组织全校教师进行卫生大清理，从早上一直忙到深夜十点多。有几名老教师已经累得腰酸背痛，我让他们回家休息，但他们执意留下来继续干，这让我十分感动。谁都不是钢筋铁骨，近10个小时的连续工作，谁都会筋疲力尽。老师们这样无怨无悔地付出，正是他们爱校的拳拳之心！在校园文化建设中，我和教师们共同经历了刷大板、刷油漆、冲刷操场水泥地面……而在中午的时候，教师吃小米粥拌红糖、煮鸡蛋，却兴高采烈，干劲十足。尤其在支教活动中，面对交通不便、路途遥远、条件艰苦的农村小学状况，全校教师积极响应，动员大会后的第二天，就有94人报名要求支教。如此种种，不再一一赘述。这些平凡而又闪光的事情，总在我们身边悄然发生。所有的西五人都为拥有这么强大凝聚力的集体而深深地感动和自豪。

　　教师职业紧张而繁忙，为减轻老师们的工作压力，学校于2008年9月成立了

"西五小学阳光·健康俱乐部"。

俱乐部共有以下几个活动分部：手工 DIY 俱乐部、舞蹈俱乐部、书法俱乐部、健身俱乐部。教师可根据自己的爱好自由选择喜欢的俱乐部，并进行填表报名。学校根据教师填表情况进行统计，并在一次烛光晚会中进行了俱乐部启动仪式。俱乐部每学期至少活动两次，活动经费由个人和学校共同承担。

学校举办过"赛歌""拔河""小品大赛""歌舞比赛""羽毛球赛""足球联赛"等活动，来增进学校与教师的亲密感。

记得有一次赛歌时，我们分为三组，书记领一组，我领一组，副校长领一组。我这一组人比较多。但是因为我的存在，很多人都放不开，好多年轻人会唱很多歌，就是不敢说出来，一会儿问我唱这个行不行，唱那个行不行，我只能说行。但是我看大家的表情是都不太愿意唱。这时候，我就想：我怎样才能融入老师们的情感当中，融入老师的心灵里，跟他们变成一样的人呢？忽然，我想起有一次去旅游，在车上导游教我们的一首歌。"现在我给你们讲一个故事，再给你们唱一首歌"，车内顿时响起了热烈的掌声。

说实话，自告奋勇唱歌，对我来说从小到大还是第一次。为了融入这个团队中，我必须这样做。我首先给老师们讲了一个故事：有一对青年男女恋爱了。两个人很相爱，男孩就找来画家，把女孩画在自己的枕头上。后来，由于市场经济的冲击，女孩变心了，跟着一个大款跑了。男孩非常恨她，于是又找来画家，把女孩画在砧板上，用画画的方式把这种恨表现得淋漓尽致。

接着，我就在大家热烈的掌声中唱起了这首歌：

爱你爱你爱死你，
找个画家来画你，
把你画在枕头上，
夜夜抱着你……

唱到最后一句的时候，大家都感到很意外，掌声更热烈了，接着就产生了很多新歌。赛歌的时候，我这组唱的第一首歌就是《爱你爱你爱死你》，其他组全都震惊了，他们马上就研究应该唱点有新意的歌。书记那一组唱《两只老虎》，副校长那一组唱《小鸭子》，女教师唱鸭子，男教师表演鸭子……有一个大个儿男老师走在最前

面，我说："这哪像小鸭子呀?"他风趣地说:"校长，我是大鹅!"

那一次赛歌，大家都很开心。在这样的活动中，我们统一了思想，形成了集体的凝聚力。

自从阳光俱乐部成立以来，教师的幸福指数不断增加，他们工作的热情提高了，干劲也增强了。每次活动，大家的积极性都很高。活动之后，大家都能以最饱满的热情，全身心地投入到工作当中，工作效率也大大提高。现在，阳光俱乐部已经成为全校教师最期待的活动，因为大家都能在阳光俱乐部中找到自己的快乐。有一次活动之后，几位教师找到我，拉着我的手，感动地说:"校长，这样的活动太好了。我们平时工作很忙，在活动中我们感到轻松了很多，再也不用愁眉苦脸地工作了。"自学校成立阳光俱乐部以来，学校一直坚持开展活动。阳光俱乐部已经成为西五教师文化发展的品牌特色，学校每年都要精心策划活动方案，组织多项娱乐健身活动，提高教师的幸福指数。2012 年 3 月，我们组织全体教师开展卡拉 OK、英派斯俱乐部健身、徒步、烧烤等活动，丰富教师的课余生活;7 月，我们结合建党日进行漂流和赛歌活动;暑假前，在校园举行"快乐飞翔"烧烤篝火晚会，组织教师进行拔河比赛、歌唱比赛等。欢乐的笑声响彻校园的上空，留下了美好的记忆。这些活动极大地丰富了职工的业余生活，增强了团队的凝聚力和向心力。

五、"大学区"一体化管理探索

虽然大学区是一个新生事物，但它也是教育在发展过程中的一个必然的历史产物。在促进教育均衡发展的今天，我们所说的大学区不是简单的几所学校的整合，而是在一定的地理空间范围内，以一所优质校为核心，将规模不同、师资不均、硬件配置有差异的几所学校以捆绑的形式，划分为一个公共教育的区域单元。这个区域单元既是一个教育管理的合作体，也是一个教科研活动的联盟体。在层次上，它处于"区"和"校"之间;在内容上，它处于"区内全部教育资源"和"校内单一教育资源"之间。

为顺应教育均衡发展的需要，南关区教育局按学区划分，将我们西五小学与不同层次、地理位置相对集中的 6 所学校组建成资源共享、交流合作、促进发展的教育共同体——西五大学区。以西五优质校为引领，各成员校积极参与，在办学理念、教学管理、队伍建设、资源开发等方面实行一体化管理，努力使各校在硬件、师资、管理、学生、校风等方面实现资源的流动与整合，以求真正实现学区内 7 所学校教育水平的共同飞跃。

在实践中，我们认识到建立大学区的目的有两个：共享与发展。共享，是实现教育设备、设施共享，实现课程资源共享，实现人力资源共享。发展，是最大限度地发挥区域内优异学校教育资源的辐射、带动作用，促进区域教育全面、协调、可持续发展。

大学区建立的理念，应该是实现"木桶效应"——在区域内，通过物质资源的整合，及优质学校人力资源的引领，缩短校际的差距，补齐"短板"，提升"水位"，提高质量，真正实现均衡发展、和谐发展、跨越发展。

西五大学区由西五、兴盛、东长、回族、北大、自强、富裕（村小）7 所学校组成。成立大学区后，我们对各成员校进行了全面的考察和研究，结果如下：大学区 6 所学校中有 4 所学校办学规模相对较小，每校教师平均为 30 人左右。近两年各校招生呈下降趋势，除东长学校现有 700 多名学生外，有 2 所学校不足 200 人，有 3 所学校 300 人左右。各校省、市、区级骨干教师的比例不达标，缺少教育竞争软实力。但近几年由于区教育局的持续投入，各校的校园环境和硬件设施较为先进，办学特色鲜明，有着各自的发展优势和基础。

结合大学区各校的现状，我们对大学区工作进行了准确定位，明确了"强化师资、优势共享、内涵拉动、合作共赢"的战略目标，确立了"建立制度保障、整合优质资源、强势积极引领、校际多元合作、缩短质量差距"的工作思路，在教师培训、区本教研、课程开发、文化创建等方面实行一体化管理，实现西五大学区学校的共建、教师的成长和学生的发展。

同时，我们积极树立全新的大教育观、大资源观，把"交流·合作·发展·共赢"作为大学区建设的主题词，积极探索"大学区一体化管理"模式，为推进区域教育的均衡发展，实现有质量的教育公平，奠定了坚实的基础。

（一）建立制度，确保大学区工作的顺利开展

为了实现大学区各项预定目标通过个人努力与群体智慧相容，我们首先成立了

大学区领导小组，制定了大学区校长《例会制度》《学习制度》。一方面深入理解义务教育均衡发展的重大意义，以求在学区建设上达成共识；另一方面加速观念转变，胸怀大教育观，树立对整个学区教育发展的责任意识。形成一致的观念后，校长例会逐步成为研究学区发展、制定措施、落实计划的研究会。我们先后出台了《西五大学区发展规划》《西五大学区工作实施方案》，制定了各项工作配套的相关保障制度，建立了一个目标明确、制度完善、措施得当、分工合理的大学区工作运转体系，成为大学区发展的指挥中心，确保了大学区各项工作的顺利开展。

【附：《西五大学区工作实施方案》】

西五大学区工作实施方案

一、指导思想

为了推进南关教育均衡发展，全面提高我区教育教学质量，发挥名校的引领和辐射作用，西五小学和区内 6 所小学组建成西五大学区，形成教育教学发展共同体，通过实施"引领、互动、共享、提高"为主题的一体化管理，实现西五大学区学校的共建、教师的成长和学生的发展，促进大学区教育教学水平的整体提升。

二、工作思路

立足校情，发展特色；区域协作，多维联动；资源共享，优质均衡。

三、工作目标

以创建优质、和谐的西五大学区为总体目标，强化师资、优势共享、内涵拉动、合作共赢，使大学区在教师培训、区本教研、课程开发、文化创建等方面不断发展，形成学区教育合力，实现高质量的教育公平。

四、工作措施

（1）实施大学区一体化管理，形成团队建设、文化建设、资源建设的发展模式。

（2）整合大学区优质人力资源，以名师工作室为依托，整体提升大学区教师专业化发展水平。

（3）建设大学区信息化管理平台，开发课程资源，开展教科研活动，提高学区教育教学质量。

（4）加强大学区教学硬件设施的建设和整合，实现优质资源的共享共用。

五、具体工作安排

（一）立足常态教研，提高学区教学质量

1. 建立大学区集备制度，建设优秀学科组

（1）大学区成立集备领导小组，每学期组织大学区全体教师参加开学预备周和期中测试后的集体备课活动。各成员校要组织教师按时参加，保证人数和质量。集备实行备课中心发言组制度，由基地校各学科组提前组织好中心发言材料，成员校教师针对备课内容进行讨论、补充和完善。集备后各校教师要认真完成个性化教案的书写。

（2）在集备基础上，实行网上备课。成立大学区网上备课中心组，建立学科QQ群，由成员校各学科组长组织大学区教师在网上进行交流与互动，及时解决教学中存在的问题。

2. 建立大学区教研制度，开展主题教研活动

充分发挥大学区"伙伴教研共同体"的作用，积极开展学科主题教研活动。各校要按照"确立研究专题——制订研究方案——跟踪课堂教学——交流教研成果——反思教研实效"的流程进行教研。各成员校先在校内进行主题教学研讨，然后选派优秀教师参加大学区的主题教研成果汇报，达到共同研究、共同攻关、共同提高的目的。每学期各学科要在全区范围内进行一次主题教学汇报，定期展示阶段教研成果。

3. 建立大学区教学检测制度，共同提高教学质量

（1）为提高学区教学质量，每个月大学区统一进行语文、数学、英语三个学科的月测试。由龙头校分学科进行试卷命题，大学区内统一时间，进行检测。测试后分头阅卷，及时上报成绩单和质量分析，大学区进行总结和整理。

（2）每学期期中测试后，集中大学区教学校长和学科组长召开一次教学质量分析会，共同分析成绩，查找问题，及时调整工作安排，不断提高学区的教学质量。

（二）立足学区资源整合，实现优质资源共享

（1）分学科建立大学区题库。每个月各校要及时上传一个年级的语文、数学、英语测试卷，由基地校做好整理，上传到大学区教学资源网上，各校选择试题进行模拟测试。

（2）建立大学区教学资源库。在大学区资源网上分学科设立优秀教学课例、教

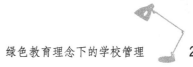

学叙事、教学课件三个模块，各成员校定期上传相关素材，形成丰厚的教学资源积累，供各校教师课堂教学应用，以此增强教学的实效性。

（3）实行大学区优质资源开放制度。各成员校要积极上报学校硬件设施条件，优良的教学设备、专用教室、教学场馆要处于开放状态，由大学区进行统筹规划和管理。各校如有教学所需，及时提交使用报告，由大学区调控后进行使用，以此实现优质资源的共享共用。

（三）立足师资整体提升，加快学区教师专业化发展

1. 加强大学区领导团队建设

（1）组建由大学区校长、教学校长、中层主任的三级管理机构，制定切实可行的学习制度、培训制度、工作制度。大学区校长要按时参加校长例会，认真学习，提高认识。

（2）要定期开展领导团队的学习与培训，采取自学与集中研讨相结合的形式进行。每年，校长、教学校长要完成不少于3万字的自学笔记，要撰写一篇质量较高的教学论文。大学区努力为其创设外出学习与考察的机会，不断提高领导团队的学识和水平。

2. 成立"西五大学区名师工作室"

（1）组建大学区"名师巡讲团"，组织名师定期开展专题讲座、学科培训、教学观摩等活动，有效发挥名师业务导航的作用。

（2）开辟名师博客专栏，开设名师在线课堂。每位名师每个月要更新博客内容，在网上与教师进行交流与互动，带动学科教师共同钻研教学。

（3）名师要积极承担校内、跨校带徒工作，认真落实"一日影子培训工程"，定期到对口校进行一日教学、教研指导。成员校也定期派出教师走出来到名师所在校进行一日跟踪学习，促进各校青年教师迅速成长。

3. 开展大学区读书活动

每学期大学区统一安排读书内容，下发阅读材料和读书记录本。各成员校要组织教师进行读书学习，定期召开读书汇报会，为教师提供心灵碰撞与智慧交融的平台，增加知识储备，打造书香大学区。

4. 开展大学区教师培训活动

每学期大学区要聘请知名专家、教研员进行教材解读、学科专业知识和技能辅

导，各校教师要积极参加，及时记录和反思，不断提高专业水平。同时，为各校优秀教师提供外出学习与培训的时机，不断提高业务能力和水平。

（四）立足区域文化建设，打造和谐大学区

（1）加强大学区精神文化的建设，把"太阳鸟向着太阳飞翔"和"向日葵迎着朝阳成长"作为西五大学区的教师文化和学生文化来构建。各校在发展自身特色的基础上，要挖掘内涵，提升品位，校际联手，共同提升学区的教育质量。

（2）构建大学区大雁式"V"型凝聚模式和同心圆"INI"管理模式，在大学区领导团队和教师团队建设上实行一体化管理，全力打造优质的人力资源。

（3）定期组织大学区教师开展喜闻乐见的文体活动，如郊外徒步、拔河比赛、小品大赛、歌咏比赛等，不断增强教师的凝聚力，提升幸福指数，争做积极向上、阳光健康、充满活力与自信的"西五大学区人"。

六、各项工作保障机制

（1）成立由西五小学校长丁国君任大学区区长，成员校校长为成员的大学区领导组织机构，下设教学校长和中层主任为具体实施层面的二级管理机构。由西五小学负责大学区的常务工作管理，各校要及时提出合理化的发展建议。学区重大决策和活动要经校长例会协商确定。

（2）建立健全各项工作制度，发挥评价的导向功能，调动大学区教师工作的积极性，保证工作的顺利开展。各成员校要听从指挥，步调一致，在工作中充分发挥自身的主体地位，齐心协力，促进学区的整体发展和建设。

（3）建立大学区信息化管理平台，开设网络备课平台、资源共享平台和联络通信平台，保证成员校间的沟通及时、便捷，突破学区管理的时间和地域的限制，实现学区资源的有效整合和利用。

（4）定期开展活动表彰会，促进各校教师参与的热情和工作积极性。对于在工作中表现突出的教师要进行表彰和奖励，优先选派外出学习和培训。在评优评先、晋职晋级上优先考虑和安排。

除此之外，我们还制定了《西五大学区教师培训制度》《西五大学区教师学习制度》《西五大学区教科研工作制度》《西五大学区质量验收制度》《西五大学区集体备课制度》等，不断引领和规范各成员校的教育教学行为，从而增强了校际的协作与共建，有效促进了区域教师素质的整体提高，促进了区域教育的均衡发展。

如在大学区建设上，我们应做到"三个力求"，来培养大学区各成员校教师的主体意识。这"三个力求"是：

力求解决实际问题；

力求全员教师参与；

力求科学规范评价。

另外，在管理方面，我们特别重视大学区的过程管理、成果管理和网络管理，做到：过程管理等级式、成果管理阶段式、网络管理互动式。"等级式"管理，实现管理人性化、制度化；"阶段式"管理，厘清目标提升程度，实现管理的民主化、科学化；"互动式"管理，提高教师的参与率，实现管理的全员化、规范化。在这一过程中，各成员校实现学生素质提升、教师专业飞跃、学校内涵发展。

（二）加强团队建设，促进大学区一体化管理

区域教育的均衡，首先应是师资力量的均等。师资水平的质量直接决定了区域教育的优劣。为此，西五大学区积极树立"质量兴区，人才兴校"的目标，从大学区校长团队、名师团队、教师团队三个维度，积极构建一体化的管理模式，形成一股强大的教育合力，为大学区发展积淀丰厚的人力资源。

"决策先行"，提升一体化管理

校长先行，可以看作是"大车头"的理念。"大车跑得快，全凭车头带"，足以证明"车头"作用是任何事物不能替代的。大学区成员校的校长团队，可以说是强强联合的团队，是思想丰富的团队，是仁者见仁、智者见智的团队。提高校长团队的合作意识，是提升大学区一体化管理的根本保证。

大学区的"校长团队"，是大学区的核心力量，是引领大学区各成员校向着既定目标前进的指挥者，是大学区总体规划的设计者，是大学区办学理念的践行者。因此，建设一支优良的"校长团队"，就显得尤为重要。

A. "学区长"的作用：凝聚人心

建设优良的大学区，必须提高"学区长"的思想认识和管理水平。"学区长"是大学区"校长团队"的班长。这个团队与自己学校的班子团队不同。"校长团队"的成员同一级别、同一层面。他们的前面有龙头校、学区长，他们的后面各自有一个

完整的团队。然而，龙头校的"校长"与大学区的"学区长"，也是有着本质上的区别的。如何发挥成员校校长的主观能动性，让他们的创造性思维灵动起来，产生"1＋1＞2"的工作效果，这是"学区长"要思考的重要问题。多少年来，我们的国家提出的"科教兴国"战略，这是落实"科学技术是第一生产力"的思想，坚持教育先导地位，加速实现现代化的重要国策。现代管理理论认为，管理、科学、技术是现代文明的三大支柱。一个团体、一个企业、一个国家、一个民族，能否生存、发展和繁荣，主要看是否具有这三方面的能力。其中，有人把管理称为第二生产力，也不无道理；也有人认为"技术差距"实际上是"管理差距"，也是可以认同的。可见，管理很重要，管理一支"领导团队"，也就是"管理者团队"，更为重要。

首先，"学区长"要转变管理行为——特别是强调"以人为本"，尊重成员校校长的建议、意见，将管理的本质和内涵的变化转化为管理行为的变化。"学区长"在领导这支"领导团队"时，既要注重制度下的规范管理，又要注重现代背景下的人性化管理；既要有"刚"性标准化管理，又要格外突出较高理智水平的"柔"性管理。最重要的是，"学区长"要依靠民主意愿、个性张扬、权利平等，来激发"领导团队"即各位校长的内在潜力、主动性和创造精神，为大学区整体发展创造一个良好的工作平台。

其次，作为"学区长"必须以较高的思想水准，把对"领导团队"的管理推向新的境界。它应该是以激发人的积极性、创造性为主，以多样化评价、动态性评价为主，以激励为手段，追求多样化、丰富性与创造性。具体说，就是："领导团队"人人都是管理者，重大决策参与者，又都是决策的执行者。通过顺应人性，以人为本，创造出一种高度和谐、友善、亲切、融洽的氛围，使大学区各成员校成为密切协作的团体。这样"学区长"的管理既是控制和协调，又是开发和促进。

最后，作为"学区长"要树立新的管理理念，强化服务意识。"管理的最大价值，不在于做了什么事，而在于发现了多少人和培养了多少人，它的最高境界绝不是约束和规范，更不是居高临下地控制和干预。"从中我们可以体会到，"学区长"就是要通过有效的管理和服务，把大学区"领导团队"的思想凝聚起来。同时，他将管理的重心更多地转变为方向引导、发现经验、具体帮助和创造条件上，强调人文关怀，强调合作交流，使大学区的"领导团队"虽有各种各样的差异，但能在不同的起点上获得发展。

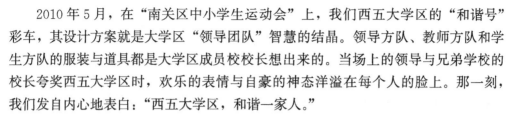

2010年5月，在"南关区中小学生运动会"上，我们西五大学区的"和谐号"彩车，其设计方案就是大学区"领导团队"智慧的结晶。领导方队、教师方队和学生方队的服装与道具都是大学区成员校校长想出来的。当场上的领导与兄弟学校的校长夸奖西五大学区时，欢乐的表情与自豪的神态洋溢在每个人的脸上。那一刻，我们发自内心地表白："西五大学区，和谐一家人。"

2011年2月的除夕夜，中央电视台"春晚"节目开始。当"春晚"的"和谐号"彩车载着主持人缓缓前行，车门打开，主持人手捧鲜花、走到台中……那一刻，是西五人最骄傲的时刻。用我们的话说，中央电视台"春晚"的开场设计完全模仿了西五大学区。可见，大学区的组合，不能认为成员校是弱者、是包袱，应视他们为财富。各成员校的校长，也是有智慧、有头脑、有潜质的。西五大学区运动会上的"和谐号"彩车和"领导团队"的展示，充分彰显了大学区"领导团队"的超前意识。这是令我们骄傲的。

B. 大学区"领导团队"：问题与情景中实现思想力的提升

"大学区管理"，是时代的要求，是时代赋予教育特色的产物。我们应知道管理有三个层次：

第一个层次，让员工把事情做规范；

第二个层次，让员工成为该职位上的专家；

第三个层次，让员工感受到工作是一种生命历程，感受到生命因工作而快乐。

大学区的管理境界，也同样有这三个不同的层次。那就是让"领导团队"的每个管理者在规范做事的基础上，成为专家、学者，并感受到大学区的工作是快乐的，是一生中值得回忆的。

在大学区"领导团队"建设上，我们注重把每个领导从"个人——要求式"的行为转变成"团队——自愿式"行为，把转变观念、树立正确的办学思想、打造大学区核心精神转变为"领导团队"的理想和追求，从而形成新的核心力量。

如每次大学区校长例会，都要围绕着1～2个问题进行讨论、商议，从问题出发，以解决问题而终止。我们关注的不是问题的累加，问题数字的上涨，而是在研究问题的过程中，校长与校长之间形成一种友好的、平等互助的合作关系，彼此成为"合作伙伴"。同时，我们还注重引领大学区的"领导团队"树立三种意识：

第一，质量意识——落实责任，敢于负责；

第二，品牌意识——实现学校与学区"双赢"；

第三，服务意识——让服务成为管理的"动力"。

如在庆祝建党九十周年活动中，南关区教育局落实给我们大学区一个新任务：代表教育系统参加南关区政府组织的"庆祝建党九十周年'红歌大赛'活动"。接到任务后，我们马上召开大学区"领导团队"紧急会议，研究解决方法。各成员校的校长们纷纷表示：除非不做，要做必须做好、做精、做出风采。于是，每人有各自的任务：负责找歌曲的，负责落实领唱、指挥的，负责做道具的，负责落实各校人员统计的，负责设计演唱动作的……从显性工作到隐性工作，每个人都以极大的热情投入"红歌大赛"这项工作中。

在排练的过程中，每个校长都为学校的教师提供了优质服务：水、饭、服装、道具等，样样满足。成员校东长小学是"红歌"训练场地，每一次都安排得让人感动。音响、水果、水、场地卫生、座位摆放，为训练提供了方便条件。这些，都说明我们有一种意识：创品牌。

由于各成员校校长落实到位、教育到位、关怀到位，"唱红歌"活动收到了很好的效果。有一位成员校的普通教师说："太震撼了，我感动得直想哭！"还有一位教师说："以前我总认为成立大学区，我们挨累了；现在，我觉得大学区让我们自豪了。"

"唱红歌"活动，使大学区全体教师产生了凝聚力，他们以前总是说你们学校怎样了，现在都说咱们大学区如何了。从"你们"到"咱们"，称谓的变化体现了思想的变化，体现了大学区人的变化。有个校长说："我校的老师，一提到'唱红歌'活动，就兴奋不已。"可见，活动不仅能改变人，也能塑造人。

群体力量的显示，来源于"领导团队"的引领与指挥。200人的大合唱队伍，整齐划一的动作，百人同声的效果，都来自于"领导团队"思想力的提升。他们遇到困难不退缩，碰到难题无怨言，以大局为重的品格折服了教工，才使教师团队彰显合力。

再如，在每年一次的"教育系统联欢会"上，我都积极组织"领导团队"创新节目的题材、形式，以思想先导引领行为发展。2010年新春联欢，我设计了歌舞表演《刘巧儿》。2011年新春联欢，我设计了情景戏《武大郎相亲》。美妙的歌舞，戏剧性的表演，再加上人物形象的创设和舞台灯光的变化，给人留下了深刻的印象。

"领导团队"也在这一次次活动中，展示了自身素质，体现了自身的价值。

成立"名师工作室"，促进一体化管理

针对大学区骨干教师队伍薄弱的现状，我们积极整合大学区省、市、区优秀教师资源，成立了西五大学区"名师工作室"，通过骨干教师的专业引领和辐射作用的发挥，带动学区教师专业素质的整体提高。我们吸纳了大学区各成员校的省、市、区 28 位骨干各教师加入名师工作室，不仅明确了名师的职责和义务，还赋予名师优先发展的条件。

西五大学区"名师工作室"启动仪式

为了提升名师的自豪感，我们对名师工作室的成立进行了特殊的筹备，并召开了隆重的"名师工作室"启动仪式。在启动仪式上，学校安排少先队员为名师献花，大学区校级领导为名师颁发证书，每位名师都满怀激情地宣读"誓词"：

我志愿做西五名师，全面实施素质教育，履行教师的神圣职责，崇德博学、精业善道；传承文明、启智求真；甘于奉献、勇于创新，为西五教育事业的蓬勃发展而不懈奋斗！

这些，都将成为名师们的难忘历程；这些，也将鞭策名师们珍惜现在，更好地创造辉煌的未来。

大学区"名师工作室"采用个人申请——组织审核——学区批准的方式进行人员的确定。在管理上，实行动态管理，当个人的条件符合名师基本标准时，可随时申请加入名师行列，这也是我们所期盼的。

我们还组建了名师巡讲团，分期分批跨校指导教研组备课、跨校做专题报告、大学区内定期做教学观摩课。大学区网站上开辟了名师博客专栏，开设了名师在线课堂，为名师间、教师间搭建了业务交流与提升的平台。名师中开展了校内外带徒的"青蓝工程"，共结成 58 个帮扶对子。名师定期深入课堂听课、评课，通过一对

一的教研指导，使各校青年教师的教学水平得到了有效提高。同时，我们还实施了"名师一日影子培训工程"，即组织名师工作室的成员走出去到对口校进行一日教学、教研指导，通过上课、听课、研讨，为成员校教师送去先进的教学理念和教学方法。而成员校也定期派出教师走出来到名师所在校进行一日跟踪培训，学习名师先进的教育理念和教学方法，以达到取长补短的目的。名师的流动，打破了以往教研沉寂的局面，激活了名师的业务潜能，实现了优中求优、名优带动、优势互补的发展目标，促进了区域间同伴互助的飞跃与提升。

同时，我们还成立了大学区教研中心，定期开展教研活动。在活动中充分发挥名师的引领、辐射作用，先后进行了大学区体育优质课大赛、大学区新教师教学大赛、大学区期中质量分析会，打破了以往各校同水平无效教研的局面，实现了校际间的多向交流和多维联动，并收到了实效。

2011年5月，我们西五大学区承办了"长春市大学区教学研究活动汇报展示现场会——西五大学区教学专场"，分五个会场进行了语文、数学、英语、美术、心理五个学科的教学汇报和教学沙龙、合作论坛展示。

【附：长春市大学区教学研究活动汇报展示现场会沙龙实录】

西五大学区数学活动专场"学术沙龙"现场实录

时　　间：2011年5月10日

地　　点：西五小学主校区多功能教室

专家引领：吉林省教育学院数学教研室何凤波主任、长春市教育局教育教学研究室逯成文书记、数学教研员李博，南关区数学教研员戴正之

论坛教师：尹蕾、姚娜、臧秩、赵波、尤春玲、张蕾、张晗蕾、陈彤、张聆、都立君、卢静伟、丁勇亮、闫丽娜、刘秀敏、史力平、张景耀

论坛主题：关注儿童、发展思维

论坛主持：李博

论坛实录：

李博（市教研室数学教研员）：各位老师、各位领导，大家好！很荣幸和大家一起参加数学沙龙。按照沙龙本意有三个要素，首先要有一个非常精致的话题，第二

要有一群社会名流参与，最重要的是要有一个漂亮的女主人。我借着场地先假冒一下这个漂亮的女主人。今天沙龙有三个精致的话题，还有在座的教育界的名流参与。我相信各位老师台上的台下的一定会在这次沙龙中有所收获。下面我们进入第一个精致的话题：低年级思维训练课的认识。西五小学对思维训练课的研究已经有一段时间了，我想对于这个问题的探讨，先有请西五小学的老师给我们谈谈他们对低年级思维训练课的认识。

赵波（西五小学）：低年级进行思维训练是有价值的。我校从低年级学生入学开始接触数学时，思维训练也就开始了。作为参与实验的教师，我们真切地感受到在低年级如果能注重培养学生思维习惯和思维意识，发展学生思维能力，就能够激发学生思维，使学生学会思考，获得更多数学活动的经验。

今天这两节课都是低年级的思维训练课。我们看到课堂上两位老师都能为学生提供充分的数学活动机会，增加学生自主活动的时间与空间，创造各种机会让学生自觉地参与学习，这都体现了让学生学会参与、学会数学的思考方法。教师更关注学生的学习方式和思考方法，能让学生获得更多数学活动的经验，这也就达到了思维训练的目的。

姚娜（西五小学）：小学数学课程标准明确指出："学生初步逻辑思维能力的发展，需要有一个长期的培养和训练过程，要有意识地结合教学内容进行，教学时要遵循学生的认知规律，要重视获取知识的思维过程。"基于这样的要求，我校开展了"思维训练课"的教学活动。总体构想是：以素质教育为目标，以课程标准和教材为依据，结合数学课堂教学内容，大力挖掘教材中的思维训练素材，有目的、有针对性地对学生进行思维训练，使学生的思维能力得到逐步地发展，促进学生素质全面提高。我们先从低年级的思维训练课的展示课开始。思维训练课不是一种孤立的课程，它是在数学教材教学内容基础上精炼出的一种课程。所以数学思维训练课源于教材，并高于教材，有利于发展学生的思维水平。

臧秩（西五小学）：我认为低年级有必要开展思维训练课，因为思维训练课是小学数学教学的主要内容。尤其在素质教育的今天，开发智力和提高能力是小学数学教学内容的主题。思维训练也是新课程改革的需要。让学生学会学习，培养学生终身学习的能力是新课程的重要内容。思维训练还是小学数学学科自身发展的需要。课堂思维训练必须适应数学课程改革的步伐。同样，数学学科本身也应符合学生发展的需要。而这两节课，两位教师都能注重培养学生的思维训练，能抓住学生思维的重心，能适时地启发学生围绕思维的中心点有序地开展教学活动。尹老师重点培养学生置换和假设的思想，姚老师重点培养学生的有序思考问题的方法。

都立军（回族小学）：数学新课程标准基本理念中指出：数学教育作为促进学生全面发展教育的重要组成部分，一方面要使学生掌握现代生活和学习中所需要的数学知识与技能，另一方面要充分发挥数学在培养人的科学推理和创新思维方面的功能，使学生真正理解和掌握基本的数学知识与技能、数学思想与方法，使学生得到必要的数学思维训练，获得广泛的数学活动经验。

今天的两节二年级的思维训练课上，教师能够从培养学生的数学学习兴趣出发，帮助学生建立基础、正确的思维模式，进行必要的思维训练，让学生在启蒙阶段，有个良好的开端，到了高年级，自然水到渠成。

陈彤（东长小学）：我非常同意刚才臧老师的观点。开设思维训练课在小学阶段当然是十分重要的，而且在低年级开设这个思维训练课我觉着也是尤为重要的，因为它是符合孩子心理发展规律的。心理学研究表明，儿童低年级是儿童智力发展的一个高峰期，而且5~8岁又是儿童思维发展的第三个飞跃期。所以我们能抓住这个时期来发展学生的思维就会对他的终身产生影响，也会为他的终身发展打下一个良好的基础。

张聆（自强小学）：就如刚才姚老师说的：学生初步的逻辑思维能力的发展需要有一个长期培养和训练过程，而小学生从低年级到高年级，其思维能力是逐步提高的。但是我们决不能仅仅满足于这种自然的提高，而应该分层次地进行培养。因此，教师要针对学生的不同阶段，循序渐进地进行培养，像爬山一样，顺着坡度，由低到高地训练。就如今天尹老师让二年级学生学习鸡兔同笼这种"难题"，给学生一些直观、具体的材料，让他们借助实物、图片的表象进行思维，就是把这一类数学问题作为培养和发展学生数学思维的一个载体，重视的是对学生进行思维训练的过程与方法。因此，在低年级开设思维训练课是十分必要的。

丁勇亮（自强小学）：我认为在低年级开设思维训练课意义深远。我们常说"授之以鱼，不如授之以渔"，就是说给孩子现成的知识和技能，不如让孩子学会自己获取这些的能力。思维训练就是要交给孩子正确的思维方法，发展孩子的思维能力。如尹蕾老师的这节课，使学生初步了解了假设的数学思想；姚娜老师的课上，学生

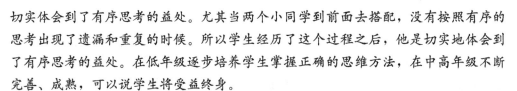

切实体会到了有序思考的益处。尤其当两个小同学到前面去搭配，没有按照有序的思考出现了遗漏和重复的时候。所以学生经历了这个过程之后，他是切实地体会到了有序思考的益处。在低年级逐步培养学生掌握正确的思维方法，在中高年级不断完善、成熟，可以说学生将受益终身。

李博（市教研室数学教研员）：我申请插一句。刚才我们都听到了以西五小学团队为首的老师们从学生思维发展的需要和数学教学的需要这两方面来阐述在低年级开设思维训练课的必要性。我也看出来了，刚才发言的各位老师都是西五小学的亲友团。那么根据我们刚才给大家展示的这两节课，台上和台下的老师对这个观点还有什么补充或跟他们持有不同意见的观点吗？我们更希望听到不同的呼声。

闫丽娜（兴盛小学）：刚才听了几位老师的发言，我对思维训练又有了新的认识。因为我是一名语文教师，今天坐在这里和几位数学老师交流数学问题，我觉得我是受益匪浅的。思维训练在低年级开始是很有必要的，因为思维训练课是培养学生从直观的形象思维转化为抽象的逻辑思维这么一个过程的重要手段。刚才几位教师都提到了鸡兔同笼的问题。刚结束的两节课，一节是鸡兔同笼，一节是有趣的搭配。我觉得在选材上应该考虑到儿童的年龄特征和他们的认知规律。刚才姚娜老师也说了："数学目标中规定了，思维训练是长期思考的。教学内容要符合儿童的年龄特征，是在教材基础之上的。"有趣的搭配就非常符合儿童的年龄特征，而且也贴近学生的生活，学生也很感兴趣。同学们表现得非常好，而鸡兔同笼的问题就有点超出了儿童的认知规律。回顾尹老师的课堂，他开始把鸡兔放在一个笼子里，让学生直观地去感受，然后又把笼子遮挡住，告诉学生鸡兔的头一共有几只，脚一共有几只，让学生想有多少只鸡，多少只兔。当尹老师一提出问题以后，有个学生就说"数"，这非常符合孩子的认知规律。学生无论从头还是脚都能数出鸡有多少只，兔有多少只。让学生看鸡兔在一个笼子里是直观的，蒙上以后就一下子变成抽象的了，对于一个二年级的孩子来说有一定的难度。鸡兔同笼的问题放在二年级来学习是否合适呢？这也是我今天想和在座的数学专家及数学教师探讨的问题。

李博（市教研室数学教研员）：我相信尹老师有话要说，但是刚才专家组提出申请，陆主任想对刚才展开的话题提出自己的观点，我想先聆听专家给我们的教诲。

逯成文（市教研室书记）：刚才听了语文老师的发言我很受启发，究竟必要不必要，我也有这个疑问。从低年级开始的思维训练课有必要，也没有必要，为什么呢？

因为我们数学课程的本质。我们的任务之一就是要培养发展学生的思维能力，那么我们额外地再加上的东西，有没有必要？不加行不行？这个问题留给大家慢慢去探讨。但是我认为他的现实意义在哪，大家就回忆我们课改以来关注的是什么。我们关注情境。这节的情境怎么创设，这种非数学的情境干扰着我们。第二个我们关注学习方式，在没有进行任何充分准备的情况下，我们就盲目地进行学习方式的改变，取得的效果好不好呢？大家可以自行评价。还有一些等等，这些都干扰了我们在数学课堂上突出数学的本质——思维活动。很多活动没有思维，很多思维活动没有一个认真严密的课前思考和布置，起不到应有的作用，有的课甚至就没有思维价值，上成了其他学科的课，这是我们的现实。所以我们都认为数学课的教学经过课改，学生的能力普遍下降了。计算能力和分析解决问题的能力在哪？我认为这突出了我们的本质不够。所以今天上这样一种类型课，加强这方面的教学，我认为还有一定的意义。但是如果我们要在平时的教学当中，能够根据教学内容按照课标的要求恰当地开展思维训练活动，使学生在课堂教学当中就能够把思维水平保持在我们课标要求的程度，那么这种课又有没有必要呢？如果要把这样的课作为我们一种教学的特色，作为对学生特长的培养来看，从这个角度来切入，我觉得还是十分有意义的。那么今天这两节课，大家对尹老师的课，语文老师提出的问题，我认为很好。内容难不难？非常难。在人教版里它是六年级课，也曾作为竞赛的内容呈现出来。今天把它放在这，我觉得体现了一条很好的教学原则，科学性和可接受性相结合的原则。把这样一个知识放在低年级来教学，在保持科学性的前提下，怎么能让学生接受？所以我认为把它变成这样一种教学现实，也是有十分重要的意义的。如果按照这样的思路下去，一些方程、几何甚至微积分的知识慢慢地往低年级渗透，也不是不可能的。

尹蕾（西五小学）：作为本节课的执教者，我想谈一谈自己的感受。鸡兔同笼问题放在二年级学习有没有必要，这的确是值得思考。这个内容是人教版教材六年级才出现的，在二年级学习肯定是与六年级设定目标的不同。六年级解决鸡兔同笼有许多方法，如假设法、方程等。今天我的教学目标主要是让学生在摆的过程中能够了解并解决鸡兔同笼问题。

另外说到鸡兔同笼的现实意义，数学课程标准中指出：数学教育作为促进学生全面发展教育的重要组成部分，一方面要使学生掌握现代生活和学习中所需要的数

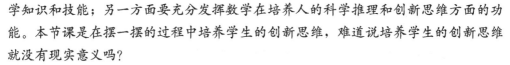

学知识和技能；另一方面要充分发挥数学在培养人的科学推理和创新思维方面的功能。本节课是在摆一摆的过程中培养学生的创新思维，难道说培养学生的创新思维就没有现实意义吗？

李博（市教研室数学教研员）：尹老师秉承着布鲁纳的观点，就是我可以在任何年龄教任何知识，只要方法得当，我可以在任何年龄教会任何孩子学会任何知识。作为一个理念，然后把他对这节课的设计进行了阐述，专家戴老师有观点谈。

戴正之（南关区教师进修学校数学教研员）：我想反问尹老师，能说难就对培养学生能力有意义吗？假如一个学生接受不了这些知识，根本就不会摆的话，那这种假设思想还有没有意义？

尹蕾（西五小学）：我觉得即使今天这堂课孩子可能没有掌握，也是有必要的，是有意义的，我是这样认为的。

戴正之（南关区教师进修学校数学教研员）：教学中有个适度，就是要根据学生认知的水平所能达到的程度来编写教材。而教师在教学过程中的一个原则，就是要备学生，要备学生掌握的情况来进行教学。只有当学生接受的时候，你的教学才有意义。在小学阶段培养学生思维能力，大家都有一个共识，是毫无疑问的。我的想法是，培养学生思维能力是毫无疑问的，但假如你的操作不合适，就会带来负面的影响。为什么现在学生对数学都感觉难和厌学，就因为数学太难了。其实本身并不难，以这一课为例，如果这一课我们的目的就是让学生通过摆来感受假设的方法就可以了。但是我们老师在教学当中总是想让学生多学点，有序、不遗漏、不重复，总想把这些标准化给学生，其实学生理解不理解呢？学生不太理解。学生的理解就是我一件一件地摆，他一件一件地摆就是有序。所以小孩子的思维方式就是幼稚的，但却是真实的。所以，在教学当中应该是，教师要选择适合学生年龄特点的问题。教师选择适合学生认知水平的问题去进行教学，你的教学才有意义，才能在教学当中渗透一些东西，尤其年龄越低的时候，越讲的是渗透，而不是去告诉他，这是我的想法。

李博（市教研室数学教研员）：由于时间的关系，现在话语权交给我。那么刚才，台上的老师和专家组互动之后，我觉得我们可以达成这样一种共识。首先，我们在低年级进行思维训练，作为一节课或者在课堂活动中进行，这都是有意义的。其次，学生对学习数学的需要，要求我们的孩子要得到必要的思维训练。最后，还是要源于学生发展的需要。因为小学生的思维方式是，逐渐地由形象到抽象。在什么时候进行思维过渡呢？就在三年级开始。从三年级开始，孩子不断地出现个体差异，有的孩子到六年级才到这个过渡期当中。在这个过程当中，我们套用哲学的一句话，"从量变到质变"。量变在孩子入学开始积累，质变取决于我们老师，更取决于孩子的个体差异。我们老师更关注的是，在实际操作当中怎么去做。我们就进去第二个话题。这两节课的教学都有摆一摆、说一说的环节，请台上的老师结合教学理论对课堂教学当中的这两个环节进行评价。

卢静伟（北大小学）：我对这两节课的评价有三点：

1. 循认识规律，给学生感知的空间。这两节课都充分体现了"做"数学，数学不是用耳朵去听，而是实实在在去做。例如……（举课堂实例）这些也都充分体现了陶行知先生"教学做合一"的教育理论。

2. 突出学生主体，培养合作精神。两节课都开展了想、摆、连、说等数学活动。学生在行动中感受到了数学思想方法（结合课例）。同时，学生也在交流中提高了自身的能力。

3. 调动兴趣，体现学生智慧绽放。这两节课都充分体现了数学与生活的联系，正如课标中所说的："生活中处处有数学。"

刘秀敏（富裕小学）：的确如此，我也和卢老师有同样的感受。我觉得在刚刚尹老师和姚老师的这两节课上，让我感受最深的就是我们西五大学区在很早以前一直在学习的陶行知思想中的"教学做合一"中的"做"体现得非常明显。"做"也就是动手操作。学生只有经过真正地动手操作，才能深刻地理解课堂中所蕴含的知识。比如尹老师的课上用圆片代替头，用小棒代替脚。在摆的过程中，有的学生已经具备了把所有的头都当成小鸡的，或把所有的头都想象成小兔的思想。虽然他们没说出来，但是已经用行动证明了。所以我觉得在活动中实践、探索、思考，是学生理解数学的重要途径，也是学生解决问题的有效方式。

尤春玲（富裕小学）：提到"教学做合一"这个思想，使我想到了陶行知曾经提出的"行是知之始，知是行之成"的口号，也就是"实践出真知"。那么，今天尹蕾老师的课还有姚娜老师的这两节课就是两位老师有意识地培养孩子自己去实践，自己去发现，这也就是体现了教与学都是以"做"为中心的这一理念。

李博（市教研室数学教研员）：这一组的老师，把陶行知的"教学做合一"的理

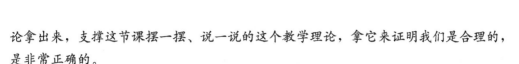

论拿出来，支撑这节课摆一摆、说一说的这个教学理论，拿它来证明我们是合理的，是非常正确的。

史力平（回族小学）：刚才的老师提到了陶行知"教学做合一"的教学理论思想，通过学习我也有了深刻的理解。陶行知"教学做合一"的思想明确指出："先生拿做来教，乃是真教；学生拿做学，乃是真学。"在尹蕾和姚娜老师的课中切切实实体现了以"做"为中心，让学生摆一摆，说一说。我也是语文老师，在这两节课中学到了"有序思考"的好处及"替代"的教学思想。在学习中，我了解了数学课程标准中指出："数学教学要体现生活性，人人学有价值的数学。"让孩子在做中学，让孩子体会到在生活中处处有数学，体验到学数学、用数学的乐趣。

张晗蕾（东长小学）：著名的儿童心理学家皮亚杰曾经说过，现在这个阶段的孩子正如李老师说的，正处于以形象思维为主向抽象思维过渡的阶段。现在二年级的孩子还是以形象思维为主，所以这两节课都有三个环节"想一想，摆一摆，说一说"，在摆一摆的过程中动手操作。我觉得这两个老师做得都非常好，在摆一摆之前先让他们想一想，因为只有孩子想了才会有思维的碰撞，而且他们只有想了，才会产生动手摆的需求。这样他们在摆的过程中就知道自己该摆什么，或者是和同学交流时才知道自己怎么说。所以在"摆一摆"之前，需要有"想一想"这样的过程，然后再动手摆，最后再让孩子"说一说"。这对孩子来说是把他的思维又提高了一个层次，因为要把抽象的摆的过程变成他的语言叙述，更抽象了一些。这也显示出两位教师在教学设计上非常有层次，是一点点过渡的。

李博（市教研室数学教研员）：我们又找到了西五小学的亲友团。刚才老师提到了陶行知先生的"教学做合一"的教学理论，在这个理论当中，老师们以"做"为基础，围绕着真学真教进行了阐述。那么，是不是在课堂教学当中，只要孩子动了，就是真做？怎么做才有意义呢？期望老师们提出不同的观点，让我们在思想上能有个交锋。

闫丽娜（兴盛小学）：刚才几位教师都提到了陶行知的"教学做合一"的教学思想。我认为"做"不是单一的动手操作，应该在孩子的思维带动下做。前提是他应该有个思考的过程，思考以后再动手操作。做其实是一个探究的过程，和陶行知所说的"教学做合一"是一件事。

丁勇亮（自强小学）：尹蕾老师的课上，学生用圆片代替头，用小棒代替脚，有模仿的意味。但最后三轮车、自行车那道题，有个孩子到前边展示，用圆片代替车轮，小棒代替车身，倒是一个亮点。这体现了孩子形象思维的再创造。

赵波（西五小学）：我非常赞同以上老师的观点，但我也有自己的一点思考和困惑：就是尹老师的课想渗透假设的数学思想，但实际上我们看到课堂上学生在摆一摆时并不是用的假设方法。我观察了一下，我旁边和上前演示的孩子多数用凑数的办法。这也代表了一部分孩子的想法，或者有的学生在摆时顾头不顾脚或顾脚不顾头，始终没有用上假设法。当然这也符合孩子的认知规律。那么什么时候渗透这种方法，这也是我困惑的地方。

尹蕾（西五小学）：数学课程标准中提到数学学习的三种主要方式：自主探索、动手实践和合作交流。自主探索是非常有必要的，学生在动手之前一定是有思考的过程的，学生在摆的过程中还是凑脚数的方法，我想这恰恰符合了二年级学生的特点。学生不可能马上想到用假设法，假设全都是鸡或全都是兔，所以说教师让学生在摆学具的过程中体会鸡兔同笼问题的基本特点，在后续的学习中再进一步感知假设法。

姚娜（西五小学）：大家都非常熟悉这样一句话："实践是检验真理的唯一标准。"我觉得这就强调了实践的必要性。第二句话我想说："思是行之始。"我们不能光做不思考，所以教师在让学生们做之前就要让学生想一想，思考之后的行动，才是有方向的行动。在我的教学当中，我都是先让学生静静地想一想，有了想法之后再付诸行动。有了思考之后的行动才更有价值和意义。

李博（市教研室数学教研员）：下面我们把宝贵的时间留给我们尊敬的何主任。请何主任就这两节课谈一谈我们的做法有什么妥与不妥。

何凤波（省教育学院数学教研室主任）：我想和大家交流这样两件事情，每上一节课之前我们都要思考这个问题：我们强调教学目标，按目标进行教学设计。我的理解就是，最核心的是什么呢？教案。要形成能力，除了假设，可能是调整。你怎么能解决这个问题，假设之后不能一步到位，要调整，调整的核心是替代。用兔替代鸡，或用鸡替代兔，这可能是比较核心的内容。那么孩子是不是形成了能力？大概你假设之后要调整，在调整过程中去替代，这可能是孩子形成的能力，未来学习的时候会有思路。我认为尹蕾老师这节课讲得还是比较成功的。假设和替代在课中都做到了，是非常成功的一节课。我非常欣赏姚娜老师，很有深度，体现了数学思想。我还是提醒大家，这节最核心的内容是什么——有序对应，在这种对应中有序。连线、数字字母，其实本身这是一种有序的对应，这对本节课有很大的提升作用。我们每备一节课，每讲一节课，最核心的内容是要想清楚，想清楚之后我们的课才会有档次，有深度。我还给大家提两个问题，第一个问题就是：二年级能不能接受这个事情。实践是检验真知的标准。孩子能不能接受？我觉得还是接受了。这节课下课之后，我觉得孩子会了。课下和尹蕾老师交流的时候，我说需不需要挂图，没有学具了怎么解决，以后是需要挂图的。我们正在考虑，假如这节课引入了挂图，孩子们能不能接受呢？可以试验。我的判断是引入挂图，会提升这节课的档次。挂图有个表象形象的作用，一类是连线，一类是组合。假如把这个点播出来，孩子对有序思考会非常明显。这种有序可能不是一种方法，我们把它分类，将来遇到这类问题时会更清晰。当组合连线，连线不行就得画图了。就说这两点。

李博（市教研室数学教研员）：场上的局面有点出乎我的意料，发生很大变化，接下来我们进入第三个话题：结合这两节课的教学氛围，师生交流活动，生生交流活动，对这节的活动质量做出评价。

张晗蕾（东长小学）：我就姚娜老师的课来谈一下。姚老师每次组织学生进行学习活动时都会提出明确的学习目标和学习要求，等到合作汇报交流的时候，还能够及时地给予学生评价，并且让学生之间互相评价，鼓励更好的合作。她还会问学生说："大家听懂了吗，还有什么建议吗？"这样做就是很好的师生间、生生间的互动，共同创建了一个民主、和谐、平等、融洽的课堂氛围。

臧秋（西五小学）：这两节课教师关注学生学习方式的转变，课堂上充分地让学生想一想、摆一摆、说一说，正体现了数学课程理念下的新课堂。数学课程标准指出，教师要为学生创设丰富多彩的、有意义的教学活动，为学生提供现实的生活情境，让学生主动参与教学实践活动。同时这两节课还体现了陶行知的"以儿童为中心""把课堂的舞台还给学生"的思想，发挥学生学习的主动性。陶行知先生说："先生的责任不在教，而在教学，而在教学生学。"姚老师的课堂为学生创设了有趣的生活情境，以数学日记的情境贯彻课的始终。她首先从让学生猜测数学日记的日期引入，让学生猜测日期可能有的几种情况。由一个数字和几个数字搭配入手，从而激发学生学习的兴趣。然后又让学生动手尝试衣服和裤子的搭配活动，通过小组合作，充分发挥小组内团结合作的精神来解决生活中的数学问题，训练学生有序地思考问题。整节课姚老师都树立以"学生为中心"的思想，为学生创设了民主和谐的学习氛围，尊重学生的个性差异，大胆信任学生，把学生当成共同探究新知的伙伴，是亲密的合作者、引导者，是学生表达见解的倾听者，并能根据学生的不同见解给予及时恰当的评价和鼓励。

这两节课教师关注学生学习方式的转变，都以小组合作学习作为主要的学习方式。自主探索、合作交流、动手实践是新课程倡导的主要学习方式，而这两节课都能充分体现小组合作的学习方式。姚老师在学生探究衣服和裤子搭配活动中让学生合作完成学习任务，从学生随意搭配直到有序地搭配，都体现了以学生为主体，让学生主动参与探究的全过程，培养了学生思维的有序性。尤其餐厅饮食的搭配设计活动，更体现了数学的趣味性和生活性，充分发挥了小组合作意识，让每个学生都能互相学习、互相补充、进行创造，让思维得到升华。

在合作学习过程中，教师对学生有效地指导是很重要的。教师应对不清楚任务及操作程序的小组进行指导，对交流中遇到困难的小组进行引导和帮助，对小组成员落实自身职责情况进行监督，对组内活动不协调的小组进行调控，将小组合作的有效性充分展示。

尤春玲（富裕小学）：我非常赞同前面几位教师谈的关于尹老师和姚老师的这两节课的一些想法。课堂是在愉快的氛围中进行的，课堂上老师和学生营造了一个和谐的氛围，学生兴趣盎然。学生收获的是一种思维，一种全新的智慧的跳动。

我想谈一点，在姚娜老师的课上，体现了师生平等，教学是在平等对话中进行交流学习的。例如姚老师在讲有序排列中"有序"这一问题时，老师给出了三种饮料和食物进行搭配。老师没有让学生直接去做，而是让学生先去思考。然后她问学生："你想怎样去搭配？你想用什么符号？"在学生有了思考之后，有了学习的需求之后，老师再让学生进行交流学习。我觉得真正是建立在平等的基础上的，这样也是有价值的、有意义的学习。

卢静伟（北大小学）：我谈一下有关师生互动：

1. 姚娜老师教学亲切，有亲和力，即使不讲话，站在讲台上教态自然，让听者有舒服的感觉。

2. 尹老师的课中有一个细节。当一个学生举手表示会列算式时，作为教者，我们都知道这不是我们需要的答案，和我们的预设有很大的区别。但尹老师很勇敢地叫起了这名学生，并巧妙地化解，我想这才是一种真正的平等。

张景耀（北大小学）：通过姚老师和尹老师的课，我感受到学生思维的过程。在尹老师的课上学生把鸡兔同笼中可能出现的几种思考都呈现了出来。在姚老师的课上，学生在小组讨论时不仅讨论了老师提出的问题，而且对数字表示实物的想法也进行了交流，如学生说"都用数字表示就分不开了"。学生勤于思考，善于思考，体现了两位老师在日常教学中对学生的培养。但我对鸡兔同笼的教学有点疑惑。鸡兔同笼不仅思维难，而且在题中还有隐藏条件。尹老师在教学中用情境出示了隐藏条件，但在找出已知条件时却没有明确。那么，情景教学出示了条件是否可以代替隐藏条件呢？

遆成文（市教研室书记）：应该说，课改的新教材和 90 年代以后的教材，比较重视这个。不像 80 年代，一年级也都是文字的，比较枯燥。现在的教材图文并茂，有多种呈现方式，而且低年级以形象化的方式提供学习材料的内容越来越多了。这是一个非常好的进步，也比较符合儿童认知的特点。关键是教师如何引导学生看图，这是我们教学很重要的一个任务。对于题意的理解既是我们思维训练的要求，也是我们教学的要求。不管什么方式，一定让学生认真地理解、思考。哪里理解不了，老师就要发挥作用。激发兴趣是桥梁，主动参与是路径，师生关系是基础，民主平等是师生关系在教学中的作用。这节课师生关系表现得如何，对教学效果起到至关重要的作用。表现不出来，那就发挥不了作用。通过课堂氛围看教师和学生好不好，这是一个师生关系的具体表现。两节课，第一节稍显逊色一些，我们就要查找一些问题，这里很多毛病出在我们老师身上。学生和你沟通的时候，课堂气氛是谁起决定作用的？是老师。他和你沟通的质量如何？谁起决定作用？是老师。这个课堂气氛烘托什么样，情感调动得如何，关键在老师。所以，大家一定要知道师生关系的重要性。教学氛围对我们教学效果起到很重要的辅助作用。我们都说，落实三维目标。知识目标我们好落实。技能的目标也好落实，过程潜移默化就可以完成。最后是情感目标，不光是教育问题，而且更重要的是课堂上和学生情感交流表现如何。我觉得这也是落实我们情感目标很重要的表现，我想这一点也是非常非常重要的。课堂教学有的环节太多了，冷场，我们要考虑问题出在哪？我们的教学是不是出现问题了？比如说环节形式是不是重复了，为啥没有变化，应不应该变化，这个层次这么做，那个层次是不是要有变化？这一点大家要认真地考虑考虑。我觉得这个问题很重要，通过两节课的对比，我们能看出这个问题。今天我提的这个问题也是非常有针对性的。尹老师的课大家公认有深度，但是如果在和学生沟通上、氛围创设上，再下点功夫，课堂效果就会更好。

李博（市教研室数学教研员）：课堂教学是一门缺憾的艺术。逯主任刚才说了一句非常重要的话：良好的师生关系是学生学习的有效桥梁，应该说良好的师生关系能促进学生学习目标的达成。我想我们这个良好的研讨氛围，也是我们老师实现自我价值的有效桥梁。今天由于时间关系，数学沙龙就进行到这，相信大家对这个问题还有一些自己的想法。我们有机会可以通过网络、电话交流。我们再继续。

本次活动历时三天，参与教师达 65 人次，名师人数占 40%。在活动中，无论是教学观摩课、教师的主题合作论坛或主题教学沙龙，还是专家组的专业引领，都获得了听课教师的一致好评。这不仅促进了西五大学区教师的专业成长，也为长春市大学区建设提供了学科主题研讨的范例。本届教学活动得到了市教育局梁国超副局长的好评。

在"长春市大学区教学研究活动汇报展示现场会"上做经验介绍

2011 年 11 月，长春市教育局教育教学研究室的领导，在西五大学区召开了隆重的表彰大会，受表彰的授课教师和参与教学沙龙、教学论坛的教师备受鼓舞。一名成员校的教师说："以前，我们小学校的教师参与市里的活动机会太少了，没有锻炼的机会。今天，大学区为我们搭建了发展的平台，我们由衷地感到高兴和表示感谢。"一名成员校的校长说："我们把大学区的事当成自己的事来做，尽全力帮助教师准备，其目的就是让他们快速成长。今天，看到他们手捧证书的高兴样子，我们做校长的感到骄傲和自豪。"

可以说，这次表彰会不仅表彰了优胜教师，也总结了西五大学区两年来取得的阶段性研究成果，同时也向社会各界展示了西五大学区强大的教育合力。

除名师团队的专业引领外，我们还在名师团队的建设中，注重"领头雁"的作用发挥，让引领成为点，让辐射形成面，点面结合，促进名师团队的快速发展。在此过程中，我们注重抓"两个提高""三个强化"。

两个提高：提高修养——自觉学习，把学习作为一种习惯

提高素养——勇于奉献，把奉献作为一种美德

三个强化：强化师德——思想美是行为美的基础

强化业务——精湛的教学水平是"好教师"的标准

强化能力——过硬的综合能力是"名教师"的象征

这样，培养教师→培养"好教师"→培养"名教师"，自然形成了三个梯队。在相互激励、共同成长中，一批教师进步了，一批名师成长了。

实施区本研培，落实一体化管理

为提高教师的教育内涵，建设学习型的教师团队，我校开展了大学区学习与培训活动。我们提出了"学习陶行知教育思想，打造书香大学区"的学习目标。我们统一下发读书笔记，统一布置读书内容——《点击陶行知》，开展了形式多样的读书交流与汇报活动，使教师的知识底蕴不断丰厚。同时，以大学区为单位集中进行了专业培训，先后举行了"西五大学区师德演讲报告会"和《生命自觉与教学文化的再造》专题讲座。我们聘请了知名专家和学者为大学区教师讲学、做报告。先后进行了专题心理辅导、家教培训会等，使大学区的教师受益匪浅。教师们不仅得到了业务的指导，同时也得到了心灵的舒展，达到了解除职业倦怠、寻求职业幸福、积蓄前行力量的目的。

为提高大学区的教学质量，建设一支研究型的教师团队，我们打破校际壁垒，成立了以各校教学校长为组长、中层主任为组员、进修教研员为顾问的"大学区教研中心"，建立起了"大学区伙伴研修共同体"，承担起了组织大学区集体备课、集中测试、集中教研三项任务。

第一项是每学期期初预备周、期中测试后，组织大学区教师进行两次阶段性的

集体备课活动。集备采用中心发言组制度，由西五各学科组担任大学区备课任务，提前做好准备，通过教材解读——实例分析——交流共享——问题研究——反思实践，引领大学区教师认真备课，解决了成员校学科组教师少、缺少研讨氛围的困难，促进了学区内整体教学水平的提高。

第二项是组织大学区进行统一月测试，由西五小学提供一至六年级的语、数、外三个学科的测试题，发到各成员校手中。大学区内统一时间进行测试，分头阅卷，集中反馈质量分析，查找出教学中存在的质量问题，并及时进行整改。

第三项是组织开展学科教研。教研员牵头，分别锁定大学区一个学科组，开展主题研修活动。学期初教研中心在大学区教师中下发调查问卷，反馈教师意见后，和教研员协商，从攻破教学中的主要问题入手，确立一个研究主题，成立大学区课题研究小组，带领各校学科教研组从不同的途径，采用不同的方式进行问题研究。每学期各课题组都要制订详细的实施方案和活动计划。教研员定期到校进行跟踪指导，组织开展教研活动。每学期各课题组在市、区范围内至少进行一次主题教研开放，展示取得的阶段性研究成果。这打破了以往各校教研组故步自封、同水平无效教研的局面，实现了教师间的多维互动和多向交流，收到了实效。

为了推进区域教育均衡，充分发挥优质校的引领作用，我们还通过开展大学区联动教研，有效促进成员校教学质量的提升。我们开展大学区语文、数学、英语三个学科的集体备课活动，举行多种形式的培训和研讨活动，面向全区先后进行了"西五大学区英语集备展示暨南关区英语教学研讨活动""大学区习作教学研讨""西五大学区计算教学研讨暨南关区数学计算教学培训活动""西五大学区构建生命化绿色课堂"优质课评比，促进了大学区师资水平的提高。在南关区大学区教学大赛中，语文、英语获得了学科特等奖的佳绩。

（三）加强大学区文化建设

在大学区文化建设中，我们积极进行了和谐扬长、联动发展的实践探索。以西五小学"太阳鸟向着太阳飞翔"和"向日葵迎着朝阳成长"的师生文化为引领，从显性文化和隐性文化建设入手，注重文化的传承、融合和感染。经常开展丰富的文体活动，使学区内各校在组织活动过程中，互相启发、互相促动；教师在活动中互相融合、互相促进，大学区团队精神逐步形成。西五大学区还先后开展了教学沙龙、

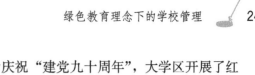

读书演讲、红歌比赛、郊外徒步等活动。为庆祝"建党九十周年"，大学区开展了红歌演唱活动，在多次集体排练的基础上，我们代表南关区教育局分别在长春市总工会组织的和南关区政府组织的红歌演唱会上进行了精彩演出。西五大学区强大的演唱阵容，饱满的精神状态，充分展示了西五大学区人的风采，得到了区政府、区教育局领导和市领导的高度赞誉。

2011 年 6 月，在"吉林省大学区现场会"上，西五大学区教育展台、学区长的校长论坛，得到了省教育厅孙鹤娟副厅长及有关部门领导的高度评价。

在"吉林省体制改革现场会"上发言

2011 年 11 月，西五大学区接受了市教育局基教处的检查，以翔实的基础材料及学区建设特色，得到了检查组的高度好评，被评为"长春市先进大学区"。

2011 年 12 月 27 日，我们西五大学区 400 多名教工共同联欢。各校经过精心组织，表演了精彩的节目：有歌舞，有快板，有三句半，也有小合唱、二人转等，这都体现了成员校校长的魅力领导。特别是我校设计的阵容庞大的"龙"字型群体"面具舞"，掀起了整场晚会的高潮。成员校教师被那欢乐的气氛所感染，不由自主地加入其中。在欢乐的节奏声中，西五大学区教师团队成了欢乐、和谐的海洋！

这些都凸显了西五大学区的集体智慧和力量，形成了独特的大学区文化。

在西五小学的发展过程中，我遇到了一个又一个理解我、欣赏我的上级领导。

学校迎接"长春市先进大学区"检查

他们看到了我的付出，看到了我的执着，对我的工作先后给予了认可。在实施绿色教育的 17 年间，我先后被评为全国十佳青年教师、全国规范化管理杰出校长、全国创新管理校长、全国第二届改革创新优秀校长、吉林省"科研型"名校长、吉林省突出贡献专业人才、省市劳动模范、长春市"道德模范"、省市党代表、区人大代表，多次获得省市"五·一"劳动奖章，并连续四届当选为南关区人大常委委员，享受国务院政府特殊津贴。

与此同时，我校也先后获得国家现代教育技术信息资源基地校、教育部、科技部重点课题研究实验校、全国红十字模范校、吉林省唯——所中央珠协专项拨款"国家级珠心算课题研究实验校"、全国创新管理示范学校、吉林省精神文明建设先进单位、吉林省艺术教育示范校、吉林省依法治校示范校等 100 多项殊荣。

我最喜欢一首歌："每一次都在徘徊孤单中前行，每一次就算受伤也不闪泪光，我知道我一直有双隐形的翅膀，带我飞，给我希望……"

真的是这样，不管经历了多少艰难困苦，不管饱尝了多少酸甜苦辣，成功的喜悦，总是萦绕在我的心头。因为在学校阔越式发展的过程中，我体会到了自身价值。我相信，我们西五小学的绿色教育在广大教师的"栽培"下，一定会根深叶茂、花团锦簇。我们的绿教之行，永远在路上！

见证绿色教育

一、专家评述

"绿色"是教育之魂

——长春西五小学实施绿色教育十周年述评

赵准胜

什么样的教育是"一流的教育"？获得第二届全国教育改革创新奖的刘长锁先生说："一流的教育应该是'森林式'教育。森林为鸟儿葱茏了绿荫，涵养了水源，汇聚了营养，它为鸟儿准备好一切，包括必需的挫折和创伤。虽然比鸟笼更适合成长，但是森林仍不是鸟儿最后的天堂。注视鸟儿飞向更高、更远、更美的地方，森林会永远守望鸟儿的幸福，放飞鸟儿的希望。学校就应该是像森林一样的地方，为学生提供适合其发展和需要的教育。"

无独有偶，长春西五小学丁国君校长几年前在谈到自己的办学理念时说："我们选择了'种树'，因为我们知道绿色教育的形成非一日之功，它还需要真功实效，根深叶茂。给孩子们一片洁净的教育天空，让他们能享受到清新的绿色教育，是我永恒的教育追求。"丁校长把她的绿色教育理念概括为"关爱生命、注重发展、彰显内涵"，其内涵是"以生命孵化生命、以品行影响品行、以博爱成就未来"，其育人模式为"关爱生命质量与价值"。

显然，森林式教育和绿色教育有着异曲同工之妙。

我想，真正的教育应包含智慧之爱，应触及人的心灵深处。德国哲学家雅斯贝尔斯认为"教育是人的灵魂的教育，而非理智知识的堆积"。如果教育不能触及人的灵魂，未能引起人的灵魂深处的变革，就很难称其为真正的教育，更不能称其为一流的教育。因此可以说，教育是有灵魂的，有灵魂的教育意味着追求无限广阔的精神生活，追求人类永恒的终极价值：真、善、美、公正、自由、希望和爱，以及建立与此有关的信仰。这样的教育必然成为负载人类终极关怀的、有信仰的教育，使受教育者成为有灵魂、有信仰的人，而不只是热爱学习和具有特长的准职业者。

长春市西五小学的绿色教育所展现出来的"绿色风貌"不禁让我们赞叹。表面上看，这是丁国君校长以绿色教育为办学理念，在追求着自己的教育理想；而从更深远的意义上看，这是丁国君校长带领西五人用他们的智慧和辛劳，用他们的热情和执着，在探索教育的真谛，践行着触及每个学生灵魂的教育。

一、绿色教育：素质教育的提炼与升华

无论我们如何强调素质教育的重要性，很多惯性的观念却依然存在着：比如经济学家视教育为经济增长的第一工具，家长则把教育视作子女求职求利的第一步，学校把升学率作为扩大影响、评价学校总体实力的重要标准……

虽然，素质教育实施了很多年，但很多家长们还是不惜血本，把孩子纷纷送到各种补习班。表面上，孩子在学习，而事实上剥夺了孩子应该游戏的时光，剥夺了孩子作为童年最不可缺少的玩的权利。在很多家长的眼里，孩子毕竟是孩子，还必须依照大人的想法去做，才合乎规律，才是正常的。在那些课外班经营者看来，孩子的世界是"白板"一块，你在上面填充什么，孩子就成为什么。按此观点，孩子俨然是机器，任你装任何东西，多多益善。

丁国君校长认为："绿色代表着生机与活力，萌发着希望与神奇。学生就像绿色禾苗，他们的成长需要无污染的土壤环境，需要健康的营养内容，更需要高品位的园丁充满生机色彩的耕耘过程。'绿色耕耘'，就是要使我们的教育，拥有真正的生机与活力，就是让学生真正享受素质教育的快乐。"

在绿色教育理念之下，"尊重、关怀、感悟、理解、关注、服务"是设计教学的前提，"自然、温暖、活泼、和谐"是绿色课堂追求的目标，在课堂上构建一种开放的、和谐的、愉悦的、使学生主动意识能得到真正凸显的，能调动学生整个精神世界的新型课堂。在课堂教学中最大限度地发挥出学生的主动性和创造性，让学生以积极的心态主动参与，从而培养学生学习的自信心、兴趣、方法、习惯。在绿色教育理念之下，"无声教育"是绿色德育追求的最高境界。没有批评，没有指责，有的只是润物无声的心灵滋润和行为的悄然转变，使学生在无声的教育中实现人格的自我塑造。在绿色教育理念之下，学校逐步形成了"向日葵迎着朝阳成长"的学生文化和"太阳鸟向着太阳飞翔"的教师文化。

长春西五小学倡导的绿色教育不是一个仅局限于环保范畴的概念，其核心是关爱生命的质量，关注学生的全面发展。绿色教育首先是人本的教育、爱的教育、生命的教育，是集赏识教育、创新教育和人文教育为一体的教育；绿色教育是具有生机和活力的教育，是为学生终身发展打下良好成长基础的教育。因此，绿色教育倡导的是人文素养与科学精神相融合的教育，追求的是生态和谐的教育，体现的是环境育人的隐性教育，注重的是基于民主的尊重的教育，崇尚的是健康的无污染的可持续发展的教育，落实的是新课程背景下让校园充满生机活力、让班级充满成长气息、让课堂充满智慧与挑战的教育。

绿色教育，不是对"教育"二字简单的附加和修饰，是基于西五人对素质教育的理解和坚持，基于西五人对教育事业的热爱，在时代的召唤和身体力行的教育探索与实践中，才诞生了这样的办学理念。

与素质教育相比，绿色教育这一概念更加鲜明地凸显了教育的本质。由此可以说，绿色教育是素质教育的提炼与升华。绿色教育，意味着教育应该是绿色的，而非灰色的，更不是黑色的；意味着教育应该摒弃所有陈腐的、落后的教育观念，使师生平等交流和对话，杜绝任何形式的体罚和歧视；意味着教育必须解脱功利主义的束缚，充满对生命的敬畏和关爱，观照学生的终身发展；意味着教育者必须具有高尚的人格和无私的情怀……

二、绿色教育：对童年生态危机的观照

学校教育是抵制童年生态被破坏的最重要的方式和手段，学校是大可以按照幼苗成长的特点施以阳光和雨露的地方。走进西五小学校园，我们会看到学校的每一条走廊、每一面墙都装饰着师生自制的艺术作品，每个教室都养着各种花草、金鱼和小鸟……自然、生命和文化构成的绿色生态环境每时每刻都在传达着绿色教育的理念。

杜威曾说："成人有意识地控制未成熟者所受教育的唯一方法，是控制他们的环境"。儿童一来到这个世界便和这个社会发生了紧密的联系。一方面要接受成人的长期抚养和教育；另一方面，儿童又在自觉不自觉中面对各种社会文化现象。因此，儿童的心理年龄特征的发展必然受到社会和教育条件的制约与影响。在传媒文化高度发展的今天，儿童们面临着不能承受之重。

美国社会学者尼尔·波兹曼在《童年的消逝》一书中，对电视文化进行了严厉批判。他指出印刷时代的儿童是对成人世界毫无所知的群体，而当今的电视文化严重破坏了童年生态，电子媒介正肆无忌惮地揭示着一切秘密，因而童年的纯真状态丧失了。在现代传播技术尤其是电视机面前，儿童能看到、看懂几乎所有原来唯独成人拥有的事物，二者之间的界限已经模糊，甚至已经消失，于是"童年"也逐渐消逝。尼尔·波兹曼运用心理学、历史学、语义学等，深刻地揭示了被掩盖在熟视无睹的日常生活下的"童年"消逝的命运。在他看来，电视文化是童年消逝的罪魁祸首。

进入 21 世纪，互联网的全球普及导致了更加严重的童年生态危机，也许尼尔·波兹曼都未曾想象。信息化时代的儿童过早地感知到成人世界，他们"拒绝童年"，虚假的成熟使他们过早地丧失儿童的想象力、儿童的纯真。试想，一个孩子如若不能在一个与孩子天然的生理和心理的发展特征相应的成长环境中生活、成长，那么，就如同一颗嫩芽在茂密的杂草中试图展露尖尖角，无法得到它所需要的阳光雨露，或夭折，或畸形发育，即使它很幸运地长大了，也不过是一棵荒草，无力开花结果。

丁国君校长以"绿色教育"为办学理念，为孩子们进行"无污染"的教育，充分体现出具有深刻洞察力和前瞻力的教育者对童年生态的真诚观照。不仅如此，她还努力尝试抵制和克服当下不利于童年成长的"灰色生态"，营造孩子们健康成长的"绿色生态"环境，在所有学科教学中渗透和体现着环保理念、人文理念，及与周围世界包括环境、动物、植物和谐相处、共存共生的理念。

随着科学技术的飞速发展，人类已不得不面对童年生态的危机，教育面临着更加严峻的挑战。因此，固有的教育理念需要创新，教育工作者也必须对童年生态环境加以观照，才能施以更为理想的教育。绿色教育不仅对童年生态的危机做出了积极有效的观照，而且给每一个教育工作者带来了重要的启示。

三、绿色教育：对功利性教育的诘问

1985 年，牛津大学有着 350 年历史的大礼堂出现了严重的安全问题。经检查，大礼堂的 20 根横梁已经风化腐朽，需要立刻更换。可是，每一根横梁都是由巨大的橡木制成的，如果想要保持大礼堂 350 年来的历史风貌，就必须只能用橡木更换。

然而，要找到 20 棵巨大的橡树太难了，即使找到，每一根橡木也要花费至少 25 万美元。这令牛津大学领导一筹莫展。这时，校园园艺所来报告，在校园发现了数棵高大的橡树。原来，350 年前，大礼堂的建筑师就考虑到后人会面临的困境，当年就请园艺工人在学校的土地上种植了一大批橡树，如今，每一棵橡树的尺寸都超过了横梁的需要。

一名建筑师为何在 350 年前就有如此的匠心和远见？这个故事很容易让我们产

生联想：我们的教育是否也该像那位园艺工人那样提前种好橡树，以利后人呢？我们的教育是不是应该拨开急功近利的迷雾，全心全意地为学生的终身发展奠基呢？

"我们选择了种树，因为我们知道绿色教育的形成非一日之功，它还需要真功实效，根深叶茂……"丁国君校长倡导并践行的绿色教育恰恰是对功利主义教育的反诘，宛如几百年前那位伟大的建筑师，而西五小学的教师们恰似几百年前辛勤种植橡树的一群园艺工人……丁国君校长和西五小学的教师们选择了种树，看重的不是眼下的"一片绿"，而是未来的"根深叶茂"，看重的不是考生卷面的成绩，而是学生将来的发展。

在国内，对"童年消逝"表示担忧并加以研究和呼吁的人首推朱自强教授。与尼尔·波兹曼不同，朱自强首先强调的是功利主义的教育在威胁"童年"："儿童的童年生态在功利主义的应试教育的破坏下，正面临着深刻的危机，童年的许多愿望和权利正在被功利主义的应试教育无情地剥夺。"他认为，"给童年生态造成最为根本、最为巨大的破坏的是功利主义的教育"，同时指出，"成人必须敬畏儿童的生命形态，因为在儿童的自然的人生感受里蕴含着绿色的生态性，童年是成人的物质资源和精神资源……"

皮亚杰也曾批评功利性教育的弊端："教育者首先只关心教育的目的，而不关心教育的技术，只关心培养出来的完人，而不关心儿童及其他发展规律。"这种狭隘的教育主义最突出的特征就是"急功近利"，这是影响教育健康发展的巨大障碍。其具体表现为：过度看重结果而淡化教学过程；过于看重知识的接受而忽视能力的养成；过度看重成绩的提高而忽视健康人格的塑造；过于看重外在的表现而忽视内在的本质。

绿色是生命的标志，是和谐的标志。在西五人心中，绿色教育的核心是关爱——关爱生命的质量，关爱人的全面发展。因此，可持续发展的绿色课堂，无声的绿色德育，温馨优雅、内涵丰富的绿色文化，稳定有序、充满和谐的绿色管理，既是西五小学现实的追求又是未来的愿景。

绿色教育应该是狭隘的教育主义观念的清新剂，是对急功近利教育的强力反诘。在绿色教育的理念下，绿色课堂、绿色德育、绿色文化、绿色管理，构成了特有的西五校园文化。在这种校园文化背景下，分数不是重要的，学生没有优劣之分。在这种文化背景之下，西五小学的绿色教育是生命的教育、人本的教育、爱的教育，是润泽心灵的教育。

通过对绿色教育的理解和实践，使人们更容易透过教育活动看到教育的本质，更容易发现素质教育的重要性、紧迫性、复杂性，更容易冲破狭隘的功利主义教育观，回到人本主义的教育轨道。

四、绿色教育：思想成就思想者

在黑格尔哲学中，同一个事物从自在阶段到自为阶段的发展是由存在到思维的转化和由低级阶段到高级阶段发展的结果。基于此，王彤教授用"自在、自为和自觉"来指称教师发展的不同阶段。回顾丁国君从教师到校长的成长历程，从提出绿色教育到绿色教育实践，再到提炼绿色教育内涵，恰恰透视出一位教育工作者从自在、自为到自觉的成长之路。

早在20世纪80年代，丁国君已经是长春市小有名气的语文教师，那时候她就主张"用短时、高效的方法让孩子爱学、乐学，使学生学得轻松，玩得痛快"。可见，在她心底早已默默地埋下了绿色教育的种子。走上领导岗位后，她对教育的理解逐步发展为"教育也要排污，让孩子们接受无污染的教育"。2000年，丁校长由"绿色食品"广告引发思考，由"牛肉排酸"想到为"教育排毒"。经过一段时间的质疑、研讨、交流，绿色教育的种子在西五小学逐渐得以发芽，2001年春天终于破土而出：丁国君正式提出了"绿色教育"的办学理念。

"别人把思考看成压力和负担，而我把思考看作是收获和锻炼。"丁校长刚提出绿色教育时，人们想到的只是单纯的环保，并不了解绿色教育究竟是什么，只以为是带着学生走出去，宣传环保知识，认为是小题大做。

丁校长坦言，学校刚开始实施绿色教育时，很多家长也不认可，认为学校在搞花样、摆架子、走过场，担心学生学习知识落不到实处。当然，也有部分领导不太理解，就连丁校长本人也只是一种方向性的认识，也只是"摸着石头过河"。

思想来源于实践。不学习，就不会有思想的根基；不实践，就不会有思想的源泉；不反思，就不会撞击触发思想的灵感。厚积方能薄发，如果没有刻苦钻研的学习过程，没有几十年的教学、管理实践，丁校长也就不能有"绿色教育"的提出。

思想回归实践。提出"绿色教育"后，丁校长带领教师们马上投入到教育实践中。从实践到思想，从思想到实践，西五小学刮起了"绿色风暴"，并且一刮就是十年。这十年中西五小学经受了"交通事故""迁校事件""剥夺评优资格"等考验，丁校长也曾经历无奈、彷徨及病痛的折磨，因为有一种教育信念、一种美好理想始终支撑着她，为了实现"绿色教育"梦想，丁国君校长硬是挺了过来。

思想成就思想者。实施绿色教育，使西五小学解放了思想，抓住了机遇。这十年中西五小学率先创办了校办少年宫，率先创办了校办幼儿园，实现了集幼教、小教、校办少年宫"三位一体"的办学模式，用十年的时间实现了"阔越式"发展。在绿色教育中，师生充分收获了快乐、进步和成长，学校也收获了诸多荣誉，成为新闻媒体追逐的对象……事实证明：绿色教育是优质的教育，是一流的教育，是启迪学生心灵的教育。

也正如西五小学总结的那样，绿色教育是全新、全鲜、多元的教育，是现代教育中的"高层次"教育，它不仅建立了和谐、平等、民主的师生关系，而且也构建了培养学生创新精神和实践能力的教学方式和学习方式，它赋予了教育更加丰富的现代文化意蕴。

绿色是教育之魂。真正的教育应该是绿色的，也必须是绿色的。这里的"绿色"是对教书育人的观念、方式方法、目标指向以及必须观照不断变化着的教育生态环境的哲学意义上的高度概括。因此，绿色教育的办学理念是教育探索的结晶，其中蕴含着对素质教育的提炼和升华、对童年生态危机的观照、对功利性教育的诘问……

几年前，一位资深记者在新闻报道中这样写道："随着采访的深入，我愈想抽身则欲罢不能。我完全被丁校长提出的'绿色教育'所折服，深感她的教育理念——'关爱生命，注重发展，彰显内涵'是那么的超前，深感西五小学的育人模式——'关爱生命质量和价值的绿色教育'是那么的富有内涵。在别人眼里，西五小学是一所著名学校；在我的眼里，西五小学是一所时代名校。"

2011年年底，在"第二届中国教育改革创新奖·校长论坛"上，《中国教育报》副总编李功毅先生说："丁国君校长的绿色教育让我们感到耳目一新，更让我们看到了中国教育工作者的努力探索与创新。关爱生命、关注成长，应该成为教育工作的出发点和归宿"。

《中国教育报》徐启建主编说："丁国君是最先提出绿色教育并以此为办学理念的校长，以长春西五小学为龙头的'全国绿色教育联盟'有望成立，届时我们希望能够在长春西五小学召开'全国绿色教育联盟成立大会暨首届中国绿色教育论坛'。"

可以想象，西五小学的绿色教育风暴大有席卷大江南北之势……

丁校长和西五小学用十年的实践和探索告诉我们："绿色"是教育之魂！因此，绿色教育也应该成为我们共同的教育理想和追求。

2012 年 1 月，于长春

专家简介：赵准胜，教授，文学博士，硕士生导师；吉林省教育学院农村教育研究所所长，兼任中国教育报驻吉林记者站副站长；中国教育学会农村教育分会常务理事，吉林省蒙古族文化与经济促进会副会长，吉林省作家协会会员。

"西五人"在创造特色办学的历史

——长春市西五小学"绿色管理"述评

林 森

走进西五小学，"翻阅"西五小学十年的"绿色教育"办学历史，给人以格外清新、美好的感觉。这里有令人刮目相看的先进办学理念，这里有令人啧啧称赞的学校管理改革，这里有令人满怀希望的教师发展模式，这里有令人致敬的办学创业事迹，这里有令人感怀至深的动人肺腑故事……走进西五小学的绿色教育，她给予我们诸多的新启示。

一、特色办学——"绿色管理"需要"专家"办学的校长

"一个好校长就是一所好学校"这是规律。一个专家校长就是一所成功学校，这也是一个规律。从"西五人"特色办学的骄人成绩中，我们首先获得的重要启示就是这样一个重要的教育规律。

透过西五小学创新、有效、科学的"绿色管理"工作，我们看到了一位孜孜以求美好教育事业的"专家"校长——丁国君！她，有独特的办学思想，有"教育大爱"的激情，有教育理论的"修养"，有创新办学的"智慧"，有坚实改革的"行动"。

独特的办学思想

苏霍姆林斯基说："校长对学校的领导首先是思想的领导，然后才是行政的领导。"西五小学的特色成功教育离不开丁国君校长独特的办学思想——"绿色教育"

思想。自 20 世纪 80 年代我国提出实施"素质教育"以来，一批批踌躇满志的校长积极投身办学改革，不断创新探索，成功地开辟了一个个践行素质教育的新路径。像"生命教育""尊重教育""幸福教育""快乐教育"等，今天，西五小学孜孜以求的"绿色教育"又给我们呈现了一朵素质教育成功办学的"奇葩"，而这正是丁国君校长办学思想实践的结果。

丁校长和西五人的"绿色管理"的主要理念是，采用积极有力的方式方法理顺各种职能部门，以达到稳定、有序而充满活力的状态，使每个人都实现自我约束、自我提升、自我发展，使学校各项工作都能高质量运转。绿色管理是人格和谐、人际和谐、校园和谐的建构过程，后一个层次的和谐总是要建基于、依赖于前一个层次的和谐。绿色管理是保持旺盛的生机与活力的管理。

以笔者所见，可以说，"绿色管理"理念既是对传统科学管理理论思想的继承，更是一种理论与实践上的创新发展。它在管理的"目标、流程、评价"等几个阶段都注入"绿色"——生机与活力；在管理的"人、财、物、事、时间"等各方面都赋予"绿色"——生机与活力。它既是一个贯穿"绿色"生机与活力的理念系统，又是一个勃发"绿色"生机与活力的实践系统。管理的重要功能是"调动人的积极性"，绿色管理最有利于激发人的生命力、积极性；管理的重要意义是"促进自我实现"，绿色管理最有利于师生开发潜能"实现自我"；管理的重要流程是"营造和谐的团队氛围"，绿色管理最有利于关注每个人的"身心"健康、快乐；管理的重要追求是"向上的文化"，绿色管理最有利于促进师生提升"人化"水平；管理的重要目标是"高质效"，绿色管理最有利于实现学校"优质教育效率"的最大化。

"教育大爱"的激情

教育被誉为太阳底下最光辉的事业，教育人被誉为"阳光"照亮别人。教育的神圣、教育人的神圣就在于像太阳、像阳光，给人以无限的光明与温暖——大爱。人们对伟大的教育家陶行知的最高评价是"爱满天下"。人们对古今中外所有的教育家及对教育有所贡献的人的褒奖都离不开这个阳光般的"爱"字。丁国君校长也是一样，她也是一个满怀"教育大爱"的人。作为教师，她爱学生，爱得真挚，用"爱生如子"来形容，一点也不为过；作为校长，她爱教师、爱办学，爱得真诚，用"甘愿奉献一切"来说明，一点也不夸张。丁国君校长的"教育大爱"其突出的珍贵之处还是这浓浓的"绿色"——"教育大爱"的激情。人是精神性动物、情感性动物，热情的工作精神是丁校长最为宝贵、感人之处。正是这"教育大爱"的激情让丁校长兢兢业业地工作，多年来，她默默付出、潜心钻研，她不求名利与回报的执着精神超出常人。正如丁校长自己所说的："回顾自己的成长和学校的发展，我总是感觉有一种力量在推动自己，总是有一种热情在心里奔放。"

教育理论的"修养"

校长的办学思想、成功的办学作为都不是凭空产生的，它来自于丰实的教育理论"修养"。善读书是丁校长的良好习惯。特别是任校长以来，丁校长研读了大量教育理论书籍，同时涉猎企业管理等书籍，她把研读陶行知等教育家的办学思想作为自身提升的必修课程，在学习——实践——提升中开拓自己的特色办学道路。搞科研项目是丁校长的特殊工作兴趣。近年来，丁校长主持了"优化教学过程，减轻学生课业负担""整合教学资源，探究教学新模式""培养名师策略的研究"等 20 多项课题研究，从浅入深，由表及里，使学校课堂活跃了，课程丰富了，教师乐教、学生乐学了。积极参加培训学习是丁校长"自觉"的自我"充电"渠道。不管是区级的、市级的，还是省级的以及国家级的培训活动；不管是短期的会议式、专题式培训，还是长期的骨干、综合性培训，只要有机会、有可能她都不放过。由于从内心里重视教育理论的修养、从实际行动上认真坚持教育理论修养，丁校长很快成长为一位有丰富的教育理论武装，懂教育、懂学校管理、懂师生、懂家长的教育行家。

创新办学的"智慧"

校长成功办学的关键之处就在于其创新办学的"智慧"，即把自己的办学思想、教育思想有效地运用于学校办学和教育教学实践中。在西五小学方方面面的工作发展中，我们都会不时地看到丁校长办学"智慧"的影响力。诸如学校规划发展的智慧：她提出"建设西五小学幼儿园"，主张"建设西长校区"，认定"接收四十一中学"，规划"建设'西五教育集团'"等。诸如学校精细管理的智慧：她提出运行"西五管理流程"，提倡实施"教师校内申诉制度"，支持设立"教师亲情假"，设立校长信箱、校长公开电话……她引导一位中层领导规范报表、帮助一位班主任化解与家长的矛盾冲突、助力后勤人员解决门口化冰难题等。工作就怕"有心人"，从大事到小情，从校内到校外，作为西五的带头人、一分子，丁校长时时处处都在用心去工作，一个个智慧的"点子"产生了，一个个"难题"智慧地化解了……

坚实改革的"行动"

工作是干出来的，事业是干出来的。正如列宁所言："看一个政党不是看它的宣言，而是看它的行动。"丁国君校长给我的第一印象也是最深刻的印象，就是她的"能干"。自任校长以来，她主持制订了五个"学校三年发展规划"，主持学校内部管理体制改革、3A＋1课程实验研究、信息技术四种新模式课的开发、中澳电子琴实验以及学校"三位一体"新的办学模式构建等多项学校重大改革，使学校得到了快速、大规模的发展，由一所780多人的小学变为2800余人的集"幼儿园、小学、中学"为一体的"西五教育集团"。她主持开发了"名师工程"、教师发展与管理流程、"V"型大雁式凝聚模式和"INI"同心圆向心模式四个教师发展项目和培养模式，精心打造出了一支特别能"战斗"的"黄金教师团队"。她经常深入教学活动第一线，指导、帮助教师200余人次。她用心研究学生，从学生课堂状态，到学生课外活动内容，到每日清扫，到阳光体育等，她都细心关注、爱心呵护，成为学生的知心人。她还主持了与日本、新加坡、澳大利亚、美国、加拿大、肯尼亚等国友好学校的国际合作项目和交流活动，不断宣传学校、提升学校的办学层次。她时常没有节假日，一年到头总是"痴狂"地投身于学校的工作中，即使累病了，住院躺在病床上或拄着双拐也照样工作。如此大的工作"量"、如此大的工作"业绩"，如不是亲眼所见，真令人难以置信。走近丁国君校长，真正让我们感动的、敬佩的就是她的这些踏踏实实工作所记述的真实的教育故事。

在我的近著《教育家办学导论——校长专业化发展的策略与使命》一书中，对"教育家型校长"所具有的优秀品质做了基本归纳，最主要的品质是"有爱心、有胆识、有激情、有思想、有学问、有能力、有毅力"等，可喜的是，丁国君校长已具备了这些主要品质。在这里，我期待丁国君校长在十年特色办学的道路上继续走下去，走向"教育家办学"的更高层面，办出高水平的优质教育、人民满意的教育、造福子孙的教育，办出"名校"。

二、特色成功办学——"绿色管理"演绎"学校管理'三重曲'"

现代学校管理理论认为，学校管理经历了三个重要的发展阶段："经验管理""科学管理"和"文化管理"。"三种管理"（或者说是"三个阶段"）是由低到高发展的三个层次（层级）。一般而言，学校的管理都要经历这三个层次（层级），由低到高发展。西五小学的"绿色管理"打破了学校管理发展的这个一般"递进"的发展规律，超越了"三种管理"的内涵，形成了"共存共作"的相互运行的新的作用关系，可以说，某种意义上创新了学校管理发展的已有理论。

西五小学的"绿色管理"经历了"制度管理""民主管理"和"文化管理"这样三种形式的管理，表现为进一步丰富管理的内涵，如提出"民主管理"，更加完善管理发展"递进"逻辑，如由"制度"到"民主"再到"文化"顺理成章，尤其是三者的"共存共作发展""相互运行作用"的过程与关系，更好地揭示了学校管理发展的实际，"可圈可点"。

"没有规矩不成方圆"。一所优质的学校、高效的学校，一定有科学、有效的各项规章制度。西五小学当然也不例外，借"内改"的东风，在丁国君校长的带领下，经过全体师生的努力，建立了适合西五小学发展的系列制度，诸如"校长负责制、教职工聘任制、岗位责任制和结构工资等级制"，还有以人为本的"教师一日常规"等，使学校走上了绿色制度管理的科学发展轨道。实施制度管理的西五小学，各项制度齐备，制度面前人人平等，学校事务井然有序。

在施行"制度管理"的基础上，西五人又给"民主管理"理念赋予了新的内涵，即管理者在"民主、公平、公开"的原则下，唤醒人的主体意识，弘扬人的主体精神，发挥人的主体能力，协调各组织的各种行为达到管理的目的。用丁校长的话说，这是一种群众参与下的多数人管理多数人的管理。民主管理更能凸显绿色管理的特色。西五人创立并实施了一个重要的绿色管理流程：①学校公布工作任务、工作要求→②教师自我约束、自我管理，体现"自尊·自重"的生命意义→③学校根据教师任务完成情况进行梳理、调整、完善，充分体现在制度约束下的"以人为本"，并对相关情况进行指导，理顺工作程序及工作内容→④教师对学校梳理、调控后的工作进行反思，从"别人能做到的事，经过努力，我能做得更好"的思想理念出发，调整工作思路和思维方式，创新完成应调整的工作，充分体现教师在发展中的"事业之美""形象之美"，达到"心情之美"→⑤学校及时对教师的教育教学行为进行评价，并努力为教师搭建学习发展的平台，促进教师和谐发展→⑥学校定期表彰优秀教师，树立师德典范，从而实现教师的自身价值，使学校的办学理念化为全员教师的集体行动，促进学校和谐发展。可以说，这一过程，既能体现校长引领员工的发展方向，又能体现教师群体主观的能动作用。实际上，这一过程就是校长办学理念转变为现实的过程。在这一过程中，校长不断地引导教师、教育教师、感召教师，以自己的办学理念去启发教师的思想，在广大教职工之间形成对于学校发展的共同愿景。这一愿景，不仅仅是校长的事业，它也成为校长领导下的所有师生员工的共同事业。

在成功实施"制度管理"和"民主管理"的同时，西五人并不满足，他们继续追求更高水平的绿色管理——"文化管理"。西五人对"文化管理"的认识与践行也有自己的独到之处，赋予了其特有的"绿色"。西五人认为，文化管理，重在和谐管理。实施和谐管理，促进学校和谐发展，是他们的理想和目标。和谐管理的核心是人，人的和谐是社会和谐的基础。管理者的人际和谐，即管理者与被管理者是一对矛盾统一体。管理者管得自得，被管理者乐于接受并主动配合，使管理者与被管理者二者之间关系协调，这是管理者的艺术。具体而言，校园和谐最为关键的因素是人。人的和谐与否，决定了校园和谐的成败。校园中的人，主要由领导干部、教师、学生三类人构成，而其中领导班子的和谐是关键中的关键，干部关系和师生关系是基础。作为一个管理者，需要协调的关系是多方面的，既有日常工作中的分歧和矛盾，也有难以避免的突发事件；有同级领导之间的横向协调，也有上下级之间的纵向协调；有自己权利范围内的内部协调，也有权利不及之处的外部协调等。妥善处理各处矛盾关系，协调好各方面的工作，才能保证各环节行动步调的一致性。特别需要给予肯定的是，西五人以系统的哲学视域，明确了今天学校"和谐"管理的过程，即由"人格和谐"到"人际和谐"再到"校园和谐"的科学建构过程。三个过程相互联系、相互作用，后一个层次的和谐建基于、依赖于前一个层次的和谐。

西五人在演绎着"制度管理""民主管理"和"文化管理"这绿色管理的"三重曲"。其实，西五人能提出这样的一些管理理念已经非常了不起，况且他们还付诸成功的学校管理实践，不得不让人们为他们叫好！

三、特色成功办学——"绿色管理"创造培养高素质教师团队的新路径

关于学校教师队伍建设，历来是人们关注的话题。"有什么样的老师，就有什么样的学生。"学校的发展，需要一支高素质的教师队伍。只有建设一支高素质的教师队伍，才能使学校不断发展提升，走上成功办学之路。西五小学的教师队伍建设和学校发展的业绩历程向人们证实了一个重要的教育规律：一个高水平的"专家"校长，带出了一支高素质的"专业化"的教师团队，创办了人民满意的高质量的教育。

如何建设一支高素质的教师队伍？西五小学的"绿色管理"实践是：制订、实

施前瞻的"绿色规划",探索、尝试有效的"绿色模式",打造、发挥上进的"绿色机制",组织、开展多样的"绿色活动",为我们提供了有益的做法与经验。

制订、实施前瞻的"绿色规划"。早在 2001 年,西五小学就提出并实施了培养骨干教师队伍的"4691"工程,即:三年培养 4 名思想素质高、业务能力强、有开拓精神的学校中层领导或后备干部;培养 6 名省、市、区骨干班主任;培养 9 名区级以上学科带头人;培养一支科研型骨干教师队伍。成功的改革实践让西五人尝到了"4691"工程的甜头:学校有 23 位教师在省、市、区各级教学大赛、业务评比中获奖;有 10 人成为区"优秀教师"或"教学新秀";有 5 人成为市、区"优秀班主任"或"优秀中队辅导员";有 2 名中层被提拔到副校级领导岗位,有 3 人成为区"后备干部"。在此基础上,2003 年西五小学又提出了"4691——111"工程,即"4":三年至少培养 4 名省、市级"优秀班主任"或"优秀教师";"6":三年至少培养 6 名国家、省、市级骨干教师或学科带头人;"9":三年至少培养 9 名省、市、区级教育教学"名优"教师或师德先进个人;"1":打造一支过硬的骨干教师队伍;"1":培养一批高素质的合格人才;"1":创新一体化的"西五教育集团"。通过实施"4691——111"名师工程,培养了一批乐于奉献、善于合作、勤于研究、敬业爱生的骨干教师,铸就了一支高素质、高水平的研究型教师队伍,为实施绿色教育、开辟德育新路奠定了人才基础。

探索、尝试有效的"绿色模式"。为有效建设高素质的教师队伍,丁国君校长率领西五小学教师们开发了三个重要"模式":"螺旋上升式定位模式":定位——规划——传播——执行——评价——提升——再定位。这样循环反复,定位的目标逐渐上升,不断形成新的定位点。在一个新的定位中,团队会一次次地走到一个新的起点,步入阶梯式上升的台阶,产生"螺旋上升式定位"效应。大雁式"V"型凝聚模式是教师团队的发展模式。"V"型的雁群可以减少雁群总体花费的力气,领头雁正面迎风,而飞在它后面的雁受到的气流冲击将减弱,因此飞行起来更轻松,保证团队的前进。"V"所引发出来的深刻含义是:走到一起是开始,融入到一起是进步,合作到一起是成功。同心圆"INI"向心管理模式,由一点派生出一个面和无数个点,组成了一个圆。圆上的点又发散成无数个点,这些点又反作用于发散出的圆。同心圆、点面点在管理上是发散思维的一种体现,反过来是多项思维的一种聚焦。采用同心圆"INI"向心管理模式,有利于建设一支师德高尚、业务精湛、能力过硬的教师团队。这三个模式是丁校长和教师们的重要创新，形成了西五学校教师专业化发展的有效机制。

打造、发挥上进的"绿色机制"。丁国君校长坚信高水平的人才需要高素质的教师，高素质的教师需要高定位的发展平台。为进一步加强教师队伍的建设，建设一支"研究型""专家型"的名师团队，促进学校教育教学能够更好、更快地发展，在丁校长的倡导、扶持下，西五小学于2010年成立了西五小学"名师工作站"，建立了更加强有力的教师队伍建设机制。名师认真履行工作站成员职责，积极完成"在教、带教、支教"任务，高效完成"四课一讲"活动，充分发挥名师的引领和示范作用。学校组织他们积极参加各类教育教学竞赛，让名师在比赛中成长。学校给名师加任务、压担子，承担更多的教学开放和带徒、带教工作，使一大批名师成长起来，使学校形成了点、线、面相结合的教师专业化发展新格局。"名师工作站"的机制促使教师素质迅速提升，在2011年中国教育学会组织的"全国首届百优名师评选"中，有3位教师被评为"百优名师"，3位教师被评为"成长中名师"，1名教师获提名奖。在长春市骨干教师重新认定考试中，学校以19人入选的成绩列居南关区第二名。在"南关区第六届教学能手、教学新秀评选"中，学校3位名师被评为教学能手，3位名师被评为教学新秀。

组织、开展多样的"绿色活动"。丁国君校长长期的学校管理实践形成了她坚定的"人文化"管理的信念。她深知教师职业紧张而繁忙，为了减轻老师们的工作压力，她亲自组织、参加教师绿色活动。2008年9月她主持成立了"西五小学阳光·健康俱乐部"，组织、开展教师的各种绿色活动。俱乐部开发了几个活动分部：手工DIY俱乐部、舞蹈俱乐部、书法俱乐部以及健身俱乐部，教师可根据自己的爱好自由选择喜欢的俱乐部。自从阳光俱乐部成立以来，教师的幸福指数不断增加，工作的热情提高了，干劲增强了。各种活动的开展成为调适教师工作、学习及生活中身心压力的"减压器"，教师能以积极的心态、饱满的热情，全身心地投入到工作当中，工作效率大大提高，生命幸福指数不断提升。对每次俱乐部组织的活动，教师参与的积极性都很高。现在，阳光俱乐部的活动已经成为全校教师最期待的活动，因为大家都能在阳光俱乐部中找到自己的快乐。

四、特色成功办学——"绿色管理"开创实现教育均衡发展的新模式

今天，"教育均衡发展"的话题引人关注。《国家中长期教育改革和发展规划纲要（2010—2020 年）》明确指出："优先发展，育人为本，改革创新，促进公平，提高质量。""把促进公平作为国家基本教育政策。教育公平是社会公平的重要基础，教育公平的基本要求是保障公民依法享有受教育的权利，关键是机会公平，重点是促进义务教育均衡发展和扶持困难群体，根本措施是合理配置教育资源……"的确，当前的教育均衡发展问题是教育包括社会面临的一个重大课题，越发引起政府和社会的广泛重视。如何有效破解这个"难题"？如何走出一条切实有效的教育均衡发展之路？西五人成功探索的"一体化"的经验，努力尝试建构的"大学区"的做法等，为我们提供了宝贵的启示。

西五小学的发展其实是一个"自然"和"必然"的过程。从 2002 年起，为求学校的生存发展，西五小学走上了"自然"——"兼并发展"之路，同时，在扩大办学中也走向了"必然"——"教育均衡发展"之路。

西五小学走过了这样一个"兼并发展"办学之路：2002 年接收原六马路小学，创办"首家"校办幼儿园，给学校带来最大的利益——生源增多，使西五小学迅速发展起来。2004 年 5 月，接收了原西长春大街小学，建设了"西五小学西长校区"，不仅扩大了办学规模，也使一所落后学校成为一所好学校。西长校区的建立，使西五小学突破了"幼小衔接一条龙"的办学模式，实现了一个学校、三个校区、三位一体的办学新格局。到 2006 年，接收西长校区后的两年，学校名望度进一步增强，校舍状况又处于饱和状态，学校校舍的"紧缺"程度到了电子琴房、图书室、阅览室、实验室都成了教室的状况。2007 年，为了解决学校的校舍问题，又接收了长春市四十一中学，成立了西五小学中学校区。由此，西五小学从一个班子、三个校区、"三位一体"的教育模式，再次发展提升，形成了一个校长、两套班子、四个校区、中小幼一体化的"西五教育集团"办学新局面。

西五小学的发展并未因"西五教育集团"的辉煌业绩而停步，亟教育均衡发展需要之所急，按南关区教育局建设"大学区"的规划，西五小学又与不同层次、地理位置相对集中的六所学校组建成了新的教育共同体——西五大学区。以西五优质学校为引领，各成员校积极参与，在办学理念、教学管理、队伍建设、资源开发等方面实行一体化管理，努力使各校在硬件、师资、管理、学生、校风等方面实现资源的有益流动与整合，以求真正实现学区内七所学校教育水平的共同飞跃。

大学区成立了领导小组，制定了大学区校长《例会制度》《学习制度》，先后出台了《西五大学区发展规划》《西五大学区工作实施方案》，制定了各项工作配套的相关保障制度，建立了一个目标明确、制度完善、措施得当、分工合理的大学区工作运转体系，确保了大学区各项工作的顺利开展。

大学区目标定位明确，以"强化师资、优势共享、内涵拉动、合作共赢"为战略目标；工作思路清晰，以"建立制度保障、整合优质资源、强势积极引领、校际多元合作、缩短质量差距"为工作主线。大学区人积极树立新的大教育观、大资源观，把"和谐、共享、发展、特色"作为大学区建设的主题词，在教师培训、区本教研、课程开发、文化创建等方面实行一体化管理。

西五大学区成立后开展了一系列富有实效的工作，像"名师工作室"活动、参加区运动会、唱红歌、承办"长春市大学区教学研究活动汇报展示现场会——西五大学区教学专场"等。2011 年 6 月，在"吉林省大学区现场会"上，西五大学区教育展台、学区长的校长论坛等均得到省市区有关部门领导和同仁的高度评价。2011 年 11 月，西五大学区以学区建设特色，被评为"长春市先进大学区"。

今天，为实现西五大学区学校的共建、教师的成长和学生的发展，西五大学区的教育人正积极探索"大学区一体化管理"模式，为推进区域教育的均衡发展，实现有质量的教育公平而努力。

回首西五小学十年的"绿色教育"，西五人为我们谱写了一曲动人的教育诗篇。在丁国君校长绿色管理办学思想这面旗帜的引领下，西五人走向了绿色课堂、绿色德育、绿色文化的新时期。展望西五小学未来的"绿色教育"，西五人正孜孜以求谱写中国教育改革的新篇章。在丁国君校长绿色管理办学行动的感召下，西五人正创造着西五小学的教育历史，创造着长春，吉林教育的历史，创造着中国教育的历史。

2012 年 1 月

专家简介：林森，教授，加拿大里加纳大学教育管理硕士，现任吉林省教育学院教师教育与校长培训研究所所长，曾任吉林省教育学院干训办主任，兼教管系主任、报刊社社长。

二、同事评价

小草·大树·森林

朱　辉

小草，默默无闻，却坚韧顽强；大树，挺拔直立，且不畏风雨；有了小草和大树，才有美丽的森林，厚重而宽广，就像我的学校。我心中的校长，她如小草一样柔韧坚强，无私吟唱；更如大树一样高瞻远瞩，昂扬向上。她带领的学校和老师们，更像一片绿色的森林，活力无限，风光正好。她就是丁国君校长。

这是我每每在心中念起就一次次更加敬慕的名字，这更是我一生无限感激和感念的人。共同走过的十多个流年，沉淀在我心底的是对她深深地敬重，缠绕在我品行中的是她浓浓的教导和她执着向上的精神，时时浮现在眼前的总是那一个个忙碌、奋斗的场景……

现实是此岸，理想是彼岸，中间隔着湍急的河流，行动则是架在川上的桥梁。十多年的校长生涯，使她兼备了小草的韧性和大树的刚性，形成了森林的灵性。韧性，就是遇事百折不挠，一抓到底的精神；刚性，就是指明确的方向性，不变的原则性；而灵性，就是拥有睿智的头脑和高尚的人文情怀！

她像一株小草。小草最动人的是它顽强的生命力，总是蓄势待发，任凭风吹雨打，也能笑傲九霄！无论面对多大的压力，也百折不挠。记得丁校长刚任校长时，学校只有18个教学班的规模，也没有多大的社会声望。她带领我们钻研业务，搞教学；加班加点，搞策划；深入社区，搞宣传。面对学校发展的困境，她带领我们一步步走过。新建幼儿园时，她带领我们亲手粉刷围墙，擦拭玻璃；运动会时，她和我们一起画翻板，反复练习；新建西长校区时，她带领我们一起设计校园文化，做十字绣、画木版画。每一项活动她都和我们在一起，那时，她不是高高在上的校长，而是最亲密的伙伴和朋友，就像小草平静无闻。学校面临危难之时，她挺身而出，承担责任，解决矛盾。一次次面对非议和委屈时，她闪烁的泪光后是无与伦比的坚强。她深深地热爱着这个校园，不会遗漏桃李园中每一寸土地，也不会小视桃李园中每一棵小草。她总是那么细心和谦逊，正如春风拂面。也许只是扶起摔倒的学生，只是给老师一句暖心的话，一个鼓励的眼神，一张平等的椅子，一封教师节的慰问信……也许简单，但经年累月，都是来源于丁校长内心广博而深沉的爱。她深深地热爱着自己的教师，把教师看得比"金豆子"还宝贵，心甘情愿地为教师搭建一个辉煌的舞台，送老师外出培训，不惜花费重金；鼓励教师参加各种竞赛，培养一批批名师成才；走进困难教师的家里，教师冷暖她总放在心上。她更热爱每一个学生，一切着眼于学生的发展，学校的一草一木、一砖一瓦都体现着她对学生的关怀，整洁的校园、温馨的读书角、难忘的活动，让他们在离开校园的时候，带走的不仅仅是一个证书，更重要的是拥有对未来理想的一份憧憬，对人生信念的一种追求。丁校长对学校的热爱胜过爱她自己和家人，她把学校的声誉和形象视为至高无上，即使付出再多，她也无怨无悔。节假日你总能在学校看到她为学校谋划思考的身影，校长室很晚还闪烁的灯光，记下了她忘我工作的足迹。学校的发展和她紧紧相系，这样厚重的感情什么都不能割离。

她像一棵大树。最震撼人心的是它的蓬勃奔放与热烈繁盛。她有着水杉的挺拔俊秀，青松的刚直庄重，更有着竹子的清劲坚韧，楝树的巍然伟岸。作为校长，她最成功的不仅是对学校行政的管理，更是理念的引领。从她刚提出绿色教育理念还不被大家接受和理解，到现在形成了独特的文化体系，融入师生的行动当中，她用自己的行动验证了"一个好校长就是一所好学校"。她像摇旗呐喊的参天大树，带领西五人走向一个又一个辉煌。记忆中最难忘的是西五的百年校庆，这是学校发展史上的大事。最让我感动的是拍摄校庆纪录片时丁校长的一段吟诵："百年西五是一束光芒，时间串起的日月，回眸中只有用心才能丈量。轮回中纵然青丝染白发，浴火的我，心门也不曾打烊。心飞扬，舞浩荡，笑看未来西五春光绽放！"每每听过，总是热泪盈眶，百感交集。也许这段词语远不能记下她的付出和辛劳，但总能让我们回想起那难忘的时光。从校庆筹备方案的制订到形成工作组，从编写校庆丛书到制作纪录片，从设计画册到庆典现场，她无不一一精心谋划。校庆庆典圆满热烈，获得了高度赞誉和轰动，校庆的《花・枝・俏》系列书籍和画册，得到了广泛的好评。因为这不仅仅是一次汇报和展示，更是一次心灵的邀约和震撼，它见证了丁校长创造的奇迹，正如那句话：因为爱着，所以太多的执着。一路走过，一路执着。她的身上时时透露着一种力量和气魄，时时充盈着对事业的浓烈的情感与不弃的执着。

因为对这份事业有着炽热的人生理想和很高的人生追求，所以她的内心便有了坚持下去的力量与蓬勃繁盛的希望。从她在西五为人师，到成为校长，三十年的时光，一段漫长的岁月，其间经历多少人生风雨，丁校长都不悔自己的选择，痴迷校长这份事业。这份事业已经成了她生命中最深切的根、最灿烂的花，与她的人生价值与光荣梦想紧紧相连，因而是她心中最放不下的牵挂。她常说："我生命的价值就是教育，就是校长。"生如树木之蓬勃，正是丁校长对待事业的写照。

她更是一片森林。最吸引人的是它的沉静豁达与悠远厚载。海纳百川，有容乃大；壁立千仞，无欲则刚。校长是学校的灵魂，更是教师的教师，奉献是她魅力的源泉，她总是身体力行，先行一步。对待师生如春日般和煦，从事事业如夏日般热情，内涵和胸怀如秋日般丰富厚载，恪守原则如冬雪般无情却有情——这，正是我心目中的好校长丁国君。有谁会拒绝和这样的校长在一起，体味春种、夏长、秋实、冬蕴的四季人生呢？她凝聚着广大师生形成了一股不可抵挡的合力，为学校而战，爱我的家，无怨无悔。百年西五，正如浩渺的森林，绿意盎然，生机无限。

她是我心目中最美的校长，美丽高雅的如空谷幽兰，淡定从容的如旷野大树，友善亲和的如春日暖阳。面对繁杂的事物，丁校长总是坚守自己的原则底线，赏罚分明，严谨公正，不为人情所动。正如冰雪，涤荡与清肃了那些腐朽的、衰落的、肮脏的尘土、落叶与病毒，呵护与催生了新的生命。

她是我心目中最成功的校长，有足够的度量去容忍那些不能改变的事，还有足够的勇气去改变那些能够改变的事，更有超人的智慧去完成别人可能做不到的事。学校从一个校区到三个校区，生源持续扩大。从绿色教育理念的提出到"4691"名师工程、"1361"我爱我家德育工程，学校内涵建设日益丰厚，学校品牌日益响亮。别人把思考看成压力和负担，她把思考看作是收获和锻炼。滴水渐累成沧海，执着坚韧汇成功，她是我们心中光芒四射的榜样，影响和感染我们好好做人，踏实做事，走好人生每一步。

大鹏一日同风起，扶摇直上九万里。跋涉者的脚步永远不会停歇，丁校长的追求永无止境。踏歌而行，一路春光！

我眼中的丁校长

赵春淼

1994年，丁国君校长走上了领导的岗位。十六年来，我和她朝夕相处，一路跟随走到今天，她的言行举止，她的处世为人，她的乐业敬业，对我产生了深刻的影响，以至成为我终身学习的楷模，成为我永远向上、向前的力量。

她是一个不知疲倦、永无止境的跋涉者。在我的记忆中，每天早上看到她都是精神振作、神采奕奕。哪怕是昨天晚上加班研究工作到很晚，哪怕是连续一周学校工作都是那样的紧张与忙碌，哪怕是刚刚迎接完一个高规格的上级检查，接着又投入到下一个大型的检查中。日复一日，她留给大家的总是一个灿烂的微笑和挺拔的身姿。1998年，她全面主持学校工作，三年内她在招生上就打了一个翻身仗，学校改制收费突破100万元，成为最年轻的国家级骨干校长；2002年，在她的坚持下建设了西五实验幼儿园，在长春市率先实行了幼小衔接的办学模式，率先进行了校际的对外交流，成为吉林省知名的专家型校长；2004年，接收了西长春大街小学，建设了西长校区，接收四十一中学，构建了中、小、幼一体化的办学新格局；直到今天，成为西五大学区的龙头校校长，全国教育改革创新型校长。从一个校区到四个校区，从几百名学生到三千名学生，从区内的改制校到全国知名的绿色教育第一校，她一步一个脚印，一年一个突破，拾级而上，永不停歇。前行的背后是她一贯的坚定与执着，是她自强不息的拼搏，是她对工作无尽的爱和全部的付出。每次当我们沉浸在胜利的喜悦之中，享受忙碌后的清闲之时，丁校长却又开始了她的教育征途，带领西五人奔向更高的目标。

她是一个锐意进取、知性创新的改革者。作为一名专家型校长，她把思考作为工作的常态，把改革创新作为前行的动力，成就了百年西五的辉煌。上任之初，学校的发展滞后于时代的脚步，是她在全校大会上立下了"靠自己的力量走出困境"的誓言。在她的感召下，全校教师自愿筹集资金，购置了第一批现代化教学设施——电脑，建设了第一个多功能教室和微机室，开始了信息技术辅助学科教学的课题研究。接着大胆地进行了学校内部人事制度改革，实行了四定四制，坚持能者上、庸者下，激活了教师的热情和干劲儿，使原本死气沉沉的学校一下子充满了生机与活力。

为了突破素质教育实施的瓶颈，2001 年，她受绿色食品的启发，在全国范围内率先提出了"关爱生命、注重发展、彰显内涵"的绿色教育，成为引领学校发展的一面旗帜。结合新课程理念，她将改革的重点放在绿色课堂的构建上。从 1999 年在全省内开创体音美分层教学的先例，到创办培植学生特长的芙蓉少年宫；从积极探索网络环境下四种现代新模式课，到创新健康教育的途径，坚持三十二年结出丰硕成果；从创建"3A＋1"特色教学，精心打造语文、数学、英语 A 级精品课堂，到带领师生走出国门，进行国际理解教育的学习与交流，学校的教学改革紧随时代的脉搏，经过十年的探索和沉淀，取得了丰硕的成果。同时，经过不断的实践，绿色德育、绿色文化、绿色管理也形成了成熟的文化体系，使学校步入了特色兴校、内涵强校的快车道。

为了建设一支具有创新活力和勇于探索的黄金团队，她把教师当作一条流动的大河来管理，一手抓师德建设，一手抓业务成长，先后制定了"4691"和"4691——111"工程，引领教师专业成长的方向和流速。她坚信培训是最大的福利，不惜一切代价，把教师派到全国各地去学习、去参赛，让每个人在学习中开阔视野、提升自我。培训的规模之大、人次之多，在全省乃至全国都是少见的。在她多年的悉心培养下，学校现拥有 9 名省级骨干教师，19 名市级骨干教师，29 名区级骨干教师，达到了两项工程的培养目标，形成了"太阳鸟向着太阳飞翔"的教师文化。

她是一个尽善尽美、永做最好的垂范者。熟悉丁校长的人都知道，她思维敏锐、意识超前、态度严谨，她对教育的高度敏感和先知先觉，使她总能处于领先的位置，成就了事业的成功和学校的蓬勃。记得她担任校长之初参加的第一个南关区运动会，她带领美术组教师共同设计、制作画板，每一组画面的选择，每一张画板的描绘，都浸透着她的智慧和汗水，在南关区运动会上一炮打响，成为第一个用画板展示观众队伍的校长。在校园文化建设上，她大处着眼、小处着手，每一面墙的布置都仔细斟酌、精心设计。从整体方案、理念的确定，到每幅字画的摆放；从制作人员的挑选，任务的分工，到亲自挑选文化挂件，她都要费一番工夫。在她一手指挥和策划下，学校的校园文化在不同的发展时期，总是特色鲜明，清新脱俗。从最初手绘的五十六个民族木版画、纸浆画，幼儿园的彩色楼层、彩绘楼体，到组织教师制作手工十字绣画，完成千年中国、百年西五文化的交相呼应，再到建设自然生态角，设计高山流水景观，每一次的文化更新，如同一幅经典的画卷，陶冶着师生的心灵，成为西五人共同的美好记忆。

在学校管理上，她注重过程、关注细节。她提倡管理的最高文化是带给教师心灵的自觉，所以，无论是在百年校庆、大型对外教学开放活动中，还是在校内的小型会议、微型研讨中，哪怕是一个活动邀请函的完成，她都思之又思、改之又改，以其严谨的工作态度、周密的工作布置、高标准的工作要求，让每次活动取得最大成功，做到极致完美。同时也带给大家无声的影响，使大家形成良好的工作习惯，逐步迈向无人管理的最高境界。她总结提炼的绿色管理流程、大雁"V"型凝聚模式、同心圆"INI"向心模式，为学校的腾飞插上了翅膀，得到了专家的首肯。

她是一个虚怀若谷、叫人感动的大爱者。如果说大海的怀里抱着天，成就了它的蔚蓝，那么，丁校长的心里装着整个西五，成就了她的博爱。她爱西五，奉献了自己的青春和全部。从她踏回西五土地的那一刻起，就远离了节假日，放弃了休息。每天晚上校长室明亮的灯光成为学校一道亮丽的风景，每个节假日的校区走访查看成为她生活的一部分，每个寒暑假的学校建设和酝酿发展规划成为她学习的必修课。连续几年的暑假，她都工作在第一线，亲自监督工程质量，亲手挑选每一片砖瓦。炎炎夏日，她没有休息一天，跑细了双腿，磨破了嘴，为了每次工程质量的达标，她尝尽了所有的苦头。十三年来，她为学校的发展殚精竭虑，贡献了所有的智慧和力量。学校一个校区发展良好时，她没有满足现状，思考幼小衔接一条龙的办学模式；拥有两个校区时，她没有停滞，寻求学校阔越式发展的新出路。拥有中、小、幼三位一体的发展格局时，她没有骄傲，构想着西五教育集团未来发展的新蓝图。为了实现发展目标，她精心设计、实施了四个三年发展规划，三年一个变化，六年一个突破，九年一个质变，十二年一个冲刺，引领着学校从一个成功走向另一个成功，让西五人为之骄傲和自豪。

她爱教师胜过爱她自己。她把教师的冷暖疾苦放在心上，经常和他们谈心，开诚布公地交换意见。老师们都知道，丁校长为人大度、坦诚，做事公平公正，从来对事不对人。经常是老师一脸生气走进校长室，一会又一脸心悦诚服地走出校长室。校长的晓之以理、动之以情，对每个人的宽容和爱护，叫大家心存敬佩和感激。她把离退休的老教师放在心上，教师节、春节，她带领班子成员和部分教师代表到离退休教师家慰问，送去节日的祝福和礼物。十三年来，从没有间断过，以一颗感恩之心为大家上了生动的一课。为了减轻教师的工作压力，享受快乐的教育生活，在她的提议下，成立了"阳光健康俱乐部"，经常带领老师去郊外徒步、健身、唱歌、看电影、烧烤、聚餐，长白山下留下了她和教师幸福的合影，红河谷、三角龙湾留下了她和老师欢乐的笑声和嘹亮的歌声。老师们为拥有这样一位和自己乐在一起、苦在一起的校长感到无比欣慰和幸福。她还常常出其不意地带给每个人一份感动和惊喜。三八妇女节，一张张教师笑脸照片宛如一朵朵盛开的鲜花呈现在教师眼前，叫人眼前为之一亮；教师节一封封感人至深的书信，每次读起都会热泪盈眶；圣诞节的早上，推开门收到巧克力、糖果、平安果等小礼物，叫人心头为之一热。还有新年联欢会的小品大赛、文艺表演，处处充满了欢声笑语，西五小学被外界称为最有人情味的大家庭，丁校长也被称为最有人情味、情商极高的好校长。她还常常用郑板桥的话来勉励大家，"流自己的汗，吃自己的饭，自己的事自己干，靠天靠人靠祖宗，不算好汉"。她还经常鼓励大家，"别人能做到的，我经过努力也能做到"。她总是用积极的思想引领大家，用以身示范来影响大家，让所有人都明白一个道理：只有自己想不到的，没有经过努力做不到的。就是这股不服输的劲头，让西五充满了力量和勃勃生机。

一个人的价值取决于他对社会和他人贡献了多少。丁校长的一生是成功的，因为她把所有的力量奉献给了钟爱的教育事业。丁校长的一生也是幸福的，因为她的倾情付出得到了所有人的尊敬和爱戴。衷心地祝愿她未来的生活更加精彩，未来的事业更加辉煌。

谁为我插上了绿色的翅膀

刘　博

踏进西五小学已有八个年头，从走进西五的第一天起，我便认识了可亲、可敬、优雅、知性的丁校长。丁校长给我的第一印象便是威严、干练。说她威严，并不是说她不容易接近，而是从她身上，透着一股正气、一种洒脱，而她的一言一行和她平时的为人处世更能把她的干练表现得淋漓尽致。

满脑子智慧的校长

大教育家陶行知是我的偶像，他的教育理论让我受益终身。同样，丁校长也是我的偶像，她虽然没能像陶行知先生那样做出什么轰轰烈烈的教育伟事来，但她把全部的心血都倾注在了西五小学的建设与发展上，她用十几年的青春与智慧，把我们西五小学不断发展、壮大。她一直是我学习的榜样，我为身边能有这样的好榜样而感到无比幸福。

每次遇到难事，丁校长总会用她的智慧，让看似不简单的事情变得可以实行，甚至容易实施。当遇到困难的时候，她总是给我们很多鼓励。

丁校长的智慧总是激励着我：不要做教书匠，而要用心去做一个聪明的"教育家"。

辛勤的校长

每天清晨，校长室的门总是第一个打开；每天夜晚，校长室的门又总是最后一个关上。以前，我有些不理解校长：一天到晚都在忙，她到底忙些什么？她难道不知道累吗？直到有一次我看见丁校长由于腰椎间盘突出趴在校长室的沙发上还在工作的时候，我的心猛然间颤抖了，这哪是一个高高在上的一校之长啊，她分明就是一个充满慈爱的母亲，为了她的孩子们能茁壮成长，而日夜不停地操劳啊。我的眼睛湿润了。是啊，这份感动其实已经在心里很久很久了。看着丁校长每天忙碌、操劳的身影，我多想说一声：校长，您太累了，请您歇歇吧！

有人情味的校长

在和丁校长的交流中，常常感到一股精神在涌动。那是对教育的执着，对事业的爱恋。圣诞节她给大家发温馨的小礼物，她希望让老师们在节日里有一份惊喜和感动；教师节她连夜给每位老师进行"素描"，将老师们的"笑脸"偷偷放在办公桌上，第二天一早，大家都高兴极了，同时收到的是满载幸福的感动。想到这么忙碌的丁校长如此细心，大家的心里都充满着感恩。是啊，有这么一位好校长，我们有什么理由不努力工作呢？其实，校长的这些举动都很平凡和朴实，但却充满了浓浓的人情味。

爱玩的校长

别看丁校长在平时的工作中一丝不苟，但玩起来她就像个大孩子一样，经常把大家逗乐，一群人笑得前仰后合，我常常被这种欢娱的气氛所感染。这个时候，我觉得我是最幸福的西五人，因为我工作着，并快乐着！

如果有一天我能飞上蔚蓝色的天空，那么我要感谢您，丁校长，因为是您为我插上了绿色的翅膀，让我飞得更高，飞得更远。但是不管我飞多远，我一定会回来，因为有一所好学校，让我依恋终生；有一个好校长，让我幸福地工作。这双绿色的翅膀，会一直伴着我，伴着我飞过这绿色教育永恒的春天！

三、社 会 评 价

徐徐"绿色"之风　吹暖孩子心灵

《长春日报》记者　康　磊

"绿色德育"如春雨滋润童心

"时时是育人之时，处处是育人之地，人人是育人之师。"在西五小学，教师们时刻注意规范自己的语言、行为和仪表，用自己的言行去教育学生，用自身的魅力去感染学生。"绿色德育"成为学校塑造学生美好心灵的教育，教师们更是抓住一个个教育契机，引导孩子们学会关爱，懂得责任，拥有面对错误的勇气和改正错误的决心。教师们用自己的教育艺术赢得了孩子的信任与尊重。

镜头一："绿色教育"是教师用爱、尊重与宽容唤醒学生的心灵——老师帮她找回勇气。

一天，李老师班上有一名女孩没有来上课，家长也没打电话请假，为此李老师拨通了女孩家的电话。电话那头传来低沉的声音："是李老师吧？我是她的姑姑，孩子生病了所以没上学。"那声音虽然努力说得低沉，却分明带着童音，面对稚嫩的童音和同样稚嫩的谎言，李老师心想，这孩子不上学应该是有原因的，她正一个人在家，如果当场戳穿，她可能会因为不敢面对家长和老师而离开家。于是，李老师决定缓冲矛盾，给她反省的机会，便在电话里说："是吗？那得赶快带她去医院，告诉她不要担心，好好休息，明天我给她补课。"

放下电话，李老师马上联系了女孩的母亲，叮嘱其在问清孩子不上学原因的同时鼓励孩子主动找老师说。第二天女孩来上课时低着头，始终不敢看老师的眼睛。中午，李老师找到她，没有多问只是认真地给她补课。时间一分一秒地过去了，女孩的眼睛湿润起来，她轻轻地说："老师，我错了。"李老师没吱声，只是用鼓励的目光望着她。她接着说："老师，昨天早上我肚子疼，妈妈上班着急没管我，可后来真是疼得厉害了，我就留在家了，因为害怕，我撒了谎，对不起。"李老师拉过女孩的手说："孩子，老师在为你生病而担心的同时，更在耐心等着你的真诚和勇气，犯错误并不可怕，可怕的是没有勇气去面对它。现在老师很高兴你战胜了自己，勇敢承认了错误，老师更相信你会改正错误。"女孩认真地点点头。

镜头二："绿色教育"是教师以发展的眼光看待学生，更多关注生命的价值——从"淘气包"到"小师傅"。

张越丽老师的班里有一个学生，学习成绩不错，就是每当老师不在时，他总会和同学因一点小事发生争执。张老师一找他谈话，他就哭着说："老师我错了，老师我错了。"然而，不管老师苦口婆心地教育还是声色俱厉地批评，均不见他有变化，错误仍照犯不误。在一次次苦心策划的转化计划都失败后，张老师开始反思自己的教育方式，"对于他这样的孩子，怎样才能发挥他的优势，唤起他对别人的宽容与爱心呢？"

一天中午，张老师请这名学生给一个学习吃力的同学当师傅，让他每天帮对方学习，其他同学都很羡慕，争着说："我也要当师傅。"可偏偏只有这个学生对老师给他的"殊荣"不领情，并对张老师说："老师，你让我给他当师傅我觉得有点累！"因为他平时贪玩，所以张老师听出了这话的弦外之音。所以顺着他说："是啊，当师傅能不累吗？关键是当师傅的乐趣很多呀，再说，只有有爱心又出色的人才会当好师傅。"就这样，这个学生似懂非懂地开始了第一次为人师的经历。不一会儿，他把给"徒弟"写的字头拿给老师看，张老师发现他写得特别认真。那之后，每天中午，"师徒俩"总在一起学习，那名学生与其他同学的关系也越来越融洽了。

"绿色课堂"如乐园点燃童趣

课堂是学校教育的主阵地，为此，西五小学把"绿色课堂"作为实施"绿色教育"的突破口。教师们根据学生发展的需要来设计教学，力图在40分钟内带给学生一个自主学习、积极创新、自由发展的空间，使教学过程成为师生共同成长的重要历程。课堂上，每位教师用心地为学生营造轻松、愉悦的情感体验氛围，紧紧抓住学生的兴趣点，激发他们的学习欲望。同时，教师们还努力成为点燃学生情感的"火把"，用自己的激情去调动学生的情感，在学科的教学中给学生更多的人文关怀和精神营养。

镜头一："绿色教育"是关注每个孩子的成长与变化，用教育的艺术引导他们的行为——"量身定做"的批评。

尹蕾老师的班上有一名女生学习成绩不错，美中不足的是有时马虎。尹老师曾批评过她几次，但是效果始终不明显。一次数学测试前，尹老师叮嘱学生："这次测试只有计算题，希望你们能认真计算，仔细检查，考得好的同学我会给你们一个惊喜。"

成绩发布了，学生们考得不错，都盼望着老师带给他们的惊喜。尹老师对喜欢踢足球的同学说："为了表彰你们认真的学习态度，老师给你们一个足球，希望你们在学习之余多锻炼身体。"对有不同兴趣爱好的学生，尹老师都给予了不同的奖励。这样的奖励使学生们欣喜若狂。此时，那名女生低下了头，表情中有后悔也有羡慕。于是，尹老师走到她面前，惋惜地说："我知道你很喜欢书法，还特意为你准备了一本字帖，但是由于你在这次考试中的疏忽大意，也许它只能作为下次的奖励了。"听了老师的话，那名女生的眼中充满了期待。在之后的学习中，她认真了许多。尹老师这次"量身定做"的批评取得了比以往都好的效果。

"教师在批评时要讲究艺术性，不该用挖苦、告状、预言、比较、体罚等粗暴的批评方式伤害学生。"尹老师说，批评时和颜悦色，循循善诱，同样能让学生们从心底认识错误，接受批评。

镜头二："绿色教育"促使教师从学生的角度考虑问题，关注学生的情感体验——一分钟的价值。

刚开学时，付春萍老师班上的学生在学习、纪律方面表现得都不错，可过了一段时间，学生们有点松懈，尤其是早读的时候，有的学生交完作业后不是聊天就是坐着发呆。"一日之计在于晨"，看到学生们不懂得珍惜大好时光，付老师十分着急，在班上强调了多次，可收效欠佳。

考虑再三，付老师决定换一种方法解决问题。她在班里进行了一次小测试。首先让班里的古诗背诵"大王"给同学们背古诗，时间为 1 分钟，全班同学负责计数。"开始！"付老师一声令下，台上的学生背了起来。"停！多少首？"学生异口同声地说："8 首！"并向台上的同学投去羡慕的目光。接着，付老师又请出两名学生，一个是早上爱聊天的，让他抄写词语；一个是经常早上睡不醒的，让他拍球。两人同时进行，时间也是 1 分钟。随着一声"开始"，两人使出浑身解数，飞快地写着、拍着，1分钟内他们分别写了5个词语，拍了110个球。最后，付老师又让全班学生朗读课文，1分钟过去了，学生们读了两个自然段。

小测试结束了，付老师问道："同学们，在这次测试中，你们发现了什么？""时间都是1分钟。"学生喊道。"1分钟看起来很短，但我们可以做这么多事。"见时机一到，付老师说："同学们，时间对谁都很公平，不会多给谁1分钟，也不会少给谁1分钟。"听了老师的话，教室里一片寂静。此后，让付老师头疼的早自习问题没有了，学生们都能自觉地把这段时间利用起来。付老师认为这次成功要归功于"绿色教育"的理念。这一理念让她认识到要从学生的角度去考虑问题，注重学生的情感体验。

"绿色科研"如神匙开启潜能

"绿色教育"也促进了西五小学科研教改的发展，使该校在全面实施素质教育的过程中，形成了鲜明的办学特色。在"绿色教育"理念的引领下，该校积极探索网络环境下的新模式课，形成了独具特色的主题信息课，有效促进了信息技术与学科整合。主题信息课设置为选修课和必修课，在选修课上，学生们可以根据自己的特长、爱好、能力和对教师的情感倾向，跨学科、跨班级、跨年级选择有关课程。在这种"绿色教育"中，学校为学生提供"菜单"，学生们掌握"点菜"权，得到了广阔的发展空间。

为了充分开发学生的潜能，该校还进行了"多元智能情境化教学"校本教研的探索与实践，使具有不同优势的学生都能在多元的情境化教学中得到培养与发展。体音美分层教学就是该校的一大特色，在不同层次的教学中，学生们尽情彰显个性，展现才华，体验成功的快乐。

镜头一："绿色教育"让每个孩子都拥有展露才华、表现自我的机会——课堂上的"多彩"春天。

不同的孩子具有不同的潜能，但只有在适当的情境中才能充分发挥出来。在一节《走过春天》的语文课上，老师带着学生们走进大自然，通过视觉、听觉等去感受春天。为了在课上给学生创设一个直观的情境，老师首先在黑板上画了一幅杨柳依依、鸟语花香、河水潺潺的美丽图画，接着教室里又响起了轻快悦耳的音乐，老师就在这样的情境中声情并茂地为学生们朗诵了一段朱自清的散文《春》。

有了这些铺垫与渲染，学生们不知不觉地走进了"春天"，并开始跃跃欲试地想要表达自己对春天的感受。于是，老师决定让学生们各显其能：有的朗诵散文和诗歌，有的演唱与春天有关的歌曲，有的用画笔描述春天景色，有的制作关于春天的电子作品……快乐的课堂成了学生们放飞想象、展示特长的舞台。

镜头二："绿色教育"要让不同的学生享受到最适合自己的教育——三名教师共上一堂课。

不同班级的学生在一起，三名美术老师共同上课，这节"新鲜"的美术课《生活中的花》给记者留下了深刻的印象。课上，来自同一年级三个不同班级的学生坐到一起，三名美术教师从硬币上的花朵图案讲起，你一句我一句，相得益彰，向学生们介绍不同的花代表的不同含义。随后是学生们自己动手的时候了，教师们结合自己的特长组织了中国画、手工制作和儿童画三个小组，学生们根据兴趣、爱好自由选择，用自己最喜欢的手法来表现花朵的美丽，并将自己的作品展示给其他小组的同学。这样的分层教学，满足了不同学生的发展需求，使学生们在课堂上学得劲头十足，兴趣盎然，并且在最适合自己的教育情境中体验到了成功的快乐。

新闻提示

绿色，代表着生机与活力；绿色，是纯净、没有污染的代名词。提起"绿色校园"，许多人首先想到的是学校里绿树成荫、清新整洁的环境。但在南关区西五小学，"绿色"并没有仅仅停留在校园环境上，从校园文化到德育工作，从课堂教学到科研和学校管理……三年来，该校的"绿色教育"已经渗透到教书育人的每一个环节中。

在这里，教师们率先向种种教育中的"不绿色"行为说"不"，为孩子们营造了健康、和谐、快乐的成长环境，用"绿色"的教育滋润孩子的心灵，塑造他们的品格。随着新课程改革的深入，"绿色教育"已在每名教师和学生的心里扎了根。无论是课堂上还是日常生活中，每个孩子的进步与成长都能得到老师的关注，师生们沐浴着生机勃勃、清新纯净的"绿色"之风，享受到学习与成长的快乐。

"绿色教育"，老师学生都受益

"老师给我回信了！"

"现在，我和老师之间的感情越来越深了。"西五小学六年级三班的一名男生告诉记者，这是学校实施"绿色教育"后他最深的感受。"记得有一段时间，不知是什么原因，我觉得老师对我有些冷淡，于是鼓起勇气给老师写了一封信。很快，老师就给我回信了，不仅说了我最近的表现，还鼓励了我，这让我重新振作起来。现在，我有什么烦心的事都愿意和老师说，她就像我们的大朋友。"

六年级三班班主任石媛告诉记者，原来这名男生非常出色，以前一直担当班干部，老师和同学都很信赖他。可是，在一次同学们都积极参与的班干部竞选中，这名男生却不愿意竞选。石老师说："他对班级活动的这种态度让我感到失望和疑惑，但我并没有直接找他，而是采取了冷处理的方法。当孩子感到我对他态度的变化时，便主动给我写了信。我在回信中告诉他，作为这个班级的一员，就应该在力所能及的情况下多为集体、为学生服务，发挥自己的才干，锻炼自己的能力。"此后，石老师又与他单独谈了一次，解开了孩子心里的"小疙瘩"，后来，他主动向老师递交了竞选申请书。

"我为欺骗学生的行为自责。"

"在以往的教学中，由于理解上的偏差，我确实有过一些'不绿色'的行为，比如当时有'孩子是夸出来的'的这个观点，我就曾经在课堂上不适当地使用了夸奖。"杨玉丽老师告诉记者，她曾毫不吝惜地用最美的语言来夸奖学生，甚至在学生出现错误时也想方设法找出其闪光点来夸。

杨老师拿出一本三年前写的班主任评价手册。"我当时写这本评价手册时可是煞费苦心，每一篇评语都想用最美的语言来夸奖、鼓励学生，有的甚至用散文的形式来表达。可前不久，我把它拿出来再读时，最大的感受是有一种反胃的感觉，还有一种深深的自责和愧疚。"为此，她重新对表扬与批评进行了定位，在现在的"绿色课堂"上，她仍然尊重学生，但也有批评，不过是善意的，讲求艺术的批评。

专家咋看"绿色教育"

在西五小学日前举办的"长春市实施绿色教育，构建和谐的育人体系"课题现场研讨会上，市教育局副局长周国韬和市教育局科研所所长柏云霞都对该校实施的"绿色教育"给予了肯定。

周国韬说："西五小学提出的'绿色教育'，是针对我们中小学多年存在的问题开展的，它体现的是一个整体的改革，涵盖了学校的各项工作，从孩子们取得的飞跃性进步上，我们看到了'绿色教育'的成果。"

"'绿色教育'是素质教育的体现，是针对素质教育实施过程中出现的一些'不绿色'行为和认识误区而提出来的一种优化教育。"长春市教科所柏云霞所长认为，该校"绿色教育"体现的基本理念，都是素质教育的理念，是新课程的理念。在实施过程中，教师要做到爱学生、尊重学生、了解学生、科学施教，讲究教学的艺术，以"关爱生命"为主线，赋予教育以生命的本性。

《长春日报》2005 年 12 月 27 日 第 6 版

绿色是改变学校的力量

《中国教育报》记者 张以瑾 赵准胜

"再大的学校，也是小，因为世界太大了；再小的学校，校长也是大，因为校长太重要了。"十二年前开始做校长时，丁国君就想做一名"大校长"。当时的长春市南关区西五小学只有 720 名学生，而且又老又破，籍籍无名，几乎没有人相信这里能够承载丁国君的激情和梦想。

然而，小学校成就了"大校长"，"大校长"也改变了小学校。从最初的"减负"行动开始，丁国君提出"绿色教育"并在实践中将其发展为"关爱生命，注重发展，彰显内涵"的理念体系。在绿色教育理念的引领下，西五小学不仅实现了自身的"阔越式发展"，形成了集幼儿园、中小学和校办少年宫为一体的学校品牌，而且还成为推动区域教育均衡发展的"龙头校"。

绿色是教育理念，"先搞清楚啥是绿，绿色是什么"

"无污染的教育"让学生爱学、乐学。事出皆有因，如果追溯绿色教育的精神源头，要从丁国君做教师时说起。20 世纪 80 年代末，丁国君已经是长春市小有名气的语文教师，她对教育的理解是：要让学生"学得轻松，玩得痛快"。

当了校长后，她抓的第一件事就是"减负"，要求教师向课堂 40 分钟要质量，用短时、高效的方法让孩子们爱学、乐学。在这个过程中，她也在思考西五小学的办学理念和发展目标。

有一天在办公室翻报纸，丁国君看到一家肉食加工厂打出"绿色食品"的广告，说牛肉经过排酸后，味道更加可口。她对身边的教师说，"教育也要排污，让孩子们接受'无污染的教育'"。正是这个不经意的契机，引发了西五小学的绿色教育行动。

2001 年 3 月，学校举行"绿色教育"启动仪式，当地媒体派记者来采访，但是仪式开始时记者们还是守在校门口。丁国君很好奇，不料记者说："你们一会儿不是要带学生们上街捡垃圾吗?"丁国君连忙解释："我们的绿色教育，并不是环保教育……"其实，当时对于绿色教育，她也说不出太多，只是有一种方向性的认识。

为了深入研究绿色教育的内涵与价值取向，丁国君组织教师举办讲座，开展合作论坛。大家对于绿色教育提出了五花八门的看法：有人说孩子就是小苗，课堂是土壤；有人说，绿色教育要顺应儿童天性；还有人说，绿色教育要以发展的眼光看待学生……

这样的"头脑风暴"是一个集思广益的过程。"绿色教育是以反思传统课堂教学为前提的，比如教学方式是不是科学、合理，教学过程是不是最有效、最简洁，教学效果能不能活跃学生思维，激发学生潜能。"丁国君说。

在绿色教育理念的引领下，学校致力于课堂教学改革，先后实施了信息技术和学科教学整合、体音美分层教学及"3A＋1"特色教学，打造了独具特色的"绿色课堂"。

西五小学的主题信息课将信息技术和学科教学进行整合，对教学内容进行重组、合并、压缩，依据各学科特点，创编出贴近学生生活的教学内容，开设了必授必修、选授必修、选授选修和选授特修四种新模式课。

其中，由教师挂牌上课，学生自由选择的选授选修课特别受学生欢迎。按规定，各科教师在每月第一周的周一申报选授选修课的具体内容，提交教学设计，自荐教学主题。学校统一安排时间向学生展示教师们的授课内容，让学生在任课老师的指导下选报自己感兴趣的课。

尽管是语文教师出身，但作为校长，丁国君从不"偏科"。在她的推动下，西五小学的教学改革也覆盖了体、音、美等"副科"。从1998年开始，学校开始进行二至六年级"体音美分层教学"实验，按每个人的兴趣爱好，把同一班的学生分成A、B、C三组，上课时打破班级界限，把同一年级相同组别的学生组成新的教学班进行分层授课。

采访期间，记者观摩了西五小学的一节体育课：在绿树成荫的操场上，两个班的学生在3位体育老师的带领下，组成篮球、扇子舞和足球3个组，分区域进行教学活动。由于每个学生都选择了自己喜欢的项目，一招一式都学得很投入，老师们也教得格外用心。

为了激发学生潜能，西五小学还进行了"3A＋1"特色教学的尝试，即在语文、数学、英语的课内学习基础上，每天多开设一节奥数训练课、英语实践课和语文古诗词诵读、名著赏析实践课等，进行课程延伸及其与生活实践的整合研究。在此基础上，学校还增设了国画、书法、二胡、京剧等艺术课程，以此培养学生的艺术兴趣和特长。

丁国君说，学校要注重培养学生的不同爱好和个性，这才是注重人的发展，才能凸显教育的本性。

绿色是发展思路，"阔越式发展"做大优质教育资源

尽管"阔越式发展"在词典上查不到，但丁国君还是很喜欢用这个词。一所又老又破的小学校在几年间发展为拥有 4 个校区、近 3000 名学生的大学校，从西五小学的发展历程看，确实难以找到比"阔越式发展"更形象的说法。

有人说西五小学总在搞扩张。不过，很少有人理解她作为校长的难处：学校办好了，越来越多的家长千方百计送孩子来，这其实为学校发展提出了更高的要求。

从 1999 年至今，西五小学已经连续实现了 4 个"三年发展规划"。创办了长春市首家校办少年宫；2002 年兼并了六马路小学，创建了全市首家校办幼儿园，实现了幼小衔接一条龙；2004 年兼并了西长春大街小学，实现了一个校长、三个校区、四块牌子的办学新模式；2007 年至 2010 年兼管长春市第四十一中学，形成了中、小、幼一体化"西五教育集团"办学新格局。

在丁国君看来，西五小学的发展是一个自然成长的过程。如果以绿色教育理念来诠释西五小学的发展，恰恰能够体现学校作为一个组织所应有的成长价值，而这背后是优质教育资源的内在张力。

当初创办西五小学实验幼儿园时，有人说丁国君尽做不切合实际的事情，但她考虑的是幼小衔接问题。为了避免校办幼儿园"小学化"，幼儿园在师资配备、教学内容、环境布置等方面都做到了以幼儿为本位。

以园舍建设为例，幼儿园所在地是原先的六马路小学，丁国君根据幼儿特点制定楼体改造方案，亲自带领美术教师设计、喷涂外墙图案。楼内设计也进行创新，3 个楼层分别以粉色、蓝色和绿色为主打色调，楼梯以粉蓝绿彩条衔接，看上去各有特点又浑然一体。

西五小学实验幼儿园根据幼儿年龄分为启能班、益智班和智能学前班，在教学上追求"自然成功的过渡"，摸索出一系列独特而有效的教学方法，有效地解决了幼小衔接问题。

现在，西五小学实验幼儿园已成为长春市一类一级幼儿园，吉林省幼小衔接实

验基地，在园幼儿 600 多人。最让丁国君感到欣慰的是，每年小学新生入学后，都有老师反映，来自西五小学实验幼儿园的孩子能很快适应小学生活。

在学校"阔越式发展"过程中，丁国君提出"围绕一个中心（绿色教育），明确两个工作重点（深化课程改革、创造优质教育），把西五小学建设为专家治校、名师执教的现代化、生态式、具有国际交流能力的优质品牌学校"。

作为一所区属学校，西五小学的优质化发展促进了南关区乃至整个长春市的教育均衡。在长春市大学区建设中，西五小学被确立为大学区龙头校，所在学区也被命名为"西五大学区"。不久前，长春市首届"大学区教学研究活动汇报展示现场会"在西五小学举行。在西五小学的辐射和带动下，西五大学区在师资培训、区本教研、文化共建和资源共享等方面成为全市学校学习的对象。

西五大学区的长春回族小学校长韩涛说，学区里的所有学校无论大小强弱，都是民主、平等、互动的共同体关系，大家联手建设优质教育资源，共同推动区域教育均衡发展。

从创建一所学校的优质教育资源，到 1 个校长、4 个校区的集团化办学，再到带动整个区域的教育均衡发展，丁国君所倡导的绿色教育在发挥现实影响力的同时，也不断丰富着自身的内涵和价值。

绿色是管理思想，每个成员都是主动的参与者

丁国君给西五小学的定位是成为教育"品牌"，但在平时的管理中她更强调"风气"。她的逻辑很简单：没有好的风气，就不可能培育出学校品牌。

到西五小学参观的人都会发现：尽管学校有 4 个校区，但是每个校区都清洁卫生、环境优雅、秩序井然。于是，经常有人问丁国君，你们怎么能把 4 个校区管得一样好？

丁国君认为，治校要治思想，管理要管行为。在学校这个生态环境中，首先要依靠制度来提升人员素质。

在多年的管理实践中，她探索出两种"螺旋上升式"管理模式：一是大雁式"V"型凝聚模式，即"走到一起是开始，融入到一起是进步，合作到一起是成功"。学校在学年组建设、教研协作体发展上成功采用这一模式，实现了"同伴互助"的飞跃与提高。二是同心圆"INI"向心模式，学校以打造过硬"班子"和"支部"为核心，带动各部门的协调发展。

在具体管理过程中，西五小学完善了岗位责任制、教师聘任制、教育教学评估奖励制度和中层领导分层定岗带班制，通过实施绿色管理流程："布置——落实——检查——反馈——反思——评价"，做到目标管理与过程管理相结合，确保了教育教学工作高效运行。

学校管理不能没有制度保障，但是如果仅仅依靠制度压力，很难把分散的校区管理得有条不紊。作为西长校区的主管校长，西五小学副校长杜颖对此深有体会，她说："不同校区之所以能做到一体化管理，除了依赖于有效的制度，学校还注重激发每个成员的责任心和进取心，让每个人都成为学校管理的主动参与者。"

为了贯彻民主治校的理念，每年的教代会，学校都鼓励教职工为学校发展献计献策。在2011年3月的教代会上，全校135名在岗教职工提出了118条建议和意见。学校归纳整理出有效提案18个，合理化建议41条，经校领导班子研讨后再对全体教师做出详细答复。

在阐述绿色教育理念时，丁国君说绿色教育是"无声的教育"。如果深入观察西五小学，可以从两个方面感受到这种"无声"：一是环境和氛围对人无声的影响，学校的每一条走廊、每一面墙都装饰着师生自制的艺术品，每个教室都养着各种花草，还有金鱼和小鸟……自然、生命和文化一起构成了学校环境，也无声地传达着绿色教育的理念。二是人对学校环境和文化无声的维护，学校不设"大扫除"，但整个校园看不到纸屑垃圾；如果请师生们谈谈他们对学校的感受，听到最多的说法就是"学校像个家"……

作为这个"大家庭"的领头人，丁国君也在追求一种"无声"的影响："当管理者每天出现在教职工面前，如果他的精神状态能够感染着员工，对员工的热情和关怀让人难以忘怀，信任就自然而生。"

然而，这种"无声"很多时候伴随着辛劳甚至委屈。说起学校的一幕幕往事，无论酸甜苦辣，丁国君总是微笑着娓娓道来，让你感受一种"大校长"的气度。只是有时候她会突然停下，拿起纸巾擦拭一下眼角。

"每一次都在徘徊孤单中前行，每一次就算受伤也不闪泪光，我知道我一直有双隐形的翅膀，带我飞，飞过绝望……"丁国君总觉得这首歌是唱给她听的，因为她经历了许多别的校长没有经历的挫折，也得到了许多别的校长不曾得到的收获。

《中国教育报》2011年5月31日第5版

收获绿色教育成果

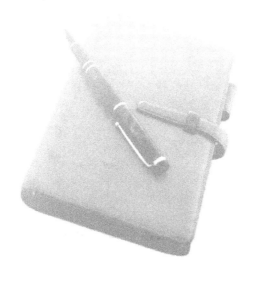

一、专著

1. 长春市教育家群系列丛书之《绿色教育之路》，长春出版社，2007年。
2. 百年西五纪念书系《花·枝·俏》，长春出版社，2008年。
3. 绿色教育专著《为教育插上绿色教育之翼》，吉林人民出版社，2012年。

二、教材

1.《求索——西五小学体音美分层教学改革新篇》，香港天马图书有限公司，2001年。

2.《阳光之路（一）——求新》《阳光之路（二）——求索》《阳光之路（三）——求实》《阳光之路（四）——求真》，香港天马图书有限公司，2003年。

3.《新编小学单元练习与辅导——六年制语文（第9、10册)》，延边人民出版社，1994年。

4.《小学生单元指导与自测——五年制语文第10册》，延边人民出版社，1994年。

5.《小学解题辅导——语文（第9、11册)》，东北朝鲜民族教育出版社，1995年。

6.《小学毕业及升学总复习指导》，长春出版社，1995年。

7.《同步精讲精练精编——语文（第2、4、6、8、10、11、12册)》，吉林教育出版社，1996年。

8.《字词句段篇章与同步测试——小学第10册》，海南国际新闻出版中心，1996年。

9.《小学典型题题型题典》，东北师范大学出版社，1997年。

10.《每天3道题——小学六年制语文（第9、10册)》，海南国际新闻出版中心，1998年。

11.《小学生数学解题十项全能训练系列丛书》（10 本）吉林教育出版社，1998 年。

三、科研课题

1.《校本课程的探索与实践》，获课题阶段成果一等奖，吉林省教育科学"十五"规划重点课题组，2003 年。

2.《基于网络环境下信息教学的改革与研究》，获课题阶段成果一等奖，吉林省电化教育馆，2003 年 5 月。

3.《教育信息化建设与发展——基于网络环境下信息教育的探索与实践》，获全国教育科学"十五"规划教育部重点课题"基于网络环境的教学模式和教学设计的理论与实践研究"的项目 2005 年经验交流优秀成果二等奖，全国教育科学"十五"规划教育部重点课题总课题组，2005 年 6 月。

4.《基于网络环境下信息教育的探索与实践》，获优秀成果一等奖，吉林省电化教育馆，2005 年。

5.《实施绿色教育 构建和谐的育人体系》，获吉林省教育科研骨干学术研讨会优秀科研成果一等奖，吉林省教育科学院、吉林省教育科研骨干高级研修科研成果评选委员会，2006 年。

6.《校长的办学思想与美好追求》，获吉林省教育学会第七次教育科学研究优秀成果一等奖，吉林省教育学会，2006 年 1 月。

7.《基于网络环境下信息教育的探索与实践》，获首届全国学校规范化管理经验交流一等奖，中国管理科学研究院，2007 年 5 月。

8.《绿色文化和谐校园》，获第四届"全国六省六校小学教育发展联盟"研讨会优秀奖，江苏省泰州市教育局教研室，2007 年 4 月。

9.《体音美分层教学》，获长春市教育事业发展系列研讨活动二等奖，长春市教育局，2008 年 9 月。

10.《小学主题信息教育的探索与实践》，获南关区第八次教育科研工作会议暨教育学会第十四届年会优秀科研成果一等奖，吉林省教育科学院基础教育研究所，

2009 年 12 月。

11.《发挥现代教育研究工作的优势，在农远工程中为农民科普服务》，获优秀课题成果一等奖，吉林省电化教育馆，2009 年 12 月。

12.《积淀厚重内蕴，营建教师成长家园》，获"长春市教师进修院校系统纪念新中国成立 60 周年教师教育研讨会"交流论文三等奖，长春市教育学院，2009 年 9 月。

13.《教育信息化建设与发展——基于网络环境下信息教育的探索与实践》，获"现代教育理论与实践论坛"论文大赛一等奖，中国教育学会教育机制研究分会、现代教育理论与实践论坛评委会，2010 年 6 月。

14.《关于实施绿色德育，加强未成年人思想建设的研究》，获"十一五"校本科研优秀成果论文类三等奖，吉林省教育科学院基础教育研究所，2010 年 12 月。

15.《实施绿色教育，构建和谐的育人体系的研究》，获"十一五"校本科研优秀成果论文类一等奖，吉林省教育科学院基础教育研究所，2010 年 12 月。

16.《小学主题信息教育的探索与实践》，获优秀课题成果一等奖，"区域性信息化课程资源的开发与应用研究"课题组，2010 年 12 月。

17.《试论家长学校的特点、任务及其运作》，获"吉林省首届中小学家长学校校长学习研讨班"一等奖，吉林省关心下一代工作委员会，2011 年 2 月。

18.《办好家长学校，促进孩子健康成长》，获"吉林省首届中小学家长学校校长学习研讨班"特等奖，吉林省关心下一代工作委员会，2011 年 2 月。

19.《利用电子白板提高课堂教学优势》，获优秀课题成果一等奖，"交互式电子白板在长春地区的区域推进策略研究"课题组，2012 年 6 月。

四、文章

1.《发挥学校主导作用，努力办好家长学校》，载于《南关区中小学教育管理与改革》第二辑，吉林教育出版社，1995 年 4 月。

2.《重视教育科研，深化教育改革》，载于《南关区中小学教育管理与改革》第三辑，吉林教育出版社，1995 年 7 月。

3.《跨世纪的追求》，载于《科研型名校长风采》，长春出版社，2002 年 9 月。

4.《腾飞的西五小学》，载于《吉林教育》，吉林教育杂志社，2002 年 12 月。

5.《实施"绿色"教育 建构"绿色"课堂——"为学生而设计教学"教师合作论坛》，载于《长春教育》，长春出版社，2003 年 4 月。

6.《校本课程的探索与实践》，载于《长春教育》，长春出版社，2003 年 6 月。

7.《沃土奇葩》，载于《长春教育》，长春出版社，2003 年 9 月。

8.《与时俱进，开拓创新，把"西五"建成新型现代化名牌学校》，载于《长春教育》，长春出版社，2003 年 11 月。

9.《校本教研的多元探索与实践》，载于《探索式教学》，吉林科学技术出版社，2004 年 12 月。

10.《绿色教育勃勃生机》，载于《长春教育学院学报》，长春教育学会，2006 年 4 月。

11.《在反思中成长，在叙事中提高》，载于《教师叙事研究的理论与实践》，陕西师范大学出版社，2006 年 7 月。

12.《绿色教育——永恒的追求》，载于《实践新课程》，长春出版社，2006 年 10 月。

13.《追求绿色教育，构建和谐校园》，载于《实践新课程》，长春出版社，2006 年 10 月。

14.《理念超前、特色鲜明的改革名校》，载于《实践新课程》，长春出版社，2006 年 10 月。

15.《实力雄厚、可持续发展的时代名校》，载于《实践新课程》，长春出版社，2006 年 10 月。

16.《构建黄金团队是学校发展的赢之道》，分别载于《中国基础教育改革与发展报告》，2008 年 3 月；《中国教育发展与改革》，2010 年 10 月。

17.《基于网络环境下构建现代教育新模式的实证研究》，分别载于《研究创新，共同成长》，中国文史出版社，2006 年 12 月；《吉林省基层教育学会课题研究结题报告选》，2010 年 3 月。

18.《追求绿色教育，构建和谐的育人体系》，分别载于《学校教育追求与课堂教学改革》，2009 年 12 月；《中国教育发展与改革》，2010 年 10 月。

19.《基于网络环境下信息教育的探索与实践》，载于《中小学电教》，2010 年 3 月。

20.《让书香浸润校园》，载于《长春教育》，长春出版社，2010 年 3 月。

21.《让书香浸润校园》，载于《长春教育》，长春出版社，2010 年 12 月。

22.《校长的办学理念决定着学校的发展》，分别载于《宁夏教育科研》第 103 期，2010 年 12 月；《中国基础教育改革与发展报告》，国家教育行政学院教育管理杂志社，2012 年 5 月。

23.《沉淀理念，铸就西五教育品牌》，载于《长春教育》，长春出版社，2011 年 5 月。

24.《全国绿色教育第一校》，载于《吉林画报》，2012 年 1 月。

25.《实施绿色德育——加强未成年人思想道德建设的研究》，载于《教育科学研究报告》，2012 年 5 月。

26.《绿色教育：永不放弃的教育梦想》，载于《中国基础教育改革与发展报告》，2012 年 5 月。

27.《我的情节我的爱》，载于《人民教育》，2012 年第 11 期。

五、主要奖项及荣誉称号

1.2013 年 2 月，获享中华人民共和国国务院颁发的"国务院特殊津贴"。

2.2011 年 11 月，被《中国教育报》、教育新闻网评为"全国第二届教育改革创新优秀校长"。

3.2011 年 5 月，被中共中央宣传部、中华人民共和国司法部评为"2006—2010 年全国法制宣传教育先进工作者"。

4.2007 年 5 月，被中国管理科学研究院评为"全国学校规范化管理杰出校长"。

5.2007 年 7 月，被全国中小学信息技术创新与实践活动组织委员会评为"全国中小学信息技术创新管理校长"。

6.2005 年 10 月，被吉林省教育科学研究领导小组评为"吉林省科研型名校长"。

7.2007 年 7 月，被吉林省人民政府评为"吉林省特级教师"。

8. 2007 年 4 月，荣获"吉林省五一劳动奖章"。

9. 2008 年 7 月，被吉林省人民政府评为"吉林省第十批有突出贡献的中青年专业技术人才"。

10. 2009 年 9 月，被吉林省人民政府评为"吉林省劳动模范"。

11. 2013 年 12 月，被吉林省人民政府评为"吉林省第四批拔尖创新人才"。

12. 2000 年 12 月，获享"长春市政府特殊津贴"。

13. 2007 年 9 月，被长春市人民政府评为"长春市劳动模范"。

14. 2008 年 9 月，被长春市人民政府评为"长春市模范教育工作者"。

15. 2008 年 11 月，被中共长春市委宣传部评为"长春市'三八'红旗手标兵"，并获"巾帼十杰"提名奖。

16. 2010 年 3 月，被长春市人民政府评为"长春市百名模范女性"。

17. 2012 年 8 月，被中共长春市委、长春市人民政府评为"长春市第五批有突出贡献专家"。

20. 2012 年 5 月，被中共长春市委、长春市人民政府评为"长春市创建全国文明城市先进个人"。

21. 2013 年 1 月，被长春市人民政府评为"2012 年度全市文教工作先进个人"。

22. 2013 年，被教育部语言文字应用管理司、国家语言文字工作委员会评为"全国百佳语文教师评选活动'立德树人实践先进个人'"。

23. 2012 年 7 月，被教育部中国教师发展基金会、国家教师科研基金管理办公室评为"国家教师科研基金百强校长"。

24. 2012 年 7 月，被中国绿色教育联盟授予"中国绿色教育创始人""中国绿色教育专家""首届中国绿色教育论坛"实施绿色教育工作"特等模范工作者"称号。

25. 2012 年 7 月，被教育部中国教师发展基金会评为"全国特色教育先进工作者"、获小学教育专业委员会首届"百优全国小学名师"称号。

长春市委副书记郑文芝为学校颁发
"全国红十字模范校"奖牌

参加省"第十次党代会"

荣获"吉林省劳动模范"称号

荣获"第二届全国教育改革
创新优秀校长"称号

参加"第二期全国小学校长高级研修班"

教育家成长系列丛书之《绿色
教育之路》正式出版发行

荣获"长春市敬业奉献道德模范"称号